权威·前沿·原创

皮书系列为
“十二五”“十三五”国家重点图书出版规划项目

东盟发展报告（2017）

ANNUAL REPORT OF ASEAN'S DEVELOPMENT (2017)

主　编／杨静林　庄国土

社会科学文献出版社
SOCIAL SCIENCES ACADEMIC PRESS (CHINA)

图书在版编目(CIP)数据

东盟发展报告. 2017 / 杨静林，庄国土主编. --北京：社会科学文献出版社，2018.6
（东盟黄皮书）
ISBN 978-7-5201-2853-7

Ⅰ.①东… Ⅱ.①杨… ②庄… Ⅲ.①东南亚国家联盟-发展-研究报告-2017 Ⅳ.①D814.1

中国版本图书馆CIP数据核字（2018）第119184号

东盟黄皮书
东盟发展报告（2017）

主　　编 / 杨静林　庄国土

出 版 人 / 谢寿光
项目统筹 / 王　绯
责任编辑 / 黄金平

出　　版 / 社会科学文献出版社·社会政法分社（010）59367156
地址：北京市北三环中路甲29号院华龙大厦　邮编：100029
网址：www.ssap.com.cn
发　　行 / 市场营销中心（010）59367081　59367018
印　　装 / 三河市龙林印务有限公司

规　　格 / 开　本：787mm×1092mm　1/16
印　张：17.75　字　数：233千字
版　　次 / 2018年6月第1版　2018年6月第1次印刷
书　　号 / ISBN 978-7-5201-2853-7
定　　价 / 88.00元

皮书序列号 / Y-2012-303-1/1

教育部区域与国别研究培育基地（东盟研究中心）
中国－东盟文化交流与发展协同创新中心
广西科学实验（中国－东盟研究）中心
广西民族大学东盟学院
广西民族大学相思湖创新团队
广西民族大学双一流学科建设

资助出版

《东盟发展报告（2017）》特刊
《东盟发展五十周年及中国与东盟关系》编委会

主要编撰者简介

杨晓强　男，1972年生，广西南宁人。副教授，硕士生导师。现任广西民族大学东盟学院常务副院长。1994年本科毕业于解放军外国语学院印尼语专业，1998年硕士毕业于北京大学东方学系印尼马来文化专业，2014年博士毕业于厦门大学南洋研究院政治学理论专业。曾任解放军外国语学院教员，广西民族大学外国语学院教师、副院长，广西民族大学国际交流处副处长等职。2011年9月至2013年8月任中国驻印尼大使馆文化处二秘。主要研究方向为印尼语言、政治、文化，先后发表《印尼语词汇的新发展及其问题》《印尼原始宗教及其遗存》等30余篇论文，主编或参编《东盟黄皮书》《印尼语外来语略语词典》《中国－东盟年鉴》等著作。参与国家社科基金重大项目1项，主持省部级科研项目2项。

庄国土　男，1952年生，福建晋江人。历史学博士，教授，博士生导师。知名的海外华人研究和东南亚研究专家，广西首批“八桂学者”，厦门大学历史系和政治学系博士生导师、特聘教授。现任厦门大学国际关系学院院长，教育部人文社科委员会委员兼综合学部召集人、国务院侨办专家咨询委员会委员，中国东南亚学会会长、中国华侨华人研究学会副会长、中国亚太学会副会长、中国世界民族学会副会长、中国中外关系史学会副会长、中国海外交通史学会副会长，同时任《世界历史》《当代亚太》《东南学术》《厦门大学学报》《海交史研究》等学术刊物编委和《南洋问题研究》主编。近10年来，出版专著、译著8部，发表论文68篇。承担和完成国家社科基金和教育部社科基金重点、重大项目10余项，获得省部级奖项11项，包括国家图书奖和省部级一等奖5项。研究重点为华侨华人研究和亚太国际关系研究。

古小松 男，1958年生，广东高州人。广西社会科学院研究员、中国东南亚研究会副会长、广西东南亚研究会会长，国务院政府特殊津贴专家（2005），中共中央组织部联系科技专家（2007），全国宣传文化系统“四个一批”人才（2008），广西优秀专家（2006），广西有突出贡献科技人员（2001）、“十百千人才工程”入选者（1999）。主要从事国际经济与政治、中国与东南亚关系、区域经济等研究。主要研究成果有《东南亚文化》《东南亚：历史、现状、前瞻》《西江区域发展的选择》《古小松集：东南亚及中国与东南亚关系研究》《越南国情与中越关系》《越南的社会主义》。

杨静林 女，1981年生，湖南永顺人。2006年本科毕业于衡阳师范学院人文社科系历史专业，2009年硕士毕业于云南大学人文学院东南亚史专业，2012年博士毕业于厦门大学南洋研究院专门史专业。现任广西民族大学东盟学院副研究员、硕士生导师。主要从事中国-东盟关系及华侨华人问题研究，先后在《世界民族》《暨南学报》《当代世界社会主义问题》等学术期刊上发表论文近20篇，参与国家社科基金项目2项，承担省部级项目及国际合作项目3项，曾在美国北卡罗来纳大学教堂山分校亚洲研究中心访学一年，曾先后赴菲律宾、印尼、马来西亚、柬埔寨等国进行田野调查，参加学术会议等学术交流活动。

摘 要

本书系广西民族大学东盟学院/中国－东盟研究中心主持编撰的东盟黄皮书的第五卷。2017 年恰逢东盟成立 50 周年，该书立意于解读 50 年来东盟成员国与东盟组织的发展史和中国与东盟关系态势，以服务政府决策，服务于东盟与亚太区域的热点问题研究。本书以实证研究为主，兼以其他跨学科的研究方法，围绕 50 年来东盟十国参与东盟组织内部的政治、经济、外交、军事安全、社会文化等事务；围绕东盟十国与中国关系及“一带一路”倡议下广西地方参与中国－东盟关系进行分析和概括。本书认为，2017 年，东盟成员国进一步参与东盟成立 50 周年的系列活动，在“一带一路”倡议下中国与东盟各国关系向前推进，广西地方积极参与和推进了中国－东盟关系的发展。

Abstract

The book is the fifth volume of ASEAN Annual Development Report series compiled by ASEAN College and China-ASEAN Research Center, Guangxi University for Nationalities. The year in 2017 is 50th anniversary ASEAN established and published the book aims to interpret the promotion to relationship between ASEAN member states and ASEAN organizations in the past fifty years and the relationship between China and ASEAN, so as to serve the government decision-making and to the research in ASEAN and Asia Pacific region. Based on empirical research, with other interdisciplinary methods as complements, the book deeply analyzes ASEAN member states to participate in the affairs of ASEAN political, economic and diplomatic, military security, social and cultural fields, and summary the relationship of China-ASEAN and the Belt and Road initiative of the Guangxi local government taking participation in the affairs of China-ASEAN tie.

The book believes that ASEAN member states will join in a series of activities in 2017 and under the Belt and Road initiative the relations between ASEAN and China will put forward, even Guangxi actively participate in and promote to the bilateral relations of China-ASEAN.

前言　在美国特朗普新政府影响下的中国与东盟关系发展态势

——在“2017年东盟五十周年及中国－东盟关系研讨会”上的发言

一　美国对中国－东盟关系发展态势与走向的影响

首先，美国特朗普政府对东盟对外关系以及对中国－东盟关系发展有可能产生影响。特朗普上台后，美国对整个全球的发展走向发生了最根本的冲击和变化，甚至可以影响到全球今后发展的走向。全球格局的分野围绕着全球化、反全球化、逆全球化的讨论正酣，虽然它处在一个能力的积累阶段，但特朗普上台后非常明确地高举反自由贸易、反经济全球化这一趋势。原来弥漫在发展中国家的民粹主义在发达国家的逆全球化和反全球化旗帜之间摇摆不定，现在终于有了一个最强大的领军者——美国特朗普政府。无论是东盟，或中国，或新兴经济体，还是发展中国家在相当大程度上从经济上依赖于美国的市场，美国仍主导国际体系的全球权力与安全的整个运作，美国的动向对全球仍有很大的影响。

其次，美国本身所具有的实力，如国际实力、软实力及超强的军事实力，以及世界第一经济体的地位，这种地位对全球，对中国，对东盟都会产生巨大的影响。从全球化或反全球化的视角预测今后世界的发展走向，在很大程度上取决于这两股力量的博弈。继续主张和推动全球化，甚至准备领军全球化的中国观望美国特朗普反自由贸易的终极目标，但毫无疑问，特朗普在竞选时期和胜选后的政治理念都非常明确，要通过美国国内的降税，如降低企业税，或发动贸易战，以及各种各样的方式拉动美国国内投资，使产业和资本重新回到美国市场，让美国再次强大。

无论是中国，还是东盟在经济上在很大程度上都依赖美国的市场，该现状会给今后东盟的发展，给中国－东盟关系带来巨大的影响，这是第一点。第二点，特朗普竞选时候的政纲，以及他就任总统后要奉行的政策，对东盟，对中国会产生重大的影响。

第一，特朗普的反全球化和反自由贸易的基本政策虽然现在还没有完全推出，甚至还没有细化，但是他清晰地认识到，在全球化背景下，发展中国家对发达国家，尤其是美国——全世界最大的市场的需要，美国的自由贸易及其在经济全球化方面的任何政策变动对东盟都会产生重大的影响。

与中国以前发展的道路相类似，东盟相当多的国家多年来实行出口替代政策，通过出口拉动本国经济的发展，但在很大程度上制约了资本的来源。由于它的市场吸纳力，美国成为东盟地区乃至全球最大的资本来源国。在其他领域，中国也在不同程度上依靠美国市场或与美国资本相关的一些国家。因此，特朗普今后的反自由贸易、反经济全球化政策对东盟乃至全球产生的影响程度究竟有多大，是一个值得大家关注和思考的问题。

第二，特朗普非常明确地主张美国退出 TPP，甚至要对规范全球金融资本与产业流动的世界贸易组织实施的规则重新洗牌。东盟十国有 4 个国家是 TPP 成员，特朗普这个政策的转变，无论是越南、新加坡，还是其他两国都表现出对美国退出 TPP 以后的不安，考虑拉日本当头，准备重构新的框架体系，这将对东盟经济一体化的现有政策及东盟对外关系产生重大影响。

第三，特朗普的“美国优先”政策，会减少美国在国际事务中承担的责任。无论是在安全、对外援助上，还是在区域合作方面，特朗普政府奉行“美国优先”的原则，非常坚定地要减少美国在全球、在亚太地区、在东盟地区所承担的义务。特朗普极有可能推动的这种政策必将对东盟各国自身、中国与东盟关系的发展产生不可忽视的影响。东盟一贯性的政策是拉近美国，以平衡中国在东南亚地区的影响。而东南亚的主导地位一直握在东盟手上，一旦美国真实地减少在亚太地区的责任，东盟就有很大可能直接介入亚太事务，这会给东盟本身，会给亚太事务，会给东盟与中国的关系产生重要的影响。

第四，特朗普的南海政策值得关注。无论是在竞选的时候，还是从胜选以后至 2017 年 3 月，特朗普一直把南海作为一个用来干预亚太事务的主要借口，尤其是特朗普团队的那些成员。虽然是竞选的语言，但是整个团队反映出高度契合的态势，这对南海问题、中国 - 东盟关系产生的影响是不言而喻的。

特朗普政府的第二号人物——国防部部长詹姆斯 · 马蒂斯在大选时非常清晰地表示，特朗普上台以后对中国在南海的行动会一改过去奥巴马时期对中国的政策。白宫首席战略顾问班农近来有点失势，但他是迄今为止在南海问题上最为强硬的美国政府高层领导人。特朗普政府的高层智囊团里相当多的骨干成员在某个问题上达成高度共识，这足够让我们警惕。最近因为朝鲜问题，可能全世界的关注度集中到朝鲜，但一旦朝鲜问题解决后，南海问题将会凸显，中国需要未雨绸缪，思考有效的方略。这是东南亚问题研究的学者和智库应该密切关注的热点问题。

第五，特朗普的不确定性。特朗普竞选时所承诺的主张在正式执政后遭受种种挫折，特朗普的不确定性直接导致中国、东盟及全世界对特朗普的关注，对特朗普的观望。这种观望对学者来讲是一个相当大的挑战，我们难以预测他今后的走向，从而增加我们对局势判断与研究的难度。在观察中真正把握，并在更深层次上认知美国对亚太、对东盟的未来政策，以及该政策对中国 - 东盟关系造成的影响。这是值得关注的又一个问题。

二 “一带一路”倡议下中国与东盟之间的关系

东南亚地区是“一带一路”的关键地区，没有任何一个区域比东南亚更值得中国关注。双方关系的历史渊源及地理位置上的海陆相连促使双方之间两千多年的密切交流与合作。东盟地区位于中国海上贸易的生命线和中国经济的生命线上，从南海到印度洋的通道中最重要的部分就是东南亚。关注“一带一路”的风险所在，也就是做好对“一带一路”的风险评估，这是中国“一带一路”推进中最值得关注的问题。对“一带一路”的风险评估是今后中国学界，尤其是作为智库应该启动的研究领域。对“一带一路”风险的预测要观察东盟国家对中国“一带一路”的真实反应。特别强调要真实的反应，它是在所有官媒之外的另一种发声。关注表面上的反应与实际的反应、官媒反应与民间反应的差异，同时也要看到中国媒体的主流声音与东盟各国内部的声音，东盟组织开会的内部反应与对外发布的言论并不是完全相同的。“一带一路”对当地社会经济的促进作用，对当地社会产生的冲击，以及当地社会对冲击的客观评价，这些会让我们真实地认识到“一带一路”面临的真正风险。这是中国智库，更是东盟学院智库应当提上日程，应当重视的一个问题。我觉得作为智库，它的价值就在于能够客观地反映我们的研究对象，而不是让我们怎么看这个研究对象，怎么评估研究对象的价值。对研究对象的认知和评估研究对象的价值还不是完全一样。我想借这个发言的机会，在这个年度会议上表明，2017 年最值得我们关注的问题，毫无疑问是以特朗普为首的美国政府的亚太政策与战略布局问题，以及“一带一路”风险评估。

会议讨论到广西的定位和广西今后的发展前景，这就体现了我们本次会议的实务性和针对性。另外我们有非常多的宏观叙述，分析大国战略，以及中国－东盟之间关系等。本次来参会的东南亚研究机构在各自不同的领域里发挥了不同的角色，而广西的学者至少真正把东盟研究、东南亚研究作为今后关注的最重要的一个领域。这次会议非常明显地具有以下几个特点。

第一，宏观论述与时政研究有一个比较紧密的结合。在座的各位专家、学者从广西的区位优势、周边的地缘环境分析广西在整个中国－东盟关系发展中的作用；通过大国关系的变动分析今后东盟组织发展的走向，以及对中国－东盟关系的未来影响。对于这些问题的研究有一个非常明显的特点，就是宏观研究与时政对策性、可行性研究相结合；另外一个特点，是南北的结合。特别是来自北京的学者，如许利平教授、周方冶教授、宋清润教授，与南方的陈奕平教授及其他学者，虽然南北思维有非常多的不同，价值取向有所差异，但在南宁这个地方，在某种程度上实现了一种南北学者的对话，还有中央和基层的对话，应当说，也碰撞出了很多的火花。我们恰逢东盟成立 50 周年。在成立 50 周年这个特殊时刻，我们来透视整个东盟的发展历程是非常有意义的。应当说，对如何认知东盟，反思中国的东盟政策，审视中国－东南亚关系，这些方面我们都要做总结。对东盟本身的看法，在这一点上共识度还比较大。整体上，东盟组织比较成功，尤其是东盟各国对东盟组织的认同是非常重要的。这次会议的主轴是以单个国家的视角来看东盟，参会学者的研究成果大都认为，无论是印尼这一地域大国，还是新加坡这一经济强国，还是老挝、柬埔寨等经济总量小的国家，通常对东盟这个组织比较认同。

我们常常会把东盟和欧盟放在一起做比较研究。但是，现在欧盟的很多国家，包括大国也好、小国也好，无论是前几年的希腊，还是现在的法国、德国、意大利，它们对欧盟越来越不满，一部分国家的

民众对欧盟本身非常不满意。而东盟有那么多成员国，但我们很少看到东盟各国国内的政治势力或社会势力反东盟、反东盟一体化的进程。

第二，参会的学者们分析认为，东盟国家，无论大小，都对东盟组织的创立以及此后的发展做出了重要的贡献。大国就不用说了，如东盟组织里最核心的国家，体量最大的一个国家，战略地位最重要的国家——印尼对东盟的贡献。柬埔寨、老挝等小国对整个东盟的发展、东盟的协调、东盟一体化、东盟的一致性都做出了不同的贡献。东盟各国认可东盟并愿意为这个组织做出贡献，这对中国认识东盟非常重要。假如中国以后非常强大，觉得东盟的实力与我们差得很多，但还是不能小瞧了东盟。东盟是一个认同度越来越高的实体，它有非常强大的生存能力，而且有非常强大的自主能力。

第三，此次参会的学者通过学术研究和科学论证一致认同，无论国家大小，东盟各国在加入东盟以后，它们的国际话语权都有所提高。无论是老挝，还是柬埔寨，甚至是意识形态完全不同的国家，比如说越南，它们在国际话语权上都有非常大的提高。像老挝、柬埔寨，它们想要在国际上施加任何影响力，即便是吸引国际社会的关注也比较困难，但是它们通过东盟这一区域性组织、通过担任东盟轮值主席国的机会塑造自身的国际形象，吸引国际关注度。因此，东盟这个区域性组织的价值再次体现。

第四，此次参会学者通过国别研究发现，东盟自成立以来，对每个国家的经济不同程度上都产生了刺激，东盟各国都得到了一定程度的发展。还没有一个学者的报告认为东盟这个组织对成员国的社会发展，尤其是经济发展起到了阻碍作用，这与参照物——欧盟就非常不一样。欧盟很多国家认为，它们是欧盟一体化进程中的受害者，比如说发生债务危机的希腊。现在，意大利、西班牙、葡萄牙等很多国家都觉得在欧盟一体化进程中有一种强烈的失落感。但是，我们看到，在东盟组织里，无论是大国，还是小国，无论是高度发达国家，还是极度落后国家，无论是体量大的国家，还是体量小的国家，都认为，东盟对它们的经济和社会发展起到了积极的作用。各位学者基本上肯定东盟这个组织本身存在的价值，还对今后东盟组织建设及中国－东盟关系发展的前景做出了乐观的判断。

通过对东盟成立50年的回顾，东盟模式可能对我们有以下几个启示。第一，就是求同存异。在东南亚区域，求同存异的那种宽容的精神越来越表现出来。东南亚这个地方是全世界文化认同度最低的，文化差异性和发达程度差异性最大的。就像胡逸山博士所说，东南亚这个区域内的发达程度有天壤之别，新加坡人均国民生产总值8万美元，柬埔寨、老挝可能是1000美元；伊斯兰教、佛教、基督教、印度教等各种各样的宗教都在该区域得到传播，加上那些华侨，大多数信仰儒教，文化上的差异很大，却能够聚拢在一块。还有地理条件的差异，如缅甸的高山峡谷和爪哇岛一马平川的沃野千里。虽然东盟国家之间的文化认同度低，但能用一个机制把它们聚在一起，消除各自的分歧。这也是中国倡导的“一带一路”、塑造命运共同体，给亚洲提供一种求同存异的人类共存方式。

第二，东盟各国放弃仇视和分歧，消融彼此之间的矛盾与利益争端。历史上柬埔寨和越南是世仇，缅甸和泰国也是。在伊斯兰世界里面，印尼和菲律宾南部的穆斯林与马来西亚的穆斯林之间也有斗争。回顾东盟各国的历史，在最近一千多年的历史演变中，在东盟这个组织出现之前，东南亚地区一直处于相互厮杀的状况，但是它们现在共同放下仇恨与历史的恩怨，走到一起。这给中国带来启示。中国在世界上、在亚洲、在东南亚地区与他国和平共处，并提出一种共存模式，即当下倡议的“一带一路”、互联互通与民心相通。

第三，国家不分大小，大家共同协商，中国与东盟做好邻居，非常重要。中国人总是主张一个地区要有一个权力核心或基础，特别是拥有悠久历史的高度集权的国家特别愿意当这个核心。但是我们看到的东盟恰恰不是这样，它长期存在并得以有效维系。只要它强盛起来，它就想抹去这个核心。在这一点上，东盟的模式或许对人类社会，对中国怎么担当国际上越来越重要的角色，会有一种比较好的启示。

第四，小国的话语权是争取出来的。东盟各国大小不同，印尼和老挝的体量相差何止几十倍，但是它们最少在表面上拥有同等的话语权，东盟各国合在一起让中国、美国、日本三个大国认可东盟在东南亚起到主导权的作用。希望东盟能够担当东亚一体化领头羊的角色，而不是其他大国。小国的权利是争取出来的，不是中国，也不是美国赋予它的，更不是其他国家恩赐它的。弱势群体要拥有发言权，必须学会自强与争取，这是东盟给我们的另一个启示。

东盟成立到现在 50 年，从东盟 10 个国家自身来看，外部对该组织的批评也不少，但这充分说明国际社会认识到它的价值所在，这对中国处理国际事务会带来一些启示。现今中国与国际社会热烈讨论“一带一路”、东盟与“一带一路”等问题，广西民族大学东盟学院作为一个智库，一定要有独立的成绩、有独立的价值判断、有独立的研究成果。研究成果，尤其是价值评判应当持一个客观与中允的立场。只有这样，这个机构、这次学术研讨会的最终价值才能显现出来。

庄国土
广西壮族自治区八桂学者
广西民族大学东盟学院学术委员会主任
中国东南亚学会会长

整理者
杨静林博士

目　录

Ⅰ　总报告

Ⅱ　东盟五十周年：成员国报告

Ⅲ　“一带一路”框架下的中国与东盟

Ⅳ 专题篇

皮书数据库阅读**使用指南**

CONTENTS

I Generel Reports

Ⅱ ASEAN in 50 Years:Reports of ASEAN Member Countries

Ⅲ China–ASEAN Relations under the Framework of the Belt and Road

Ⅳ Thematic Articles

总 报 告

Generel Reports

Y.1
东盟50周年：回顾与展望

古小松*

摘　要： 2017年东盟成立50周年，东盟组织经历了从小到大，从反共到区域合作的过程。经过数十年的发展，东盟组织日渐成熟，推动成员国之间的合作，发展区域经济，消除成员国之间的宗教文化、政治制度、经济发展水平的差异，加强共同体的建设，以平等协商的方式寻求共识，达成东盟内部事务与外交的一致性。以"东盟意识"成为成员国的一致意识，对外一直倡导大国平衡，积极发挥亚太地区国际事务的主导地位，

* 古小松，广西社会科学院研究员、中国东南亚研究会副会长、广西东南亚研究会会长，研究领域为国际关系、东南亚历史文化，著有《越南：历史国情前瞻》（中国社会科学出版社，2016）、《越汉关系研究》（社会科学文献出版社，2015）、《东南亚文化》（中国社会科学出版社，2015）。

成为全球整合度仅次于欧盟的一个区域性组织。

关键词： 东盟五十周年 大国平衡 东盟共同体

东南亚地处亚洲与大洋洲、太平洋与印度洋之间的十字路口，地理位置重要，自然资源丰富，人口众多，是正在快速发展中的一个地区。东南亚国家组成的东盟作为一个国际政治组织历经了50年走到今天，从小到大，不仅是本区域的大事，也对亚洲乃至世界产生了巨大的影响。

一 建立：从小到大，协商一致

1967年8月8日，印尼、马来西亚、菲律宾、新加坡和泰国在曼谷举行会晤，发表《曼谷宣言》，宣布成立东南亚国家联盟（简称东盟）。东盟成立后，随着世界和区域形势的变化，中国改革开放后不再支持东盟国家的共产党反对本国的政府活动，东盟才逐步转向了区域合作。从小到大，东盟涵盖了整个东南亚地区。1984年，文莱从马来西亚独立出来，并加入了东盟。东盟从最初的5国发展到了6国。人们通常把这6国视为东盟老成员国。

随着大国争夺的结束，东南亚各国出现了联手合作的趋势。1995年越南摒弃前嫌，加入了东盟。接下来是老挝、缅甸于1997年也加入了东盟。1999年最后一个加入东盟的是柬埔寨。至此，东盟成为涵盖东南亚10国的区域组织。越、老、柬、缅被视为东盟新成员国。

东盟别具一格的模式取得了骄人的成就。

《曼谷宣言》提出："通过共同努力，推动本地区的经济增长、社会进步和文化发展，促进东南亚的和平与稳定。”[①] 从50年的实践来看，东盟的建立很重要的一点就是，基于东南亚各国都是一些发展中国家，经济还不发达，总体实力有限，结盟可以用一个声音讲话，提升在国际舞台上的地位，以维护自身的利益。从实践来看，东盟的合作发展无论是对内还是对外，应该说都取得了成功。

东南亚汇集了世界三大宗教（佛教、伊斯兰教、基督教）和四大文化（中华文化、印度文化、西方文化、阿拉伯文化）。中南半岛的缅甸、泰国、老挝、柬埔寨构成了世界独有的上座部佛教与泼水节文化圈；印尼与马来西亚、文莱属于伊斯兰教文化圈，其中印尼是世界上伊斯兰教人口最多的国家；菲律宾主要是天主教文化；越南与新加坡则主要是儒释道文化。东盟合作成功，首先是求同存异，多元中求统一，走出了一条与欧盟不同的颇具特色的区域合作之路，即采取平等协商的方式，不断地寻求共识，逐步达成一致，人们称之为“东盟意识”；其次是超越了意识形态、社会制度的差异[②]，建立了一个既有社会主义国家，也有资本主义国家的区域合作机制，为东南亚地区的和平与稳定提供了保障；最后是东盟逐步建立起了一套合作的机制和平台，对内协调各国的立场，处理相互之间的关系，推进内部合作，促进共同发展。

由于东盟各国的政治、经济、文化差异较大，诉求不一，因而其活动原则是协商一致原则：尊重成员国的独立、主权、平等、领土完整及民族特性，不干涉成员国内政，对涉及关系东盟共同利益事宜进行磋商，依照东盟条约和国际惯例以和平手段解决纷争。这样，各成员国争取最大的公约数，维护整体的团结合作。

---

① 陈文：《东盟组织》，载古小松主编《东南亚：历史现状前瞻》，世界图书出版公司，2014。

② 东盟10国中，柬埔寨、泰国、马来西亚、文莱为君主制，印尼、菲律宾、缅甸为总统制，新加坡为议会内阁制，越南、老挝为人民代表制。

二　发展：推动合作，实现增长

经过数十年的发展，东盟组织日益成熟。2007 年在东盟成立 40 年的时候，11 月 20 日东盟各国在新加坡举行的第 13 届首脑会议上签署了《东盟宪章》，宪章已于2008 年 12 月 15 日正式生效。对东盟来说，《东盟宪章》具有划时代意义，是东盟的一个重要里程碑。这是东盟成立以来第一份对成员国具有普遍法律约束力的文件，奠定了东盟机制化和法制化的基础，使东盟共同体的建立有了法律保障。宪章确立了东盟的目标、原则、地位和架构，明确了东盟共同体包括东盟安全共同体、东盟经济共同体、东盟社会文化共同体，具有法人地位。

东盟的目标进一步明确："维护并加强本地区和平、安全与稳定；保持本地区无核武化，支持民主、法制和宪政，为东盟居民提供公正、民主与和谐的和平环境；致力于经济一体化建设，构建稳定、繁荣和统一的东盟市场和生产基地，实现商品、服务和投资自由流动；增强合作互助，在本地区消除贫困，缩小贫富差距；加强开发人力资源，鼓励社会各部门参与，增强东盟大家庭意识。"①

东盟在实践中建立了一套行之有效的机构和工作机制。东盟首脑会议为东盟最高决策机构，每年举行两次会议，决定有关东盟一体化的关键问题，决定发生紧急事态时东盟应采取的措施。东盟设立 4 个理事会，包括东盟协调理事会（由东盟各国外长组成，负责协调东盟重要事务）、政治安全共同体理事会、经济共同体理事会和社会文化共同体理事会，还有一个权力较大的常设在印尼雅加达的秘书处。在具体事务上，东盟每年会举行一系列的部长会议、高官会议和专家会议。

① 《用"东方智慧"凝聚东盟　建设和谐东亚》，人民网，http：//world. people. com. cn/GB/8212/6557070. html。

进入20世纪90年代，经济全球化和区域一体化迅猛推进，1992年12月31日欧洲统一大市场建成，1994年1月1日《北美自由贸易协定》开始实施。面对国际经济贸易合作发展大趋势，东盟自由贸易区于2002年1月1日正式启动。东盟自由贸易区的目标是："促进东盟成为一个具有竞争力的基地，以吸引外资；消除成员国之间关税与非关税障碍，促进本地区贸易自由化；扩大成员国之间互惠贸易的范围，促进区域内贸易；建立内部市场。"[①]

2015年12月31日，东盟宣布经济共同体正式建成，这是东盟发展到第48个年头的时候树立的又一个重要里程碑，各国间实现货物、服务、资本及熟练劳动力流动自由化，为本地区发展注入了新的动力。

表1　2014～2018年东盟国家经济增长速度

单位：%

国别＼年份	2015	2016	2017	2018（预测）
文莱	-1.5	-2.5	-1.3	
柬埔寨	6.9	7.1	6.9	6.9
印尼	4.79	5.02	5.1	5.3
老挝	7.6	6.9	6.9	7.0
马来西亚	5.0	4.2	5.2	5.3
缅甸	6.5	8.1	7.2	7.5
菲律宾	5.8	6.9	6.6	6.8
新加坡	1.9	2.0	3.5	3.0
泰国	2.9	3.2	3.7	4.0
越南	6.7	6.2	6.8	6.7
东盟	4.4	4.7	5.2	5.1
世界	3.1	2.3	3.6	3.7

注：综合各国官方发布的数据及世界银行、亚洲开发银行等的报道和预测。由于统计口径的差异，仅供参考。

① 《东南亚国家联盟简介》，中新网，http://www.chinanews.com/gn/news/2009/04-08/1637363.shtml。

目前，东盟人口已达6亿多，是美国的两倍。国内生产总值达到2.7万亿美元，成为世界第五大经济体。2010年，人均GDP约为3000美元。东盟已成为全球重要的制造业中心，尤其是在电子与汽车制造领域，德国、美国、日本都在东南亚设立了大量的汽车制造基地，其中日本丰田公司每年在泰国和印尼生产的汽车分别达到70万辆和40万辆。①

三　对外：平台主导，大国平衡

在世界上，东盟外交活跃，成果丰硕，成为国际关系格局的重要一极。

东盟成立后，其对外关系发展经历了由依附到自主，再到主导的过程。冷战后，东盟越来越强调《联合国宪章》主张的以主权平等、不干涉内政与和平解决争端来处理国家之间关系的基本准则，强调坚持不结盟和不组建军事集团的原则，加强同其他国家关系不针对第三国，走向独立自主、多元化和灵活务实，发挥更大的国际作用。

东盟是一个由10个中小国家组成的亚洲次区域组织，经济实力不强，但东盟在国际上的政治影响力，尤其是在亚太地区举足轻重，这既与其重要的地缘战略地位和新兴大市场有关，又与其走联合自强道路、实行最符合自身利益及地区和平与稳定需要的明智政策，从而实现其国家与集团利益最大化密不可分。②

确保自身安全与繁荣，维护东南亚地区的和平与稳定，东盟重视和加强外交合作的制度化、机制化，构建了东盟峰会、东盟论坛等系

---

① 《面向东盟共同体：东盟经济共同体建成——东盟发展的里程碑》，越南人民网，http：//cn. nhandan. org. vn/theodong/item/3750901。

② 蒋玉山：《东南亚对外关系》，载古小松主编《东南亚：历史现状前瞻》，世界图书出版公司，2014。

列合作平台和机制。东盟系列峰会包括东盟自身的峰会、一系列“10 +1”首脑会晤、“10 +3”首脑会议及东亚峰会。系列峰会每年在不同的东盟国家举行一次，主席由东盟成员国轮流担任。系列峰会的主导权在东盟国家。

自 1978 年起，东盟与美国、日本、澳大利亚、新西兰、加拿大、欧盟、韩国、中国、俄罗斯和印度达成对话伙伴协议，每年举行对话会议，就重大国际政治和经济问题交换意见。每年东盟自身的首脑峰会结束后各个“10 +1”首脑会晤相继举行。通常首先是东盟分别与中国、韩国、日本举行的双边首脑会晤。接着，东盟还与美国、加拿大、欧盟、日本、澳大利亚、新西兰、俄罗斯和印度举行首脑峰会，展开对话，提出和解决东盟与这些对话伙伴关系的问题，推进相互之间的交流合作。近年来，“10 +1”机制成效显著，促成了多个“10 +1”自由贸易区的建设和合作。

东盟与中日韩三国的“10 +1”首脑会晤结束后，东盟继续与中日韩三国领导人集体会晤，即“10 +3”首脑会议。1997 年亚洲金融危机给东亚各国造成了灾难性的影响，但由此也激发了各国推进地区合作的强烈愿望。年底，东盟与中日韩领导人在马来西亚首都吉隆坡开会，“10 +3”合作机制正式启动。近年来，“10 +3”机制已发展成东亚合作的主要渠道，在东盟与中日韩三个“10 +1”的基础上，建设东亚自由贸易区是该地区的发展方向。

东亚峰会是每年一次，由泛东亚地区的东盟国家和中、日、韩、印、澳、新、美、俄等国家领导人参加的会议。随着全球及地区经济自由化带来的竞争日益激烈，2004 年在老挝首都万象举行的第八次东盟与中日韩领导人会议上，各国领导人决定次年召开首届东亚峰会。至 2016 年，东亚峰会已举行了 11 届。

为了加强地区政治与安全对话，达成共识，1994 年 7 月 25 日在曼谷举办东盟地区论坛，就地区政治安全问题举行非正式磋商。

此后，论坛每年在东盟轮值主席国举行一次外长会议。自 2004 年起，论坛每年还召开副防长级的安全政策会议，以及反恐和打击跨国犯罪会议和救灾会议。东盟论坛的层级虽然没有东亚峰会高，但它涉及面比后者要广。至今，东盟论坛已有 27 个成员：东盟 10 国、澳大利亚、加拿大、中国、印度、日本、新西兰、韩国、俄罗斯、美国、孟加拉国、巴基斯坦、朝鲜、蒙古国、巴布亚新几内亚、斯里兰卡、东帝汶和欧盟等。东盟论坛已成为本地区规模最大、影响最广的官方多边政治与安全对话合作平台。此外，1994 年 10 月，东盟倡议召开亚欧会议，以促进东亚和欧盟之间长期的政治对话与经济合作。

东盟的外交战略是大国平衡。

长期以来，东盟成员国都是实力不强的发展中国家，区外大国一直在东南亚政治与安全中扮演重要角色，甚至成为主宰该区域政治格局的主要力量。为了寻找一种能够保证东南亚地区安全与稳定的地区战略，东盟一致的基本立场，既要利用各大国追求权力的欲望，又要防止其势力在该地区过分膨胀，使它们在该地区的权力达到一种平衡的状态，是保证该地区安全、稳定和繁荣的最佳选择。这样就可以实现地区格局的多极化，使东南亚各国的利益得到保障。

冷战结束后，东盟改变了过去一味追随以美国为首的西方的策略，强调等距离，不选边站，奉行大国平衡战略。东盟大国平衡外交的对象主要包括美国、中国、俄罗斯、日本、印度以及一些欧盟国家等，而其中最重要的是美国与中国。在防务与安全上，东盟重点是依靠美国。在经济上，则主要是靠向中国。1997 年的亚洲金融风暴使主要东盟成员国受到重创，东盟内部凝聚力也受到严重削弱。与此同时，作为邻居的中国在以惊人的速度发展，并逐步成为世界第二大经济体，是东盟的最大贸易伙伴，所以在经济上东盟希望搭上中国快速发展的列车，尤其是中国提出的“一带一路”倡议能促进东盟的经济发展。

不过，东盟特别是一些南海周边国家，担心随着中国的崛起，会对其造成越来越大的安全威胁。大多数东南亚国家认为，冷战结束后，如果美国完全退出东南亚，将会使该地区出现更加不稳定的局面，因此，美国的军事力量继续保持在东南亚，是该地区稳定、繁荣和发展的一个基本保证。东盟各国实际上已经达成一种共识，即把美国在这个地区的军事与安全存在看作该地区的一支重要的不可或缺的平衡力量和稳定器。与此同时，美国政府也提出了亚太再平衡战略，把东南亚视为制约中国的重要力量。

面对与日俱增的中国在东南亚地区的存在与经济影响力，东盟需要一种制衡的力量，于是，它们把希望寄托在美国等国身上。东盟主动加强了同美国的传统军事合作。东盟倡导成立东盟地区论坛，新加坡建立了以安全为主要议题的香格里拉对话。这些平台已成长为亚太地区最重要的以政治安全为主要内容的多边会议。东盟在这些国际合作平台上一直维持其驾驶员的角色。①

四　2016 ~2017年东盟的合作发展

东南亚两年来的形势特点是，从 2016 年的多国人事更替到 2017 年整个地区的平稳发展，政治局势稳定，安全外交波澜趋于平静，经济保持快速发展。

2017 年东南亚地区只有东帝汶选举了新总统，生于 1954 年的卢奥洛代表东帝汶独立革命阵线，3 月 20 日参加总统选举，以 57% 得票率当选。不过，此前的 2016 年则有半数的东盟国家实现了人事更

① 曹云华：《在大国间周旋——评东盟的大国平衡战略》，《暨南学报》（哲学社会科学）2003 年第 3 期。

替。在中南半岛中东部，2016 年 1 月越南共产党和老挝人民革命党同时举行代表大会，两国领导层完成新老更替。22 日，老挝人民革命党第十次代表大会闭幕，本扬·沃拉吉当选党的总书记，随后在老挝第 8 届国会第 1 次会议上被选为国家主席，成为老挝历史上又一位党政一肩挑的重要领导人。2016 年 1 月越南共产党第十二次全国代表大会召开，28 日新一届越共领导集体亮相，阮富仲高龄连任越共总书记。接着越南第 11 届国会召开第 13 次会议，重新选举新一届国家领导人，陈大光、阮春福分别出任国家主席和政府总理，执政多年、根基深厚的阮晋勇在退出了掌握实权的政治局之后，也卸任已担任 10 年的总理职务。

而在中南半岛中西部，缅甸 2016 年也实现了“改朝换代”，4 月 1 日昂山素季领导的“全国民主联盟”上台执政，结束了 50 多年的军政府统治。与缅甸不同的是，邻居泰国 2016 年则是感伤的一年，10 月 13 日，在位 70 年（1946 年即位）的泰国国王普密蓬·阿杜德逝世，享年 89 岁。普密蓬是当今世界上在位时间最长的国王，多次在紧要关头促使泰国政局化险为夷，深受泰国民众尊敬和爱戴。12 月 1 日，普密蓬唯一的儿子、现年 64 岁的哇集拉隆功正式登基，成为泰国新国王。泰国王室与军方之间的权力平衡关系会如何变化，王室今后能否继续发挥新的维系国内政治稳定的作用令人关注。

而对地区的局势影响最大的还是菲律宾。2016 年 6 月 30 日杜特尔特上台执政，取代阿基诺三世，从此不仅菲律宾的内政外交有较大的改变，而且对南海、东盟乃至亚太的形势都发生了始料未及的变化。杜特尔特担任总统伊始就遇上了 7 月 12 日南海仲裁案的宣判。对此，杜特尔特没有沿着前任设计的路线走下去，而是把它搁置起来，从过去一边倒向美国的外交政策，改变为在中美之间维持平衡的做法，在南海问题上不再刺激中国，大力推进与中国睦邻友好的政策。由于菲律宾悬崖勒马，其他东盟国家也逐步从过去对美国的倾斜，转为在中美之间维持平衡的外交政策。也正是由于相关东盟国家不再在南海问题上添柴加火，不再严重依赖美国来制衡中国，域外国家美国再也找不到立足点来插手南海，因而南海问题逐渐退烧。

对于东南亚地区安全影响最大的南海问题从 2016 年下半年之后逐渐平静下来。不过，在靠近马来西亚和印尼的菲律宾南部、靠近孟加拉国的缅甸若开邦以及靠近马来西亚北部的泰南地区，两年来并不平静。全球反恐形势的演化对东南亚地区的影响不能小视，随着极端组织“伊斯兰国”在中东的溃败，一些极端分子逃逸至东南亚，传播极端思想，促使印尼、菲律宾、马来西亚等国启动联合海空巡逻，围追堵截，防止新形态的恐怖主义渗透。

杜特尔特在其6 年任期的前6 个月，打响了禁毒战。2017 年5 月 23 日，菲律宾反政府武装“穆特组织”占领了菲律宾南部的马拉维市。菲政府军在持续 5 个月的马拉维战事中获得胜利，10 月 17 日，杜特尔特正式宣布解放马拉维市。

2016 年 8 月 31 日至 9 月 3 日，“21 世纪彬龙会议”在缅甸首都内比都举行，来自缅甸政府、军方、少数民族武装、议会、各政党代表 1600 人参会。这是昂山素季领导的全国民主联盟执政后召开的首次和平大会，标志缅甸和平进程进入历史新阶段。然而，2017 年 8 月，若开邦北部 30 处警察哨所遭“若开罗兴亚救世军”袭击，缅甸安全部队随后展开打击行动，大量罗兴亚人越过边境进入孟加拉国，震惊国际社会。在各方的努力下，11 月 23 日，缅甸与孟加拉国签署了协议，双方协助若开邦离境民众返回缅甸。

两年来东南亚地区内也有一些小局部的不稳定，一些国家内部也有一些政治争斗，如 2017 年 6 月 14 日新加坡前总理李光耀次子李显扬和女儿李玮玲公开指责长兄、新加坡现总理李显龙违背父亲遗愿处置李光耀故居，“公器私用”，李显龙对此予以否认，此事震动新加坡社会。7 月 19 日，印尼根据佐科总统签署的法令，正式取缔伊斯兰解放阵线组织，印尼宣布取消拥有追随者达 200 万人的伊斯兰解放阵线的法律地位。据印尼媒体报道，伊斯兰解放阵线意欲在印尼建立伊斯兰教神权国家“哈里发”。11 月 16 日，柬埔寨最高法院作出裁决，解散反对党救国党，禁止该党 118 人 5 年内参政，等等。但是，这并不影响这些国家的大局，更没有影响到东南亚地区大局。

由于东南亚各国政治社会稳定，加上国际大环境比较有利，近两年来其经济发展大体保持了快速发展的态势。

外来投资一直是东南亚国家经济发展的重要动力之一。2017 年 11 月 13 日东盟秘书处与联合国贸易和发展会议（UNCTAD）在菲律宾首都马尼拉联合发布《2017 东盟投资报告》，该报告指出，2016 年全球流入发展中经济体的 FDI 总体呈下降趋势，但是东盟 FDI 流入仍然保持高位，达到 970 亿美元。

近年来东南亚一些交通等重要基础设施项目开工建设和竣工投入使用。2016 年 1 月 21 日中国投资承建的印尼第一条高铁（雅万高铁）开工建设，这是中国“一带一路”倡议与印尼“全球海洋支点”战略对接的重大工程。12 月 13 日，马来西亚与新加坡政府签署马新高铁项目协议。马新高铁全长约 350 公里，连接马来西亚首都吉隆坡和新加坡，设计最高时速 300 多公里，届时两地交通时间将由现在的 4 ~5 小时缩短为 90 分钟。项目计划投资 150 多亿美元，计划于 2026 年底前通车。由日本国际协力机构合作投资、参与设计和建造的东南亚最长的跨海大桥——越南海防市新武—沥县跨海大桥 2017 年 9 月 2 日正式建成通车，此桥全长 15. 6 公里，双向四车道，时速达 80 公里，衔接河内—海防市快速公路至吉海岛的沥县国际深水海港。12 月 21 日，中泰铁路合作项目一期工程在泰国呵叻府巴冲县举行开工仪式。中泰铁路设计最高时速为250公里，建成后从曼谷到呵叻的运行时间将从现在的4～6小时缩短为90分钟。

2016～2017年，东南亚经济发展呈现一年高于一年的势头。2016年增速比2015年的4.4%高出0.3个百分点，达到4.7%。2017年增速更比2016年的4.7%高出0.5个百分点，达到近年来的高点5.2%。

这两年东南亚经济发展的另一个特点是延续“低快高慢”的态势，经济发展程度低的东盟新成员国以及菲律宾增长速度快，而经济发展程度高的东盟老成员国（菲律宾例外）则增长速度慢。经济增速最快的是发展程度最低的缅甸，2017年增速达到7.2%，其次是柬埔寨和老挝，均为6.9%，再次是越南6.8%。菲律宾是东盟老成员国中发展程度最低的，但近年来发展速度在加快，2016年、2017年分别为6.9%和6.6%。

东盟国家经济总量最大的前三位是印度尼西亚、泰国、马来西亚，这三个国家的经济总量之和约占东盟经济总量的65%。据统计，2016年、2017年印度尼西亚、泰国、马来西亚的经济增长率分别为5.0%、5.1%、3.2%，3.7%、4.2%、5.2%。新加坡和文莱是东南亚两个发展程度最高的国家，但2016年、2017年的增速都是垫底，新加坡分别是2.0%和2.5%，而文莱则连续两年是负增长，为-2.5%和-1.3%。不过，由于这两国的经济总量在东盟国家中并不靠前，所以尽管其增速不理想，也没有拖慢整个东南亚经济发展的步伐。

此外，由于近年东盟国家政治局势稳定，经济持续快速发展，东盟内部合作加强，加上中国的支持，其在国际上的地位也在提升。2017年有三场活动举世瞩目：8月8日，东盟国家领导人当天在东盟轮值主席国菲律宾首都马尼拉举行了庆祝成立50周年庆典；11月10日，亚太经合组织领导人峰会在越南岘港举行，其间APEC领导人与东盟领导人举行了首次对话，就推进地区互联互通以及APEC与东盟对接合作等达成广泛共识；11月东盟系列峰会在马尼拉举行，14日由东盟主导的RECP（区域全面经济伙伴关系协定）领导人首次会议在菲律宾举行，与会的中国、日本、韩国、澳大利亚、新西兰、印度和东盟领导人表示要整合现有的自贸协定，以加强合作，促进发展。

Y.2
中国与东盟关系：回顾与展望

古小松

摘　要： 2017年是东盟成立50周年，也是中国与东盟关系值得重视的一年，同时也是中国与东盟国家首脑会晤机制及双边“面向21世纪的睦邻互信伙伴关系”建立20周年。本文回顾东盟成立50周年和中国与东盟关系发展的历程，检讨经验与问题，提出前瞻性分析，很有现实意义。

关键词： 中国与东盟关系　经贸发展　经济合作

中国与东南亚海陆相交，山水相连，人文关系密切。东盟成立50年，发展与中国的关系经历了如下四个阶段：20世纪60年代中至70年代末，为对立阶段；80年代至90年代初为缓和与磨合阶段；90年代至21世纪最初十年是黄金时期；21世纪10年代后进入了在争议中发展的新阶段。中国与东盟合作，经贸是基础，虽然存在严峻的南海问题，但各方能将其置于可控的范围内，为地区乃至世界的和平稳定做出了贡献。

一　中国与东盟关系的历史回顾

（一）从对立到合作

随着中美关系的解冻、越战的结束、中苏关系的恶化，中国与东盟关系开始进行调整。中国改革开放前先是实现了与马泰菲三国的关系正常化。1978 年 11 月邓小平副总理出访新马泰三国时，发表了一系列关于中国对东盟国家政策的讲话，内容主要包括：一是支持东盟和平、自由、中立的主张，支持东盟在地区问题上的积极作用。二是区分党际关系与国家关系，邓小平指出："党同党的关系和国家之间的关系应该区别开来，使这样的问题不影响国家之间关系的发展。"①

进入 80 年代，中国与东盟关系发展加快。中国支持东盟在地区问题中发挥积极作用。在应对苏联支持下的越南入侵柬埔寨而引发的中南半岛安全危机事件中，中国采取了与东盟组织相互配合及支持东盟在地区事务中发挥主导作用的政策。关于南海争端，邓小平在 1984 年 2 月 22 日会见美国乔治城大学战略与国际问题研究中心代表团时说："有些国际上的领土争端，可以先不谈主权，先进行共同开发。"② 后来中国官方将这一讲话概括为"搁置争议，共同开发"。

1991 年，中国外长钱其琛作为东盟主席国的贵宾出席了在马来西亚首都吉隆坡召开的第 24 届东盟外长会议，标志着中国与东盟组织之间建立了正式的对话关系。1997 年东南亚爆发金融危机，中国宣布人民币不贬值，支持东盟国家渡过难关，这大大促进了双边友好关系的发展。12 月，中国国家主席江泽民出席首次中国 - 东盟领导人会议，与东盟领导人发表《联合宣言》，确定了双边"面向 21 世纪的睦邻互信伙伴关系"。

2002 年 11 月 4 日，朱镕基总理出席中国与东盟领导人会议，双方制定并签署了《南海各方行为宣言》，确认双方致力于加强睦邻互信伙伴关系，共同维护南海地区的和平与稳定的原则。2003 年 10

---

① 《邓副总理在记者招待会上指出越苏条约威胁世界和平与安全》，《人民日报》1978 年 11 月 9 日。

② 《邓小平文选》（第三卷），人民出版社，1993，第 49 页。

月，在第七次中国－东盟领导人会议期间，温家宝总理与东盟各国领导人签署了《面向和平与繁荣的战略伙伴关系联合宣言》。在这次会议上，中国正式加入《东南亚友好合作条约》。此后的十来年，中国与东盟关系可谓高歌猛进，是双边关系发展的黄金时期。

（二）经贸是双边关系发展的基石

20 世纪 90 年代，世界自由贸易浪潮一浪高过一浪，从欧洲到北美，东盟国家也在推动相互之间的贸易自由化。与此同时，中国与东盟国家关系改善，双边合作全面展开，包括政治安全、经济贸易、民间文化等。而合作带有战略意义的、基础性的则是中国－东盟自由贸易区的建设。

为了进一步推进中国与东盟深入合作，扩大相互的经贸往来，2000 年 11 月中国总理朱镕基在新加坡召开的“10 + 1”中国－东盟领导人会议上提出建立中国－东盟自由贸易区的设想，并建议成立中国－东盟经济合作专家组。经专家组充分研究认为，建立中国－东盟自由贸易区对中国、东盟都是双赢的决定，建议中国与东盟用 10 年时间建设自由贸易区。2001 年 11 月，该建议得到东盟－中国“10 + 1”领导人会议采纳。2001 年 11 月在文莱举行的第五次中国－东盟领导人会议上正式宣布建立中国－东盟自贸区。2002 年 11 月，朱镕基总理和东盟 10 国领导人在第六次中国－东盟领导人会议上签署了《中国与东盟全面经济合作框架协议》。该协议的签订是中国东盟全面经济合作的里程碑。协议提出了加强各缔约方之间的经济、贸易和投资合作，促进并逐步实现货物和服务贸易自由化，建立透明、自由、便利的投资机制等全面经济合作的目标。

在合作框架协议的基础上，2004 年 11 月中国－东盟签署了《货物贸易协议》，规定自 2005 年 7 月起，除 2004 年已实施降税的早期收获产品和少量敏感产品外，双方将对其他约 7000 个税目的产品实施降税。2007 年 1 月，双方又签署了自贸区《服务贸易协议》，并已于当年 7 月顺利实施。2009 年 8 月 15 日在曼谷举行第八次中国 – 东盟经贸部长会议，中国与东盟 10 国经贸部长共同签署了《中国 – 东盟自贸区投资协议》。

在双方的努力下，2010 年 1 月 1 日中国 – 东盟自由贸易区正式建成，是由发展中国家组成的最大的自由贸易区。目前该自贸区拥有约 20 亿人口、13.8 万亿美元国民生产总值。① 从经济规模上看，它是仅次于欧盟和北美自由贸易区的全球第三大自由贸易区。从人口上看，它也是世界最大的自由贸易区。中国 – 东盟自由贸易区的建成是中国 – 东盟双边合作历程中历史性的一步，充分反映了双方加强睦邻友好关系的良好愿望，体现了中国和东盟之间不断加强的经济联系，是中国与东盟关系提升至一个新水平的标志。经过多年的经营，特别是双边自贸区的建成，中国与东盟的经贸关系有了大踏步的发展。1993 年中国与东盟贸易额仅 106 亿美元，2014 年增加到了 4801 亿美元，中国已连续多年成为东盟的最大贸易伙伴，东盟则是中国的第三大贸易伙伴。②

（三）南海走过惊涛骇浪

中国与东南亚关系可以分为两个层面：一是中国与东盟整体的关系，另一个是中国与东盟国别的关系。

东盟是一个已有半个世纪历史的带有一定联盟性质的区域组织，行为方式是协商一致原则，对外尽可能用一个声音讲话。这有利于中国与东南亚关系的稳定发展，也有利于地区的和平。因此，尽管中国与一些东盟国家在南海问题上有利益矛盾，但东盟作为一个组织是以

① 中国 2016 年国民生产总值为 744127 亿元人民币，合 11.2 万亿美元；东盟的 GDP 约为 2.7 万亿美元。

② 杨晓强、庄国土主编《东盟发展报告（2015）》，社会科学文献出版社，2016，第 15 页。

劝和为主，而不是使矛盾激化。《南海各方行为宣言》就是一个重要的例子。这是中国与东盟各国外长及外长代表于2002年11月4日在金边签署的政治文件，中国国务院总理朱镕基和东盟各国领导人出席了签字仪式。这一宣言是中国与东盟签署的第一份有关南海问题的政治文件，对维护中国主权权益，保持南海地区和平与稳定，增进中国与东盟互信有重要的积极意义。

2016年7月南海仲裁案判决，其结果尽管对中国不利，但判决后中国与南海争端国之间从抗争为主走向谈判和解为主。南海仲裁案显然对中国与东南亚关系造成了较大的影响，但令人没有想到的是，仲裁案过后中国与东南亚关系出现了很大的变化，而且是向着好的方面转变。从仲裁案过后的第二个月——2016年8月至11月，中国与东南亚多国最高领导人互访密度前所未有，中国与缅甸、越南、柬埔寨、菲律宾、马来西亚接连实现互访，它们占了东盟国家的一半。中国与东南亚关系犹如进入了蜜月期。

二　中国与东盟关系前瞻

当前，似乎整个世界都不太安宁，特朗普当选美国总统上台后全国各地抗议不断，英国脱欧公投后，还隐藏着一个个振翼欲飞的“黑天鹅”，东北亚围绕朝鲜与韩国的对立也一刻都没有消停，唯有中国、东南亚等地区相对比较稳定。中国与东盟都应珍惜如此来之不易的环境，增进双方的合作，这将有助于本地区，及亚太乃至世界的和平与发展。

（一）东盟区域合作将缓慢推进

在全球化的大背景下，东盟国家正在走联合自强道路，采取既符合自身利益，又适应地区和平与稳定需要的政策，以实现其国家与集

团利益最大化。东盟已于2015年底建成了经济共同体，计划于2020年建成政治安全与社会文化共同体。虽然东盟相比较欧盟的一体化水平还有很大的差距，经济体量也还不大，但其国际上的政治影响力，尤其是在亚太地区的影响力，已是举足轻重。

据预测，东盟各国在东盟经济共同体建成之后，不断推进区域一体化进程中的后继步骤，到2030年该地区的GDP年均增长达到5%以上，届时东盟各成员国人均GDP将增至9000美元。未来15年，东南亚地区人口将增加1.2亿人。庞大的消费支出持续增长，使该地区成为汽车、飞机、手机等所有产品的重要市场。

不过，东盟三大支柱之一的经济共同体虽然已于2015年底建成，但整个东盟共同体建设仍面临诸多严峻挑战。老成员国与新成员国之间的发展差距无法忽视，新加坡人均GDP已经达到5万美元，而最落后的缅甸才仅数百美元。泰国的官员表示："减小发展差距是很大的挑战，怎么减小成员国间的差距，我们有第一批五个成员国，后加入五个国家，差距非常大，最大的挑战是如何缩小这一差距，来更好地实现经济共同体。"①

除经济共同体之外，东盟各国之间存在政治制度、文化、宗教等方面的差异性，也决定了东盟政治安全共同体和文化共同体建设难度非常大。专家认为："东盟成员国国情千差万别，特别是经济和社会发展程度参差不齐，共同体存在的障碍不是一些，而是障碍重重。无论是政治、经济，还是社会文化方面，现在唯一说可以正面看待的，就是各国还有这个愿望。对东盟而言，怎么真正推动东盟一体化，建立一体化程度更高的、逐步符合大家所期待的一体化标准的事情（很重要），这说起来容易，做起来困难。""安全问题上大家也都知

---

① 《东盟一体化建设仍面临重重困难与挑战》，中国青年网，http://news.youth.cn/gj/201511/t20151119_7326426.htm。

道，在政治安全上各国是有各自看法的，东盟想要建立政治安全共同体，想要一体化，这是一个很漫长的过程。”①

在国际方面，2016 年英国公投通过脱欧之后，欧洲国家脱离欧盟的声音甚嚣尘上，这对东盟合作的热情也产生了冲击。东盟合作还能走多远？人们对此也产生了疑虑。欧盟作为世界区域一体化的先驱，其发展动态也将影响着东盟等地区合作组织今后的合作方向。

诚然，东盟面临诸多内外不利因素，但各成员国依然在积极推进相互的合作。泰国外交部副次长维塔瓦斯认为，要实现东盟共同体三大支柱的共同发展，加强互联互通尤其重要。“互联互通不只是物理上的联通，而是三个共同体之间的，人与人之间的，基础设施、贸易和旅游业等各方面的，当然也有负面问题，比如跨国移民问题，但要看到积极面，各国受益将超过负面影响。”② 维塔瓦斯还表示，东盟 10 个成员国在经济发展不均衡的情况下，更应该高度整合各国资源，以一个团结的区域组织整体与其他国家或其他区域组织进行竞争，以增强东盟整体的竞争力，缩小成员国之间的差距。

（二）中国与东盟关系将继续往前发展

在一定的时期内，中国与东盟之间重要的是维系好与各国别层面的关系，进而推动与东盟的关系，稳步推进中国 - 东盟命运共同体的建设，以及管控好南海问题。

首先，在国别层面，南海仲裁案过后中国与东盟多国关系发生了积极变化。中国除了与菲律宾、越南的关系迅速改善，与柬埔寨、缅甸、马来西亚等国的最高领导人实现了互访。

---

① 《东盟一体化建设仍面临重重困难与挑战》，中国青年网，http：//news. youth. cn/gj/201511/t20151119_ 7326426. htm。

② 《东盟一体化建设仍面临重重困难与挑战》，中国青年网，http：//news. youth. cn/gj/201511/t20151119_ 7326426. htm。

在东盟国家中，柬埔寨与中国的友好关系历史最悠久，已有2000多年，两国没有利害冲突。中国一直支持柬埔寨的独立和发展。近年来，中柬更是结成了牢固的伙伴关系。2016年7月南海仲裁案判决后不久召开的第49届东盟外交部长会议联合公报于25日顺利出炉，文件对所谓南海仲裁案结果只字未提，主要是柬埔寨坚决反对在东盟外长联合公报中写入关于南海仲裁案的文字。通过南海仲裁案人们可以看到，政治上柬埔寨是中国的真朋友。2016年10月13日，中国国家主席习近平访问了柬埔寨，这是习近平继2009年之后又一次对柬埔寨的友好访问。

在东盟国家中，印尼和新加坡与中国几乎没有直接利害冲突，但两国的言行对其他国家乃至整个东盟都有一定的影响。

新加坡是一个小国，旁边就是庞然大物印尼和马来西亚，所以它首先顾及的是自身在本地区的安危。中国对它来说毕竟远在万里之外，鞭长莫及。新加坡对中国有友好的一面，但它会不时发表一些令人感到难以接受的言论，甚至在中美之间时而平衡，时而摇摆。

印尼与上述两类国家有很大的区别，它与中国的关系有其特殊而复杂之处。它离中国最远，在南海问题上没有岛礁主权之争，但与中国在南海有小部分海域重叠。印尼面积190万平方公里，人口排世界第四。印尼无论是面积还是人口和经济总量，都占了东南亚的半壁江山，是东盟的龙头老大。当前，一般而言印尼都能从大局出发，务实处理好双边之间的关系。而随着印尼以及整个东南亚的崛起，印尼发言的分量会越来越重，未来中国与东南亚的关系相当程度上取决于中国与印尼的关系。

其次，中国－东盟命运共同体的建设是一个宏观的设计，具体的是要在两个方面下功夫。一方面是中国与东南亚的互联互通，在交通等基础设施上要互联互通，在人员往来上也要便利化；另一方面是中国－东盟自由贸易区升级版要落到实处。中国－东盟自贸区2010年已经建成，但在去除贸易壁垒、通关便利化等方面还有很多事情要做，在教育、医疗、金融等方面还有很大的合作空间。

经济贸易是中国与东盟关系发展的基础，近几年外部势力在南海掀起如此巨浪，没有击破中国与东盟关系，重要的因素就是双边牢固的经济贸易关系。中国在经济结构转型升级的基础上，应该进一步建立与东盟的互补性经贸关系。双方应推进务实合作，使自贸区升级等成果尽快落地，做到合作共赢。中国在平等互利基础上扩大对东盟国家开放，争取使双方贸易额在 2020 年达到 1 万亿美元。

还有，对于中国与东盟关系来说，最敏感和复杂的仍然是南海问题。中国与东盟的关系在南海问题上包括了两个层面：一是东盟集体与中国的关系，二是中国与东盟有关声索国的关系。维护南海和平稳定是中国与东盟各国的最大利益，无论是声索国，还是非声索国，一旦南海发生战争冲突，都会危及相互的利益，即使危及的程度可能有所不同，但这都是各方不愿意看到的。

从现实情况看，除中国与东盟外，美国等域外大国为了牵制中国，也往往把南海争端作为一个竞技场。近年来，美国推出了“亚太再平衡战略”，在全球军事力量部署方面，更加偏重亚太地区。美国在亚太地区有多个盟国，美国在通过军事合作加强与这些国家关系的同时，甚至直接把军事力量部署到亚太地区，未来计划把海军、空军 60% 的作战力量部署在太平洋方向。正是由于美国的一系列插手，南海问题以及中国与东盟的关系不时出现一些紧张的状况。在未来，美国出于对自身的利益考量，仍然会这样做。

经过南海仲裁案，中国在南海问题上已从被动逐步向主动方向转化，主要是由于一方面中国与东盟国家几乎都希望南海稳定与和平，毕竟这是各方基本利益所在；另一方面也是中国做好了应对更严峻形势的准备，尤其是在维护南海岛礁与海域主权硬实力建设上有了长足的进展。不过，我们要看到南海问题非常复杂和敏感，牵一发而动全身，还是要努力通过双边和平谈判来解决岛礁的主权问题，在一时无法解决的情况下，与东盟一道管控好南海的局势，竭力搁置争议，推进合作，避免擦枪走火，维护地区的安全。

综合中国、南海当事国、东盟及域外因素等，中国－东盟框架是解决南海问题，维护南海的和平稳定的基本盘。南海仲裁案的过程就是一个典型的例子，最终还是回到事情的原来的基本层面。也就是说，当下主要是遵守《南海各方行为宣言》，并进一步制订《南海行为准则》来处理南海问题。最近，中国与东盟在制定准则问题上已有显著的突破，2017 年 8 月，已顺利通过“南海行为准则框架协议”（CDC 框架），这将为南海局势的稳定、问题的和平解决提供国际法律保障。

（三）中国－东盟协同推进亚太合作

中国与东盟加强合作，相互友好关系的发展，不仅可以造福自身，同时也有助于更大区域的和平发展。就人口来说，中国有近 14 亿，东南亚有 6 亿多，加起来达到 20 亿，占了世界总人口的约 27%。新形势下，中国提出了建设 21 世纪海上丝绸之路的合作倡议，东南亚正是 21 世纪海上丝绸之路的重点地区。

中国国家主席习近平 2013 年 10 月 3 日访问印尼，在印度尼西亚国会发表了题为《携手建设中国－东盟命运共同体》的重要演讲，全面阐述中国对印尼和东盟睦邻友好政策时提出：“东南亚地区自古以来就是‘海上丝绸之路’的重要枢纽，中国愿同东盟国家加强海上合作，使用好中国政府设立的中国－东盟海上合作基金，发展好海洋合作伙伴关系，共同建设 21 世纪‘海上丝绸之路’。”①

① 《习近平：中国愿同东盟国家共建 21 世纪“海上丝绸之路”》，新华网，http://www.xinhuanet.com/world/2013－10/03/c_125482056.htm。

中国与多个国家一起建立了亚洲基础设施投资银行，这对支持与东盟国家互联互通建设很有帮助。东盟互联互通和一体化是更大范围的东亚互联互通和一体化的基础。共同建设21世纪“海上丝绸之路”，各方争取到2020年新增双向投资达到1500亿美元的目标。在次区域合作平台方面，中国与东盟借助澜沧江－湄公河合作、华南－中南半岛经济走廊等机制，既促进东盟一体化进程，也有助于中国－东盟命运共同体建设。

这些年来，中国与东盟相互支持，相互配合，共同推动“10＋3”、东盟地区论坛、东亚峰会、亚欧峰会等多个机制并行发展，形成了具有东亚特色的区域合作格局，共同培育了东盟主导、协商一致、照顾各方舒适度等符合地区实际的区域合作原则和精神。可见，中国－东盟关系是东亚地区和平稳定发展的基石和重要支柱。

中国－东盟合作甚至是亚太和平稳定发展的基石和重要支柱。“中国－东盟命运共同体”建设提出了“三个坚持”和“三个支持”：坚持把东盟国家作为周边外交的优先方向，坚持深化同东盟的战略伙伴关系，坚持与东盟一起共同维护本地区包括南海地区的和平与稳定；支持东盟的发展壮大，支持东盟共同体建设，支持东盟在东亚合作中的主导地位。[①] 东盟主导是经实践证明的可行的东亚一体化模式。中国尊重东盟方式，在“10＋1”合作的基础上，进一步推进东亚“10＋3”合作，甚至进一步发展为“10＋6”合作。在搞好“10＋6”合作的基础上，进一步推进亚太地区的合作。这是一条可行的合作之路，有利于地区的和平稳定，有利于世界的合作与发展。[②]

---

① 《驻东盟大使杨秀萍在中国－东盟战略伙伴关系10周年研讨会上的致辞》，http：//china.huanqiu.com/News/fmprc/2013－09/4397484.html。

② 古小松：《东亚合作：从“10＋1”到“10＋3”》，《东南亚纵横》2005年第7期。

东盟五十周年：成员国报告

ASEAN in 50 Years：Reports of ASEAN Member Countries

Y.3
柬埔寨与东盟五十年

杨保筠*

摘　要：　2017 年正值东盟成立 50 周年和柬埔寨加入东盟 18 周年。柬埔寨与东盟关系的发展历程值得我们予以全面的探讨和总结，并由此研判东盟组织与其成员国柬埔寨之间关系的今后走势及其可能对东盟组织和柬埔寨自身所产生的影响。本文拟从柬埔寨与东盟关系的演变和发展过程、柬埔寨加入东盟以后所获得的利益、加入东盟及东盟一体化给柬埔寨带来的挑战、柬埔寨与中国和东盟关系以及柬埔寨与东盟关系的未来发展

* 杨保筠，泰国法政大学教授，主要从事东南亚文化研究。

等方面，对柬埔寨与东盟建立半个世纪以来的发展历程之间的关系做一个比较全面的梳理，力求比较深入地剖析柬埔寨在东盟组织中的地位和作用，以及其在东盟所面临的机遇和挑战。

关键词：　柬埔寨　东盟 50 周年　中柬关系

2017 年是东南亚国家联盟成立 50 周年，也是柬埔寨加入东盟 18 周年。尽管柬埔寨未能和老挝一起，在原定的 1997 年，即东盟建立 30 周年之际加入这个东南亚地区的区域合作组织，丧失了在东盟 50 周年庆之际同步欢庆其入盟 20 周年的良机，但柬埔寨与东盟关系的发展历程，以及柬埔寨与东盟彼此相依，共谋发展的经验，仍然值得我们予以全面的探讨和总结，并尝试由此来研究和判断即将年过半百的东盟组织与其成员国之一——柬埔寨之间关系的今后走势，以及其可能对东盟组织和柬埔寨自身所产生的影响。本文拟从柬埔寨与东盟关系的演变和发展过程、柬埔寨加入东盟以后所获得的利益、加入东盟及东盟一体化给柬埔寨带来的挑战、柬埔寨与中国和东盟关系以及柬埔寨与东盟关系的未来发展等方面，对柬埔寨与东盟建立半个世纪以来的发展之间的关系做一个比较全面的梳理，力求比较深入地剖析柬埔寨在东盟组织中的地位和作用，以及其在东盟所面临的机遇和挑战，并期待得到广大读者和同人的批评指正。

一　柬埔寨与东盟关系的发展

柬埔寨地处东南亚中南半岛南部，占据着重要的地缘战略地位。第二次世界大战结束以后，东南亚地区成为分别以苏联和美国为首的东西方阵营争夺的主要地区之一，也是冷战时期“热战”频发的地区。随着印度支那人民反抗法国殖民统治，争取民族解放斗争的胜利，柬埔寨于1953年11月9日最终彻底摆脱法国统治，建立起独立的柬埔寨王国。柬埔寨独立运动的领导者诺罗敦·西哈努克亲王在国民的欢呼声中返回金边王宫，揭开了历史上新的一页。

1954年《日内瓦协定》签署后，东南亚地区出现了新的地缘态势。美国取代法国在印度支那的地位，加强了对该地区事务的干涉和控制，柬埔寨也成为美国实施其地区战略所大力拉拢的国家。1954年9月，美国纠集一些东南亚地区内外的国家签署《东南亚集体防务条约》，并于翌年2月19日在泰国曼谷正式成立集体防卫组织，即“东南亚条约组织”（SEATO）。该组织的成立，使东南亚地区出现了一个侵略性的军事集团，它通过干涉该地区国家的内政，制造紧张形势。根据条约规定，该条约组织可以任意指定它的所谓“保护区域”，从而为美国武力干涉亚洲其他地区制造借口。同时，该条约还试图通过发展包括技术援助在内的经济措施为美国扩大在该地区的影响力服务。东南亚条约组织自成立以后，制造和策划了一系列干涉该地区国家内政的阴谋计划。由于《日内瓦协定》中相关规定的制约，南越当局、柬埔寨和老挝王国没有加入东南亚条约组织，但东南亚条约组织仍宣布对它们进行军事保护。

面对独立后柬埔寨所面临的严峻局面，西哈努克亲王试图闯出一条新的治国路线。他将自己的政治理念称为“佛教社会主义”，试图在佛教的保护和君主制的体制下，实行适合本国国情的政策。他在外交上严守中立，力求在当时国际上冷战愈演愈烈，东南亚地区东西方阵营的争夺日趋尖锐化的国际和地区情势下能够左右逢源，同时获得两大阵营的经济援助，以维持国内稳定和经济发展，从而实现其捍卫民族独立、领土完整和国家与人民的尊严的政治路线。

正因如此，西哈努克对来自美国为首的西方阵线要求柬埔寨向其靠拢的拉拢和施压手段，采取了针锋相对的措施。1956年2月，柬埔寨宣布拒绝接受东南亚条约组织的保护，以维持国家的独立和中立。西哈努克在 1956 年 7 月与南斯拉夫总统铁托、阿拉伯联合共和国总统纳赛尔、印尼总统苏加诺和印度总理尼赫鲁共同签署了《不结盟运动宣言》，成为不结盟运动的缔造者之一。美国对西哈努克的不满与反感日益增强，不断制造事端，阴谋推翻西哈努克政权，激起后者的强烈反弹。1963 年，西哈努克宣布中断接受美国的援助，柬埔寨国内的反美浪潮也不断高涨。1964 年“北部湾事件”爆发，美国国会通过针对越南民主共和国的决议案，美军开始对越南北部进行大规模战略轰炸，越战全面升级。这使西哈努克的态度更加倾向于反美阵营。1965 年 3 月在金边举行“印度支那人民大会”，有来自柬埔寨、越南和老挝的 38 个政党和人民团体的代表参加。西哈努克在这次会议上冒着“违反自己中立诺言”的指责，向世界公开宣布他支持越南爱国者反对美国帝国主义的斗争。会议通过的多项决议谴责了美国对印度支那的侵略和威胁，呼吁维护印度支那各国的独立、和平与稳定。此后不久，美国空军于 5 月 1 日轰炸柬埔寨柴桢省与越南交界的鹦鹉嘴地区，造成数十名柬埔寨平民死亡。这一事件引起西哈努克亲王的极大愤怒，他对美国的侵略行为忍无可忍，最终决定自即日起同美国断绝外交关系。

随着越南战争规模不断扩大，波及范围越来越广的严峻形势，经过多次磋商之后，印度尼西亚、菲律宾、新加坡、泰国和马来西亚等东盟五国于 1967 年 8 月 6 ~ 8 日在曼谷举行部长会议，签署《曼谷宣言》，从而宣告了东南亚国家联盟的诞生。在东盟成立之初，其主要目的之一，就是以泰国、马来西亚、新加坡、印度尼西亚、菲律宾 5 国的合作，在越南战争日益激烈的印度支那以南地区构建一条弧线，以防止战争从印度支那蔓延出来而导致的共产主义“威胁”。[1]

---

① Ed. by Stéphane LAGRÉE, Enjeux partagés pour le développement au sein de l'ASEAN, MAISON D'EDITION DE LA CONNAISSANCE, 2016, p. 27.

当时，柬埔寨对东盟的建立无动于衷，继续奉行独立、和平、永久中立和不结盟的外交政策，反对外国侵略和干涉；主张在和平共处五项原则的基础上，同所有国家建立和发展友好关系；相互尊重国家主权，以和平谈判的方式协商解决与邻国的边界问题及国与国之间的争端。由于西哈努克对印度支那人民反美斗争的支持立场越来越坚定，柬埔寨对东盟的建立实际上是持否定的态度，认为它是美帝国主义在东南亚实行战争和侵略政策的产物。虽然柬埔寨在1969年6月和美国复交，但双方的矛盾并没有得到根本解决。相反，在美国的挑动和支持下，柬埔寨国内以朗诺、施里玛达为首的亲美势力于1970年3月18日发动政变，废黜了西哈努克亲王，越南战争扩大到柬埔寨和老挝，东南亚地区局势出现了重大变化。1970年4月23日，东盟出面提出召开关于柬埔寨问题的区域性会议，并邀请柬埔寨朗诺政变当局的外长参加了当年5月16日至17日在雅加达召开的东盟五国和澳大利亚、新西兰、日本、韩国及南越当局参加的外长级会议。会议提出再度召开关于解决印度支那地区冲突的国际会议，恢复国际监督委员会在柬埔寨的工作。然而，战争的演变虽然使越南的邻国——老挝和柬埔寨被拖入冲突，而最后的结果却是美国在印度支那的失败和共产主义政权在越南、老挝和柬埔寨三个国家的确立。于是，整个东南亚地区从这时起分成了两个阵营，即所谓的“红色”印度支那和东盟，这使东南亚国家联盟从结盟的“意图”成为真正的同盟。①

1975年4月17日，波尔布特领导的柬埔寨共产党（西方称之为“红色高棉”）军队攻占金边，在印支三国中最早夺取全国政权，随后建立了民主柬埔寨。但是由于“民柬”对内实行极“左”政策，对外采取闭门锁国政策，它同东盟及其成员国之间的关系基本上没有

① Ed. by Stéphane LAGRÉE, Enjeux partagés pour le développement au sein de l'ASEAN, MAISON D'EDITION DE LA CONNAISSANCE, 2016, p. 27.

得到发展。

为了应对东南亚地区，特别是中南半岛出现的新形势，东盟各成员国决定进一步加强合作。1976 年2 月23 日至24 日，东盟五国首脑在印尼巴厘岛举行第一次东盟首脑会议，签署《东南亚友好合作条约》和《东南亚国家联盟协调一致宣言》。条约的宗旨是“促进地区各国人民之间永久和平、友好和合作，以加强他们的实力、团结和密切关系”。条约规定，缔约各方在处理相互间关系时应遵循相互尊重独立、主权、平等、领土完整和各国的民族特性；任何国家都有免受外来干涉、颠覆和制裁，保持其民族生存的权利；互不干涉内政；和平解决分歧或争端；反对诉诸武力或以武力相威胁；缔约各国间进行有效合作。此后，东盟各国加强了政治、经济和军事领域的合作，并采取了切实可行的经济发展战略，推动经济迅速增长，逐步成为一个有一定影响的区域性组织。而这一进程的持续和发展，与柬埔寨局势有着相当密切的联系。

越南于 1975 年实现解放南方、统一祖国的目标后，一直试图把柬埔寨和老挝纳入由其控制的新“印度支那联邦”，遭到柬方的抵制。此外，柬越两国间早已存在的移民及边境和领土纠纷逐渐凸显，导致越南与“民柬”之间的矛盾日益尖锐，多次发生武装冲突。1978 年12 月25 日，越南集中了18 个师共20 多万正规部队，以“解救”在红色高棉统治下遭受迫害的越南侨民及柬埔寨民众为借口，对柬发动全面的武装入侵战争，并于 1979 年 1 月 7 日攻占柬埔寨首都金边，建立亲越政权。面对越南侵略者的大举进犯，柬埔寨军民转入农村，坚持开展游击战争。

随着越南出兵柬埔寨所出现的严重局面，特别是对泰国安全构成的重大威胁，东盟开始在柬埔寨问题上展现出其重要的地位和作用。1979 年1 月12 ~13 日，东盟外长在曼谷举行外长特别会议讨论柬埔寨局势，协调对柬埔寨问题的立场。会议决定以东盟的名义发表声明，强烈谴责越南对柬埔寨的侵略，要求其迅速从柬埔寨撤军。鉴于越南侵占柬埔寨给泰国带来的威胁，泰国总理江萨和新加坡总理李光耀于同年 6 月 8 日举行会谈后宣布，如果泰国受到侵略，将与东盟其他国家实行军事合作，坚决支持泰国对越南的抵抗，并拒绝承认由越南一手扶植的柬埔寨金边政权。此外，要求越南军队撤出柬埔寨也成为东盟后来长期坚持的目标之一。东盟于 1979 年 8 月 20 日向联合国秘书长提出要求将柬埔寨问题列入第 34 届联大会议议程，此后直至 1991 年第 46 届联大，东盟都对联合国大会通过的要求越南从柬埔寨撤军的所有决议表示支持。同时，东盟为促成柬埔寨爱国抗越武装的联合也做出了重要贡献。越南入侵柬埔寨以后，该国出现了 3 支主要的抗越救国力量，即由民柬政府总理乔森潘领导的民柬国民军，柬前国家元首西哈努克亲王组建并领导的“西哈努克民族主义军”，柬前首相宋双领导下的“高棉人民民族解放军”。为了抗越救国，在东盟及其他相关国家的积极斡旋下，三方最终摒弃分歧，于 1982 年 6 月组成民主柬埔寨联合政府，实现了抗越三方力量的联合，从而使柬埔寨抗越斗争进入了新阶段。抗越武装力量以柬西部山地为依托，相互配合作战，不断袭扰越军，收复失地。随着抗越力量逐步发展，抗越斗争由柬泰边境发展到内地，由山地发展到平原，直指金边及其附近地区。从此，柬埔寨抗越救国形势大为改观，越军的处境越来越困难，进退维艰。1990 年 1 月，在东盟等有关国家的推动下，安理会五个常任理事国就柬埔寨问题开始进行磋商。同年 9 月，柬埔寨四方在雅加达举行会议，就成立柬埔寨全国最高委员会达成协议。同意接受安理会五个常任理事国提出的框架文件，作为解决柬埔寨问题的基础。1991 年 10 月 23 日，参加解决柬埔寨问题的巴黎会议的 18 国外长以及柬埔寨全国最高委员会的 12 名成员分别在《柬埔寨冲突全面政治解决协定》《关于柬埔寨主权、独立、领土完整及其不可侵犯、中立和国家统一的协定》《柬埔寨恢复与重建宣言》《最后文件》上签了字。这4份文件通称《柬埔寨和平协定》。该协定的签署，标志着延续13年之久的柬埔寨问题终于得到全面、公正、合理的政治解决。1993年5月23日至28日，在联合国维和部队和联合国驻柬机构的支持和监督下，柬埔寨举行多党选举，颁布新宪法，恢复柬埔寨王国君主立宪制，成立了联合政府。柬埔寨与东盟的关系就是在这样的背景下建立和发展起来的。东盟通过参与对印度支那问题，特别是柬埔寨问题的解决，在国际上扮演了重要角色。

柬埔寨王国新政府成立以后，一直努力争取成为东盟成员国。这首先是因为组成柬埔寨新政府的各派政治力量都认为，自越南战争结束以后，由于红色高棉的极“左”统治以及越南侵柬所造成的困境，柬埔寨在国际上始终处于一种孤立和被各种国际或地区力量所左右的状态。新生的王国政府寻求以一个独立自主国家的身份加入东盟这一重要的地区合作组织，对于柬埔寨摆脱孤立和缺乏自主能力的状态将发挥重要作用。其次，在经历了长期的战乱之后，柬埔寨积贫积弱，急需尽快开展大规模的经济建设，以重建国家。然而，由于其自身的经济状况极为困难，除了依靠来自各方的国际援助之外，通过加入东盟以获得其成员国的帮助，就成为一个重要的选择。

此外，东盟本身的发展需要也使柬埔寨看到加入该组织的可能性。例如，早在1988年8月，作为东盟的重要成员国之一的泰国就提出了“变印支战场为市场”的愿景，并公布了泰商到印度支那三国投资和贸易的优惠政策，[①] 这使柬埔寨看到了增强与东盟及其成员国合作的可能与希望。特别是在柬埔寨问题得到政治解决，为东南亚地区，特别是中南半岛各国和平发展提供了条件之后，东盟也把通过自身的扩大与发展，达到建立包括东南亚地区所有国家在内的“大东盟”的目标提上了议事日程。1992年1月在新加坡举行的第四次

① 冯建昆主编《泰王国贸易法律指南》，中国法制出版社，北京，2006，第33页。

东盟首脑会议，提出了建立东盟自由贸易区的设想，旨在通过推进贸易自由化以提高区域合作水平和经济一体化建设，从而增强东盟的整体实力和影响力。而位于东南亚地区的诸如柬埔寨等最不发达国家，享有多项产品可优惠准入世界上最发达国家市场的便利，也有利于东盟经济的壮大与发展。1994 年 2 月 3 日，东盟决定接纳越南为东盟的第七个成员国，并在 1995 年 7 月 28 日于文莱召开的第 28 届东盟外交部长会议上正式接受越南加入东盟。

在东盟努力寻求扩大的过程中，柬埔寨加入东盟的进程也随之加快。1995 年 12 月在泰国曼谷召开的第五次东盟首脑会议上，柬埔寨被升格为东盟观察员国，与会各国还就老挝、柬埔寨和缅甸三国在 2000 年前加入东盟达成共识。就在这次峰会上，柬埔寨政府首脑还和当时东盟 7 个成员国以及老挝和缅甸的国家领导人共同签署了《东南亚无核区条约》，这是柬埔寨在成为东盟成员国之前签署的由东盟制定的重要协定。随后，1996 年 7 月于雅加达举行的第 29 届东盟外长会议批准了老挝和柬埔寨提出的于 1997 年东盟成立 30 周年之际加入东盟的要求。1997 年 5 月，在马来西亚吉隆坡举行的东盟外长特别会议决定于 7 月同时接纳柬埔寨、老挝和缅甸三国为东盟新成员。东盟的这一决定，使柬埔寨感到乐观，认为该国在东南亚地区处于孤立地位的日子终将结束。① 然而，就在柬埔寨即将成为东盟成员国的前夕，联合执政的人民党与奉辛比克党于 7 月 5 ~6 日在金边发生军事冲突，第一首相诺罗敦·拉那烈亲王被迫流亡法国。这场冲突引起国际社会对来之不易的巴黎和平协定的执行及柬埔寨未来形势发展前景的普遍关注。于是，东盟外交部长随即于 7 月 10 日在马来西亚吉隆坡举行了 3 个小时的特别会议并做出决定：鉴于柬埔寨国内出

① “ASEAN and History of Cambodia’s Membership,” https：//www.ukessays.com/essays/economics/asean - and - history - of - cambodias - membership - economics - essay.php.

现的政治危机，推迟接纳柬埔寨为东盟新成员国，而老挝和缅甸则按原计划加入东盟。

柬埔寨因国内政局动乱而被东盟推迟接纳为成员国，原因相当复杂。实际上，东盟的一些成员对是否接纳柬埔寨一直存有异议。众所周知，1993 年柬埔寨大选并组成联合政府的过程经历过多番反复，最后形成的“双首相”体制实际上是诺罗敦·西哈努克国王以及国际社会多方协调而促使柬埔寨两大政治势力达成妥协的结果。因此，从王国新政府建立伊始，各派主要政治力量之间的矛盾甚至冲突就经常发生，导致有些东盟成员国对柬埔寨国内政治局势的稳定和恢复经济的前景存有疑虑，担心柬埔寨的政治危机和经济困境会给东盟造成负担，甚至危及东盟的声誉。而柬埔寨“七月事件”的发生，使这一忧虑增强和扩大，最终使柬埔寨按预定时间表加入东盟的计划和努力功亏一篑。

东盟推迟柬埔寨加入东盟的决定令时任柬埔寨第二首相的洪森感到愤怒，甚至在柬埔寨人民党随后做出的中央决议中取消了争取加入东盟的内容，以表达对东盟干涉柬埔寨内部事务的不满。[①] 然而，面对加入东盟能够带来的诸多利益，柬埔寨国内各派政治势力仍然在西哈努克国王的斡旋之下，努力寻求在它们之间达成新的平衡，以恢复局势的稳定，为最终加入东盟创造条件。

1998 年 7 月 26 日柬埔寨举行了第二次国会选举，由于诺罗敦·拉那烈亲王领导的奉辛比克党出现严重分裂，其领导人之一桑兰西脱离奉辛比克党另组政党，并在大选中夺得 15 个议席，结果导致洪森领导的人民党获得 122 个议席中的 64 个，而奉辛比克党仅获得 42 席，这使人民党上升为柬埔寨的第一大党，在国会席位中取得

① 仲力（邢和平）：《柬埔寨对东盟的爱恨情仇》，http://blog.sina.com.cn/s/blog_5a0347c50100u2b3.html。

过半数的优势。然而，此后在组阁过程中人民党与奉辛比克党再度出现尖锐对立。对此，东盟坚决主张在柬埔寨组建新政府之前，不会确定任何关于其加入东盟的时间表。此后，在西哈努克国王的调解下，人民党与奉辛比克党于当年 11 月 13 日达成全面合作协议。11 月 25 日，拉那烈亲王当选柬埔寨王国国民议会议长；当月 30 日，以洪森为首相的第二届联合政府成立。12 月，前民柬领导人乔森潘、农谢宣布归顺政府，从而使柬埔寨的民族和解事业取得重大进展，国内和平得到恢复，同时也为柬埔寨加入东盟创造了必要的条件。

正是在这一形势下，东盟于 1999 年 4 月 30 日在越南河内举行特别仪式，正式接纳柬埔寨为东盟组织的第 10 个成员国。至此，一个包括东南亚地区全部 10 个国家在内、总面积为 450 多万平方公里的大东盟最终形成。

不过，东盟各成员国对柬埔寨加入东盟可能带来的后果看法不一。在欢迎柬埔寨入盟的同时，一些国家也表示了它们的担忧。例如，新加坡总理吴作栋就曾表示，柬埔寨发生的政治冲突事件可能随着其加入东盟而对该组织的声誉产生不良影响。而更多的国家则是担心，东盟由于新成员国的加入而使其过去存在的相对一致性受到损害。其中包括东盟新成员国与老成员国在政治体制、经济发展水平等方面的差异增大。而柬埔寨的加入有可能使各成员国之间业已存在的差异进一步扩大，甚至有可能引起成员国之间的外交冲突。特别是有些国家的领导人对柬埔寨首相洪森有一定的成见，认为他“特立独行的”行事方式有可能对东盟的一致性产生影响。①

对此，柬埔寨方面也有其特定的思考和立场。2014 年，洪森首

① EMMANUELLE BOULESTREAU，Le Cambodge rejoint une Asean de plus en plus hétérogène，http：//www. lesechos. fr/30/04/1999/LesEchos/17890 – 028 – ECH_ le – cambodge – rejoint – une – asean – de – plus – en – plus – heterogene. htm.

相曾向参加“东南亚—日本青年游船”活动的柬埔寨青年代表团详细介绍了柬埔寨决定加入东盟的原因。他说，柬埔寨决定加入东盟主要有四个理由：第一，东盟的原则是不干涉内政；第二，东盟具有共同体的精神，对解决问题所作出的决定需要成员国的一致表决；第三，东盟具有建立共同发展共同命运的精神，并且正在努力缩小老成员国和新成员国的发展差距；第四，这是柬埔寨的外交出路。他还指出，基于上述四个理由，柬埔寨加入东盟对国家的稳定、发展和繁荣具有重要的意义。① 由此可见，从考虑加入东盟的最初时期，柬埔寨领导人已经把不干涉内政作为基本原则，既不通过东盟干预他国事务，也坚决反对他国在东盟干涉本国的内政；秉承协商一致的“东盟方式”，处理可能遇到的各项事关重大，而各成员国之间意见又有所分歧的事务；并把加入东盟作为发展柬埔寨的社会经济以及落实其外交方针和政策的重要平台。柬埔寨加入东盟近 18 年来的历史，也充分印证了柬埔寨政府始终坚持执行了当初的既定方针。

二　柬埔寨通过加入东盟获益匪浅

柬埔寨成为东盟成员国之后，一直把东盟看作重新获得其在东南亚地区的地位以及促进其国家利益的机会的战略窗口。洪森首相在柬埔寨加入东盟后，即指示外交部和其他相关政府部门，成立了联系东盟的专门机构，以了解和研究东盟的组织结构和运作规则等，积极落实柬埔寨与东盟接轨，逐步参与东盟事务。并在外交部设立了“东盟总局”，专司与东盟相关的各项事务。作为最晚加入东盟的国家，洪森也非常注意吸收东盟成员国发展的经验，避免它们的错误，通过

① 《洪森总理会见柬青年游船代表团，阐述柬埔寨加入东盟四大理由》，《柬华日报》2014 年 10 月 10 日。

这条捷径，缩短与其他成员国之间的距离，尽快实现赶超。[①]

正如上文所述，柬埔寨加入东盟，彻底结束了本国在这一地区相对“孤立”的地位，并实现了东盟组织孜孜以求的建立包括东南亚地区 10 国在内的“大东盟”的最终目标，无论对其自身的发展还是促进东南亚区域一体化的进程，都起到了重要作用。换言之，东南亚地区因柬埔寨最终加入东盟而不再分裂；而柬埔寨作为东盟的第 10 个成员国，与早于其入盟的其他新老成员国一样，享有平等的权利和义务。也正因如此，柬埔寨加入东盟以后，一直积极参与东盟从政治到安全、从经济到社会等各领域中的合作，在维护东盟团结及其影响力方面做出了显著的贡献。与此同时，也使柬埔寨在本国的社会经济发展方面获利甚丰。因此，柬埔寨自加入东盟以来，一直高度重视其在东盟中所处的地位及所能够发挥的作用，同时也非常重视与其他东盟成员国之间的关系。

从柬埔寨加入东盟以来，在政治安全、经济贸易以及社会发展等各方面都获得了许多利益。

第一，柬埔寨加入东盟以后，在该组织内以及国际社会上的发言权与影响力得到加强，为其树立起新的国家形象。

柬埔寨在获得独立以后，由于西哈努克亲王坚持独立、中立的外交政策，柬埔寨在地区和国际事务中享有较高的威信。然而，随着 1970 年“三一八政变”后柬埔寨陷入长达 20 多年的战乱，柬埔寨的国家形象受到严重损害。柬埔寨加入东盟，使其获得了利用这一区域合作组织为其搭建的政治平台在地区和国际事务中充分展示其形象和发挥其作用的机会。柬埔寨在积极参与东盟峰会、东盟部长会议及东盟论坛等各类东盟机构活动的基础上，增强了面对国际社会时的信

① 参见仲力（邢和平）《柬埔寨对东盟的爱恨情仇》，http：//blog. sina. com. cn/s/blog_5a0347c50100u2b3. html。

心，也提高了其在东南亚地区和国际上的声望。其中，最有说服力的例子当是2002年柬埔寨按照东盟的相关规定，成功地履行了其作为东盟主席国应承担的各项义务。特别是柬埔寨成功举办了当年11月在柬埔寨首都金边举行的第八次东盟首脑会议和东盟组织的其他系列峰会，包括东盟与中日韩（10+3）例行会议、东盟与印度峰会等。2002年的东盟首脑会议不但规模超过历届，而且标志着东盟和整个东亚的关系进入了一个重要的新阶段，东盟一体化进程从酝酿进入实施转折点，它将加强和深化东盟同东亚的合作，朝最终建立东亚论坛迈出重要一步。参加这次会议的与会各国代表团成员近千人，此外还有近千名申请采访大会的记者，其规模为东盟历届峰会之最，导致会议的组织和安保任务非常繁重。雪上加霜的是，就在峰会前夕的10月12日和21日，在印尼旅游胜地巴厘岛和菲律宾三宝颜等地先后发生恶性恐怖爆炸事件，造成重大人员伤亡，许多国家纷纷向本国国民发出谨慎前往东南亚地区旅行的警示。这对于加入东盟不久，经济状况疲弱，硬件和软件缺乏，而且社会治安欠佳的柬埔寨来说，无疑是一个巨大的挑战和严峻的考验。然而，在柬埔寨政府和人民的共同努力下，在金边成功主办了这次具有重要历史意义的东盟峰会及其他系列会议，从而改变了西方媒体此前对柬埔寨的宣传所造成的负面印象，在国际社会上树立了新的形象，也使柬埔寨政府和国民为能够顺利完成东道国的各项义务和责任而感到自豪，对国家的前途与未来抱有更充分的信心。

随后，柬埔寨加入了更多的国际机构和组织，并在其中承担义务，发挥作用。例如，2004年，柬埔寨成为世界贸易组织的第148个正式成员国，从而结束了该国从1994年以来申请加入世贸组织的漫长历程，这也和柬埔寨加入东盟后所获得的支持与从中汲取的经验密切相关。此外，柬埔寨在东盟地区论坛、大湄公河次区域经济合作等区域合作机制中也充分发挥作用，为东南亚和亚太地区的和平稳定、安全互信及社会发展做出了自己的贡献，并得到国际社会的认可。

第二，柬埔寨加入东盟，为其在获得国家和人民的安全保障方面创造了良好的条件。

在成为东盟成员国之前，柬埔寨的国家安全和民众的人身安全长期难以得到切实的保障。例如，越南对柬埔寨武装入侵曾使柬埔寨长期处于战争与动乱。柬埔寨加入东盟之后，即使与其他东盟成员国之间出现矛盾、摩擦甚至冲突，也都能够以东盟成员国的身份，通过东盟这一平台，依据《东南亚友好合作条约》所规定的各国之间“互不干涉内政；和平解决分歧或争端；反对诉诸武力或以武力相威胁”的原则，通过和平方式来加以解决。尽管人们往往诟病东盟“国家主权原则的个体化践行方式，使东盟在处理冲突时不仅难以达成有约束力的解决方案，更无力采取有效的管理措施与行动”[①]，但是，作为东盟成员国的共同身份却已在一定程度上约束了彼此之间的行为，防止了冲突的尖锐化和扩大化。

正是通过这一方式，柬埔寨逐步改善和加强了和邻国，特别是与柬埔寨之间存在较多历史遗留问题的越南和泰国的关系。

长期以来，柬埔寨和越南之间一直存在着边境领土争端。1985年柬越两国签署了关于国家边界划分的条约，但由于当时的历史条件，在柬埔寨王国政府建立后，一些党派和政治势力对该条约对两国之间边界线的划分持有异议，以致柬埔寨国内各派政治势力之间和柬埔寨对越关系方面时常为此出现摩擦。经柬埔寨和越南政府之间多次磋商，柬埔寨首相洪森与越南时任总理潘文凯于2005年10月10日在河内签署关于国家边界条约的补充条约。按照该条约，柬越将根据1963~1969年地图确定两国边界，并于2008年底前对总长1270公里

① 贾力楠：《东盟冲突管理方式：概念、挑战与变革》，《当代亚太》2015年第4期。

的柬越陆地边界完成勘定和树立界碑的工作。2009 年 9 月 27 日，柬越双方在柬越边境的巴维 - 木牌（Bavet-Mocbai）地区举行首块界碑的立碑仪式，柬埔寨首相洪森和越南总理阮晋勇出席。在补充条约签署后，柬埔寨国王诺罗敦·西哈莫尼还曾于 2006 年 3 月第一次正式访问越南。然而，由于复杂的国内外因素，两国间的划界立碑工作始终无法顺利完成。2015 年 6 月 28 日，柬埔寨最大反对党救国党的国会议员瑞凯林带领约 300 名民众来到与越南相邻的柴桢省磅罗县，声称要对柬越边境的情况进行视察，受到越南边民和武装军警阻拦，双方发生严重的肢体冲突，多人受伤。即使在这样的情况下，柬越双方在政府层面都试图淡化矛盾，决定成立联合工作组进行调查，力图以和平方式解决纠纷。此后，柬越陆地边境联合委员会多次举行专门会议，以协商解决剩余的边界问题。到 2016 年 10 月，柬越边界的勘界立碑工作已经完成了 83%。为了避免柬民众丧失土地和住房，柬政府提出将其他领土与越南进行交换，以让柬民众能够在原地继续生活，交换领土的省包括柴桢省、拉达那基里省、蒙多基里省等与越南接壤的省份。[①] 柬越关系的改善，不仅维护了两国边境地区的安宁，也为两国之间开展各领域合作创造了有利的氛围。

柬埔寨加入东盟后，与泰国的关系也得到改善。事实上，柬埔寨与泰国之间的历史遗留问题十分复杂，领土纠纷甚至冲突也时有发生。在柬埔寨加入东盟以后，曾于 2003 年 1 月因为泰国女星苏瓦南·康颖发表“吴哥窟应属泰国，柬埔寨应该把吴哥窟还给泰国”言论而掀起轩然大波。当月 29 日，柬埔寨甚至发生了反泰骚乱，泰国驻金边大使馆被焚，40 多家泰国企业遭劫。[②] 2008 年，由于柬埔寨向联合国教科文组织申请将柬泰两国尚存主权争议的柏威夏寺列为

① 《柬越同意进行部分领土交换》，《高棉日报》2016 年 10 月 24 日。

② Le Cambodge à l'entrée du 21e siècle, https://www.senat.fr/ga/ga75/ga751.html.

世界文化遗产，再度引起两国之间的争议和多次小规模交火。随着事态的发展，泰柬两军之间于2011年2月再度发生边界冲突，双方互有伤亡。对此事件，东盟秘书长素林指出泰柬冲突损害外界对东盟的信心，影响区内经济复苏及旅游业和投资前景，要求两国尽早谈判。柬埔寨也请求东盟向争议地区派遣观察员，但遭到泰国的反对。但是，国际社会对柬泰之间的冲突高度关注，联合国安理会也要求柬泰双方永久性停火，并积极支持东盟介入，通过谈判和平解决柬泰边境争端。虽然由于东盟长期奉行“不干预内政”原则，即使其成员国爆发边境争端，严格来说仍属于相关国家的“内部事务”，这在某种程度上限制了东盟介入调解，但是，柬埔寨和泰国作为东盟成员国也意识到为了两国自身和东南亚地区的和平与发展，双方应通过国际法途径、双边谈判或者东盟体制等，寻求适用于解决这一争端的可能方案。只有通过协商和谈判的方式，妥善解决柬泰柏威夏寺及其周边领土主权归属的争端，才能最大限度地符合柬泰两国人民的根本利益。同时，东盟此前于2010年4月在河内外长会议上签署的《东盟宪章框架内争端解决机制协议》，也要求各成员国遵守共同制定的相关原则。[①] 因此，尽管双方争端严重，但是两国政府还是于交火后不久，就释放出通过和平方式解决边境争端的意愿。经多次磋商，柬泰两国代表于2011年9月23日表示，双方将遵守海牙国际法院的裁决，从柏威夏寺附近争议地区撤军。2012年7月18日，泰国和柬埔寨同时从柏威夏寺争议地区撤出部分军队，并派驻警察部队以维持当地秩序。2013年6月，笔者曾经前往柏威夏寺考察，当地已经见不到柬泰士兵剑拔弩张的紧张局面。当年11月11日，海牙国际法庭就1962年的裁决做出厘清，宣判柏威夏寺周围土地的主权归属柬埔寨，柬泰

---

① 《泰柬发生第6次冲突 联合国撤离部分工作人员》，新浪网，http：//dailynews. sina. com/bg/news/int/sinacn/20110216/13352230946. html。

两国都表示接受国际法院的裁决，使柏威夏寺地区的局势趋于稳定。在这一事件演变的整个过程中，作为实力相对较弱的柬埔寨一方，充分运用东盟及其他国际组织和机构的机制和影响，保障了自身的利益与安全，维护了其与邻国之间的关系。

此外，由于柬埔寨加入东盟，东盟组织通过提供专家分享信息，为柬埔寨在流行病的预防、检疫、控制和治疗方面提供了许多卓有成效的帮助，成功地防止或控制了禽流感、猪流感等流行性疾病在柬埔寨的发生和蔓延。此外，东盟还通过该组织所制定的合作框架，帮助柬埔寨有效地开展对于诸如贩卖人口、贩毒和恋童癖等多种跨国犯罪行为的打击和预防，保障了柬埔寨民众的人身安全。

第三，通过加入东盟，柬埔寨提高了经济发展水平。

首先，柬埔寨通过加入东盟，获得由该组织提供的经济社会发展方面的援助，包括物质、资金、技术和管理经验等，而这些都是柬埔寨所迫切需要的。1993 年新柬埔寨王国建立时，世界已经处于经济全球化不断加速的进程中。因此，该国就确立了面向市场的经济制度，在贸易和投资方面采取广泛的单边自由化措施，并努力争取早日加入东盟，参与东南亚的一体化进程。虽然 1997 年其成为东盟正式成员国的申请被暂时推迟，但柬埔寨仍然致力于与东盟经济体相结合，并努力为加入世贸组织做准备。为了加快与区域和世界经济接轨的步伐，柬埔寨选择了一种被人们视为非常“激进”的开放政策，对资本流动全面放开，旨在提高其整体经济竞争力，以适应将来加入一个东盟自由贸易区所面临的新环境。①

柬埔寨的努力在其加入东盟后收到了明显的效果，该国的社会经济各方面都得到了比较迅速的发展，成为东盟新成员国中令人刮目相看的国家。柬埔寨已经于 2016 年从未开发国家晋升为中低收入国家。

① Le Cambodge à l'entrée du 21e siècle, https://www.senat.fr/ga/ga75/ga751.html.

马来西亚兴业银行（RHB）研究显示，过去 10 年，柬埔寨的平均经济增长率是 7.6%。2017 年的同比增长预估是 7.0%，高于东盟国家的 4.8%。[①] 柬埔寨积极参与东盟经济一体化进程，以实际行动努力融入东南亚地区和世界经济体系。柬埔寨政府特别注重追赶其他成员国，以缩小与它们之间的发展差距。为此，柬埔寨积极参与东盟的各项合作机制的运作，进一步加快本国境内及其与该区域和世界其他地区主要伙伴之间贸易自由化和货物与服务自由流通的速度。[②] 东盟国家长期是柬埔寨最大的贸易伙伴和最大的投资者，充分反映出柬埔寨加入东盟和自由贸易区对柬埔寨经济所产生的积极推动作用。

在柬埔寨政府看来，区域经济一体化不是目标，而是实现可持续地提高本国人民生活水平这一终极目标的有效手段。[③] 东盟建立自由贸易区的目的是为该地区创造单一的生产和市场地位，以提高其在世界市场上的竞争力，而柬埔寨在加入东盟以前就已经大力推行的自由贸易政策，使其在这方面具有一定的优势。因此，柬埔寨能够根据东盟自由贸易区的相关规定，逐步减少和消除关税壁垒，为货物、服务、贸易和投资的自由流通提供便利。此外，柬埔寨还可以充分利用东盟自贸区为降低高额关税而制定的优惠政策，获得了在吸引更多的外商投资、促进产品出口等方面的许多好处。此外，柬埔寨的投资者也可以在整个东南亚地区投资于每个国家的市场，以提高生产率，增加人们的收入。例如，柬埔寨位于泰国和越南两国中间，而这两个国家的良好市场，为柬埔寨发展经济贸易、促进商品与服务自由流通提供了重要条件。

---

① 《柬埔寨投资政策在东盟最开放》，搜狐网，http：//www. sohu. com/a/134540998_ 407168。

② “ASEAN and History of Cambodia's Membership，” https：//www. ukessays. com/essays/economics/asean – and – history – of – cambodias – membership – economics – essay. php.

③ “ASEAN and History of Cambodia's Membership，” https：//www. ukessays. com/essays/economics/asean – and – history – of – cambodias – membership – economics – essay. php.

同时，柬埔寨还通过积极参与东盟的经济一体化进程，以便在东盟和其他国家或区域合作组织签订的协议框架内，进入更大的国际市场，吸引更多的投资者。例如，柬埔寨通过“东盟+3”“东盟+1”“亚欧会议”等多个以东盟为基础的跨国和跨地区合作机制，获得更多的经援来源，以推动其经济发展。例如，柬埔寨作为最不发达国家之一，欧盟允许其使用除文莱和新加坡以外的其他东盟成员国的投资在柬埔寨生产货物，并向欧盟市场出口免税和免配额的商品，柬埔寨制造的服装、鞋子和自行车等都属此列。[①] 此外，柬埔寨同其他东盟新成员国一样，能够获得东盟对话伙伴，如美国、欧盟、日本、中国、韩国、加拿大等国提供的各类资金和技术援助，以及在制定建设方案、人员互访和培训等多方面的帮助。由此可见，柬埔寨政府确立的经济开放和贸易自由化的政策，为其通过加入东盟这个区域合作平台融入地区和国际经济体系，促进本国社会经济发展打下了坚实的基础。

其次，从具体收益来看，通过加入东盟，柬埔寨发展经济所急需的外国投资迅速增长。由于柬埔寨于1999年4月加入东盟，使其有机会参加当年11月在菲律宾马尼拉举办的东盟+3（中国、日本和韩国）峰会，并完全融入了“10+3”合作机制，为其获得来自东盟其他成员国，特别是中日韩的投资提供了有利的条件。外商对柬埔寨的直接投资在他们向东盟各国投资总额中的占比有了显著增长，总额持续增加。据统计，截至2014年底，外商在柬埔寨的累计直接投资额达130亿美元。[②] 2017年1月23日的《高棉时报》（*Khmer Times*）援

① Pich Rithi, Director General for International Trade, Ministry of Commerce of Cambodia, AEC 2015: Benefits and Challenges for Cambodia, At the Seminar on "ASEAN Economic Community 2015", Organized by the Ministry of Commerce and Funded by Trade Development Support Program (TDSP), 16 September 2014, Dara Airport Hotel, Phnom Penh, Cambodia.

② 《柬埔寨市场概况》，香港贸发局，http://emerging-markets-research.hktdc.com/business-news/article/%E4%BA%9E%E6%B4%B2/%E6%9F%AC%E5%9F%94%E5%AF%A8%E5%B8%82%E5%A0%B4%E6%A6%82%E6%B3%81/mp/tc/1/1X000000/1X09SQS2.htm。

引柬埔寨国家银行报告显示，2016 年柬埔寨吸引外国直接投资总额达 21.5 亿美元，同比增长 25%，说明柬埔寨在吸引外资方面的成效显著。

外资青睐柬埔寨的另一个原因，是与东盟的其他成员国相比，其工资水平相对较低。柬埔寨加入东盟，使其具有的这个优势与外来投资者对东盟经济共同体前景的憧憬结合在一起，从而具有更大的吸引力。例如，外来投资者在经过比较之后，都会认为柬埔寨 200 泰铢（6.6 美元）的日工资远低于泰国 300 泰铢（10 美元）的日工资水平，因而乐于前往柬埔寨投资，由此可见，廉价劳动力带来的收益之可观。为此，连泰国的投资商也大批前往柬埔寨投资，泰国政府也打算利用与柬埔寨地理位置接近的区位优势修建和扩建公路和铁路，以连接两个邻国的市场。此外，由于外资的投入，柬埔寨的就业人口增加，人民的生活水平也因此而得到提高。[①]

最后，柬埔寨加入东盟，也促进了本国旅游业的发展。众所周知，柬埔寨历史悠久，环境优美，吴哥古迹和风光美景成为吸引来自世界各地游客的重要资源。这使旅游业成为柬埔寨经济的重要支柱产业，也是柬埔寨与东盟开展合作的重要领域。柬埔寨加入东盟以后，旅游业得到迅速发展，并具有巨大的发展潜力。1999 年柬埔寨加入东盟以来，赴柬的游客数量迅速增加，当年共吸引了 36.77 万人次外国游客，相当于前一年赴柬游客总数的 140%。[②] 2016 年，柬埔寨接待游客的总人数已经高达 500 万人次。[③] 同时，来自东盟其他国家的游客人数也不断增加。2012 年，柬埔寨共接待外国游客 358 万人次，

① ASEAN toward 2015：Challenges and Opportunities for Cambodia，http：//englishteacherkh.blogspot.com/2014/11/asean－toward－2015－challenges－and.html.

② 傅晓露：《风景这边独好——独具特色的柬埔寨旅游业》，《当代世界》2000 年第 5 期。

③ 中国国家旅游局：《东盟国家进入旅游发展上升期》，《旅游外交参考》第 2 期，http：//www.cnta.gov.cn/ztwz/lyzs/2017/2q/201703/t20170302_816302.html。

其中来自东盟国家的游客就达151.4万人次，其中越南游客更是以76.3万人次高居各国榜首。[①] 笔者于2017年2月前往吴哥时，亲眼看到东南亚各国的游客云集各景点的景象，还曾应邀与越南游客在巴戎寺塔前合影。随着东盟一体化进程的加速和东盟成员国之间人员流动的便利化，这一趋势还将继续得到快速的发展。而旅游业的发展和游客数量的增加，也给柬埔寨创造了更多的工作岗位，带动了餐饮、食品生产、旅行社、旅游经营、酒店等行业的发展，使旅游业成为柬埔寨经济增长的重要推动力。

柬埔寨加入东盟后取得的经济发展成果，使不少柬埔寨人在展望前景时感到："柬埔寨将成为富裕家庭的女儿，而不再是没有人愿意聘娶的贫穷人家的女儿了"。[②]

三　柬埔寨加入东盟后所面临的挑战

柬埔寨加入东盟也给其带来了一些重大的挑战。由于柬埔寨坚持东盟所制定的各成员国之间互不干涉内政和协商一致的原则，尽管其有时因内外因素与部分成员国之间也曾出现一些矛盾、摩擦甚至冲突，但总体而言，东盟给柬埔寨在政治方面造成的挑战并不多，产生的影响也较小。但是，由于柬埔寨以东盟作为其社会经济发展的重要依托，而其因自身的经济实力薄弱，资金技术匮乏，专业人才短缺、管理经验不足，在参与东盟经济一体化过程中面临着许多严峻的挑战。

第一，为了顺应东盟的一体化，柬埔寨在体制建设和法律制度方面必须做出重大调整和改革。根据东盟的相关协议的规定，为了有效

---

① 《柬埔寨》，百度，http：//baike.baidu.com/item/%E6%9F%AC%E5%9F%94%E5%AF%A8#10_3。

② "ASEAN toward 2015：Challenges and Opportunities for Cambodia，" http：//englishteacherkh.blogspot.com/2014/11/asean-toward-2015-challenges-and.html.

参与东盟各项合作机制的运作，东盟成员国必须在体制方面进行必要的改革，因为对东盟的有效参与，需要有与其相应的高水平的政府之间的沟通和协调。东盟经济合作涵盖的范围广泛，各类活动和倡议众多，而且其中许多是相互关联的，要具体落实的话，需要有高度的专业知识和高明的技术性操作。例如，东盟关于加强经济合作的框架协定的内容极其广泛，囊括知识产权和技术转让、关税、非贸易壁垒、投资、贸易、工业发展、能源、金融、旅游、服务业、农业和运输等方方面面的经济合作。其中有些已有具体协议，而还有许多正处在草拟具体的行动计划或各种谅解备忘录的阶段。而且东盟经济合作的范围每年都在扩大。作为最后一个加入东盟的国家，柬埔寨如何保持有效参与这一进程就成为一个重大的挑战，特别是其人力资源和财力都极其薄弱，这对柬埔寨政府的行政管理和实施东盟经济合作的能力不能不说是个相当严峻的考验。

同时，为了与东盟的有关规则合拍，也需要对成员国的法律进行必要的改革。对柬埔寨而言，这既涉及其对东盟事务的参与，同时也涉及其发展经济的基本规则。柬埔寨作为东盟的一个最新成员，正处于经济转型时期，寻求将本国经济由计划指挥转变为面向市场的体系。这一进程要求柬埔寨法律制度进行与之相适应的转变，以便为私营部门驱动的市场经济提供法律基础。事实上，尽管柬埔寨在加入东盟之前就开始对相关的法律制度进行修改，以推动柬埔寨的经济增长和发展，但法律改革与柬埔寨的经济转型一样，是个漫长的过程，不可能一蹴而就。随着加入东盟，与该组织的一些老成员国的比较成熟的市场经济法律法规相比，柬埔寨相关法律的滞后性就显现出来。由于柬埔寨加入了东盟的各项经济协定，因而有义务颁布国内立法以配合和执行这些协定，也就是说，必须通过国内法为其与东盟之间的经济合作提供法律框架，以遵守这些协定的精神和目标。因此，参与东盟一体化进程，同时也要求和促使柬埔寨更迅速地进行范围更为广泛的法律改革。[①] 然而，法律改革是个相当复杂的系统工程，需要精湛的专业知识和技巧，但这些是柬埔寨目前所严重缺乏的，要完成这一使命，确实是任重而道远。

此外，无论是行政体制还是法律法规的改革和调整，都需要柬埔寨政府提高决策进程的透明度，这是东盟对所有成员国的明确要求。柬埔寨签署加入东盟的文件，也包括了关于落实决策透明度的具体承诺。这种透明度要求政府的行政程序必须严格依法进行，而这对柬埔寨政府来说，也是一个充满挑战的使命。

第一，柬埔寨加入东盟以及东盟共同市场的建立，对其薄弱的经济基础来说，也构成了一个真正的挑战。由于长期战乱，柬埔寨加入东盟时，经济基础仍然非常薄弱，这主要是由于资金缺乏所造成的。而面向东盟6.4亿消费者的统一市场全面开放，给柬埔寨带来的冲击可想而知，仅进口关税消除或降至最高5%时，进口收入损失就已十分可观。而财政资源不足，又会对柬埔寨积极参与东盟所有经济活动造成重大的影响。

再从柬埔寨的基础设施方面来看，包括国家的供电、供水、公路网和港口设施都非常薄弱和落后。这种状况导致柬埔寨的能源供应严重不足，价格昂贵，并缺乏可靠的电力供应。全国公路网的覆盖面狭窄，路面质量和行车条件很差。即使在柬埔寨首都金边，由于道路狭小而且难以拓宽而经常出现交通拥堵的现象。此外，由于道路排水不良，每逢降雨就会出现严重积水，反过来更加重了堵车现象。这样的恶性循环严重影响了金边城市的发展。基础设施不足不仅限制了柬埔寨与其他东盟国家开展有效竞争的能力，也阻碍了柬埔寨经济优势的充分发挥。据研究，柬埔寨目前所显示出的经济比较优势被认为是以橡胶、木材等天然资源为基础的产品，以及以成衣为代表的劳力密集

---

① "ASEAN and History of Cambodia's Membership," https://www.ukessays.com/essays/economics/asean-and-history-of-cambodias-membership-economics-essay.php.

型产品。然而，与邻国的比较结果却表明，柬埔寨潜在的相对优势更可能在于农业和农产品加工业，而这一领域尚未得到很好发展,[①] 其主要原因之一就是受到基础设施条件的制约。例如，世界银行一份研究报告在比较了柬埔寨、泰国和越南的稻米生产情况后得出的结果表明，柬埔寨稻米虽然生产成本最低，但由于交通因素，在产品运送到港口时，却失去了其成本优势。[②]

第三，柬埔寨加入东盟后，与相对发达的成员国之间的差距，对其社会发展也造成了一定的冲击。如何以公平的方式实现社会经济的迅速发展，成为全国民众所关心的问题。如果不能够让柬埔寨贫困人口分享由于加入东南亚区域一体化进程和经济增长所带来的好处，那么柬埔寨的发展将不可持续。而维持社会公平的关键政策，就是政府必须加大在普及教育、卫生和保健方面的公共投资。但近年来，柬埔寨的教育和卫生方面的公共投资远远低于其他东盟国家。因此，如何有效调动和利用有限的公共资源，以填补柬埔寨与东盟国家之间现有的人力资源差距，是对政府的挑战。此外，产业的均衡发展也对政府构成重大挑战。一方面，柬埔寨的“三农”，即农民、农业和农村的问题也很严重。发展本已严重滞后的农业在东盟自由贸易区中遇到更多更大的竞争，农产品的销售遇到很多困难。然而，柬埔寨农民一直面临着诸如获得各种投入、资金、技术和信息方面的严重制约，难以发挥其在上述农产品生产中的相对优势，因而严重制约农业和农村发展。[③] 另一方面，在工业和服务业方面，虽

① “ASEAN and History of Cambodia's Membership,” https：//www.ukessays. com/essays/economics/asean – and – history – of – cambodias – membership – economics – essay. php.

② William E. ToddASEAN，“Integration：An Opportunity for Business in Cambodia,” http：//www.thecambodiaherald. com/opinion/asean – integration： – an – opportunity – for – business – in – cambodia – 1265.

③ JET DAMAZO-SANTOS， “ASEAN Integration：More Jobs，Wider Inequality,” http：//www.rappler. com/world/specials/southeast – asia/66835 – aec – 14m – jobs – widen – inequality.

然柬埔寨政府从开始实行经济自由化并向市场经济过渡以来，一直将这些部门视为经济增长的主导部门，取得了明显的成就，但政府在这些行业也面临着性质不同于其他部门的挑战。如何确保这些部门的发展能够为提高柬埔寨人民的生活水平带来实实在在的好处，例如，如何通过制定商品和服务的质量标准以保障民生和市场机制的顺利运转，就是一个很实际的难题。[①] 此外，东盟经济共同体的建立，能够提供就业机会，但也会随着竞争的加剧而损失部分就业岗位。如柬埔寨的食品加工业就已受到严重打击。[②] 又如，随着人们在共同体内部的自由流动，各类犯罪、贩卖人口和贩毒等社会问题也有可能加剧，给柬埔寨的社会稳定造成威胁。

第四，加入东盟以后，柬埔寨的人力资源匮乏、人才短缺的问题更显突出。由于多年战乱和资金缺乏等因素的影响，柬埔寨的教育水平十分落后，教育体制也不健全，难以为本国和东盟地区提供合格的人力资源，严重制约柬埔寨的社会经济发展。根据国际劳工组织2013年对500家公司进行的调查，过半的企业对柬埔寨当地员工的能力感到不满。对于前来投资的外商来说，当地员工的语言熟练程度是阻碍柬埔寨融入国际社会，甚至是与其他东盟成员国沟通的挑战，即使这些员工曾经主修过商业、法律或任何其他专业，但如果不能够掌握语言这一沟通的桥梁，仍然无法有效地参与竞争。[③]

第五，除了这些具体的问题外，柬埔寨还面临着所谓“期望的挑战”。柬埔寨通过加入东盟，热切期望能够作为东盟的成员国，通过与其他成员国的合作获得更多的发展机会。柬埔寨政府和民众了解

---

① “ASEAN and History of Cambodia's Membership,” https://www.ukessays.com/essays/economics/asean-and-history-of-cambodias-membership-economics-essay.php.

② JET DAMAZO-SANTOS, “ASEAN Integration: More Jobs, Wider Inequality,” http://www.rappler.com/world/specials/southeast-asia/66835-aec-14m-jobs-widen-inequality.

③ “ASEAN toward 2015: Challenges and Opportunities for Cambodia,” http://englishteacherkh.blogspot.com/2014/11/asean-toward-2015-challenges-and.html.

自己与东盟内部其他较发达成员国之间的差距，把他们的未来发展寄托在通过东盟的帮助之上，希望能够通过加入东盟和积极参与东盟的各种合作，以及利用东盟多年来建立的广泛国际联系，尽快恢复和发展本国经济，尽早赶超他们的其他东盟伙伴。然而，如前所述，东盟的一些老成员国对柬埔寨的未来发展也有他们自己的期待。他们认为，对柬埔寨来说，最紧迫的问题是尽快恢复和维持其内部的和平与稳定，为重建遭受长期战争或自然灾害蹂躏的经济创造有利的条件。此外，东盟内部的经济合作将导致成员国之间的产品专业化程度更大而进一步拉开各国在高新技术等高端产业方面的距离。① 期望值与现实情况之间的差距，有可能给柬埔寨民众对东盟的期待和信心产生负面的影响。例如，曾经担任柬埔寨外交和国际合作部国务秘书的高金洪（H. E. Kao Kinhuon）先生说道，“在谈到东盟的时候，人们都会说起东盟一体化的收益和付出的问题。此外，公众舆论想知道柬埔寨是否真的得益于本组织，如果有这样的好处，他们希望我们能够列举出所有的好处。但是，这是不容易做到的。”② 这在一定程度上反映了柬埔寨人看待东盟时的心态。

四　柬埔寨与中国、东盟关系

中华人民共和国与柬埔寨王国之间有着悠久的传统友谊。1955年4月周恩来总理和西哈努克亲王在万隆亚非会议上结识，成为中柬友好关系的新开端。1958年7月19日两国正式建交以来，中国几代领导人与柬太皇西哈努克建立了深厚的友谊，为两国关系的长期

① “Problems and Challenges,” http://ikdasar.tripod.com/sa_2000/sea/cambodia/cambodia2.htm.

② TE Eang Chheng, “Cambodia 5 Years in ASEAN: A Study on PROS AND CONS,” Thesis Submitted to KDI School of Public Policy and Management, 2011.

稳定发展奠定了坚实基础。在中国政府和人民的大力支持下，西哈努克亲王两度在华领导柬埔寨人民争取国家独立、民族解放的斗争。中国坚决支持东南亚地区一体化进程和柬埔寨争取加入东盟的努力。2006 年 4 月，中柬两国确立全面合作伙伴关系，2010 年 12 月又进一步提升为全面战略伙伴关系，以促进两国关系的稳定、健康和持久发展。

在经济领域，中柬两国之间的经贸关系发展势头良好，合作领域不断拓宽。1996 年，两国签订了贸易、促进和投资保护协定，并于 2000 年成立两国经济贸易合作委员会。2013 年，柬中双边贸易额达到 37.7 亿美元，[①] 2015 年升至 44.3 亿美元。[②] 双方都表示将继续共同努力，以实现两国领导人提出的 2017 年使双边贸易额达到 50 亿美元的目标。[③] 中国已经成为柬埔寨最大外资来源国。据统计，截至 2015 年 11 月，中国在柬的投资总额为 101 亿 5400 万美元，为位列其后的韩国对柬投资总额的两倍以上。[④] 在工程承包方面，截至 2014 年 6 月底，中国企业在柬累计签订承包工程合同额为 97.1 亿美元，[⑤] 2015 年，中企在柬埔寨新签工程承包合同额为 14.2 亿美元。[⑥] 中国对柬埔寨的援助力度也不断加大。自 1956 年以来，中国向柬埔寨提供了一系列经济技术援助，帮助柬发展经济、削减贫困、改善民生，发展教育和人员培训等。据柬埔寨财经部的数据，自 1992 年到 2014

---

① 《2014 年 1 ~ 12 月中国—柬埔寨重点产品进出口趋势分析》，http：//customs. caexpo. com/data/country/2015/03/26/3642206. html。

② 《中国柬埔寨双边经贸合作简况》，商务部网站，http：//yzs. mofcom. gov. cn/article/t/201602/20160201252423. shtml。

③ 《李克强：争取实现中柬双边贸易额 50 亿美元目标》，http：//news. sina. com. cn/c/2013 - 04 - 08/213326765442. shtml。

④ 《柬埔寨》，全球台商服务网，http：//twbusiness. nat. gov. tw/countryPage. do? id = 10&country = KH。

⑤ 《中国柬埔寨经贸合作简况》，http：//yzs. mofcom. gov. cn/article/t/201408/20140800707366. shtml。

⑥ 《中国柬埔寨双边经贸合作简况》，商务部网站，http：//yzs. mofcom. gov. cn/article/t/201602/20160201252423. shtml。

年初，中国向柬埔寨社会经济发展项目提供了27亿美元援助。[①]

由于历史和现实的诸多原因，柬埔寨政府高度重视国家安全与社会稳定，中柬之间的军事与安全合作也在稳步推进，不断加强。柬埔寨国防大臣迪班于2015年7月接受美国之音记者采访时说，“除了友谊和合作，中国没有干涉柬埔寨内政，因为中国从来没有干涉别国内政的传统文化。中国和其他国家不一样，没有附加条件。”他认为，柬埔寨和中国的军事关系超过美国。[②] 此外，中柬两国在医疗卫生、文化教育等各方面的交流与合作也在不断加强。

柬埔寨是东盟成员国，随着中国与东盟关系的不断增强，中柬两国在东盟框架内的合作也不断加强。在经济方面，柬埔寨的社会经济发展水平与东盟的整体发展有着密切的联系。特别是随着东盟一体化进程加速，东盟经济共同体已经于2015年底如期宣布成立，而柬埔寨也是东盟经济共同体的经济参与者。根据东盟经济共同体建设的设想，东盟经济共同体将形成单一市场和生产基础，成为极具竞争力的经济区域，形成一个具有平等经济发展的地区，并且使东南亚成为完全融入全球经济的地区。为了实现这一目标，就需要首先实现共同体内部各成员国之间的共同发展，因此柬埔寨在东盟内部也是应当予以“帮扶”的重点对象。同时，在当前的全球及地区经济状况不振的大背景之下，面对东盟成员国不少是发展中国家，甚至是比较贫困的发展中国家的基本现实，东盟单靠自己的力量来实现其建设经济共同体的目标有很多困难，因此也必须依托与世界上其他区域合作组织以及东南亚地区以外各国的支持。同时，在东盟经济共同体建设过程中，基础设施建设和经济均衡发展等方面还有很大缺口。为了改善这一局

① 《CDRI发布〈中国对柬埔寨减贫工作影响力〉报告中对柬经济社会发展与减贫功不可没》，http：//www. 7jpz. com/article－29033－1. html。

② 叶凡：《中柬加强军事合作邻国不安》，http：//www. voachinese. com/content/china－cambodia－20150722/2873829. html。

面，增强区域互联互通是至关重要的一环。东盟成员国于2010年通过的《东盟互联互通总体规划》，旨在通过基础设施和制度建设增进民间往来等措施，推进区域内各个层面的互联互通，从而提升区域合作和一体化水平、提高东盟国际竞争力、缩小内部发展差距、改善民生、应对气候变化等挑战、实现可持续发展。中国提出的“一带一路”倡议正好迎合了这样的需求，可以有效对接东盟发展战略，提高区域互联互通水平，推动东盟经济共同体的建设。

中国积极支持和参与东盟的一体化进程，包括帮助柬埔寨等发展水平比较落后国家的发展。中国在柬埔寨实施“一带一路”倡议时，也充分重视东盟的地位和作用，通过中国与东盟之间的各个合作平台，深入探讨与东盟这一区域合作组织共同努力，在“一带一路”的合作框架下运用“亚投行”“丝路基金”等机构的资金支持，共同加大对柬埔寨的投资和援助力度的新思路和新举措。这不仅将有利于改善柬埔寨在东盟中的地位，同时对中国支持东盟的一体化进程，为与东盟携手维护区域安全稳定、促进共同发展构建重要的合作平台，也将有利于中国与东盟之间的合作迈向更深层次，取得更大实效。

在安全方面，中国与柬埔寨共同参与东盟框架下的合作机制。2015年10月23日，时任国务委员、公安部部长郭声琨再次与来华出席“安全促发展”中国－东盟执法安全合作部长级对话的柬埔寨副首相兼内政大臣韶肯会面，表示中方愿与各国积极落实此次对话达成的共识，健全合作机制，携手打击恐怖主义、网络犯罪、电信诈骗、毒品犯罪、非法偷渡等各类跨国犯罪活动，共同应对各类风险挑战，增强国际执法安全合作。

然而，随着东盟一体化进程的深入，作为东盟成员国之一的柬埔寨的对外政策也会在一定程度上受到东盟的影响。例如，柬埔寨在东盟中一直充当平衡者的角色，避免东盟国家与中国纠纷扩大化。

2012 年，柬埔寨作为时任东盟轮值主席国，在当年举行的东盟外长会议上反对越南、菲律宾将南海问题多边化的企图，因而受到来自东盟国家的谴责，承受了巨大的外交压力。甚至有人认为，中国现在是柬埔寨最大的外国投资者，是对柬援助的主要捐助国和日益重要的贸易伙伴。柬埔寨为了换取来自中国的慷慨的财政援助，在东南亚地区帮助中国拓展其政治利益，这可能会妨碍其全面融入东盟经济共同体。[①]

但是，柬埔寨政府并不因此而改变其立场。近几年来，在涉及中国在南海的主权和权益的争端中，柬埔寨政府继续采取公正、坚决的态度，支持中国有关解决南海问题的立场和主张，多次声明不支持由菲律宾在域外国家鼓动和支持下向国际海洋法仲裁法庭提出的诉求仲裁结果，认为南海主权争端应由双边通过谈判来解决，并揭露域外国家以威胁手段分化中柬关系的图谋。[②] 2016 年 7 月 9 日，即在仲裁结果出笼前夕，柬埔寨外交部再度发表声明，重申柬埔寨不支持临时仲裁庭就南海问题做出裁决的立场，表示柬埔寨将不参与表达任何有关临时仲裁庭就菲中南海争议所做裁决的共同立场。7 月 12 日，在所谓的南海仲裁案仲裁庭做出非法无效的最终裁决之后，柬埔寨支持中国政府关于该裁决无效，没有拘束力，对此裁决不接受、不承认的原则立场。柬埔寨首相洪森指出，仲裁结果是“出于政治动机”，域外力量纠集起来搅局南海，“将给东盟国家和地区带来负面影响”[③]。柬埔寨所表现出的主持公道、仗义执言的态度，得到中国各界的赞赏和感谢。7 月 15 日，中国总理李克强在乌兰巴托会见参加亚欧首脑会

---

① Heidi Dahles, “ASEAN Economic Community Offers Cambodia a Leg up,” http://www.eastasiaforum.org/2015/02/11/asean－economic－community－offers－cambodia－a－leg－up/.

② 《柬埔寨首相洪森：不支持南海仲裁结果应双边谈判》，中华网，http://military.china.com/news/568/20160621/22908850.html。

③ 《柬埔寨重申不支持临时仲裁庭非法仲裁——反对域外力量搅局南海》，人民网，http://xj.people.com.cn/GB/n2/2016/0714/c188514－28667075.html。

议的柬埔寨首相洪森时指出："在所谓菲律宾南海仲裁案问题上，柬方秉持客观公正立场，仗义执言，捍卫了真正的国际法治和地区规则秩序，为维护中国－东盟关系大局和地区和平稳定发挥了不可替代的作用。"洪森也表示柬方将继续坚持客观公正立场，支持直接当事国通过对话协商解决具体争议。柬方愿同各方致力于维护东盟与中国友好合作的大局。[①]

由此可以看出，中国和柬埔寨之间的卓有成效的合作是建立在双方从战略高度和长远角度来看待和把握两国关系的基础之上的。双方均有在国际和地区事务中加强协调配合，拓展战略合作，携手打造命运共同体的良好愿望。正因如此，双方在彼此关注和尊重对方的核心利益，开展有效合作方面取得了令人瞩目的成果。维护国家稳定，促进经济发展，改善民生福祉，构成柬埔寨核心利益的主要内容。中方坚定支持柬方为维护国家主权安全、发展稳定所采取的一切措施，为柬埔寨的社会经济发展和人民生活水平的提高提供帮助，是中国关注柬埔寨核心利益的具体体现。同时，维护国家主权和领土完整是中国的核心利益，柬埔寨政府在涉台、涉藏、涉疆以及南海等与中国核心利益攸关的重大问题上坚定不移地支持中国政府的原则立场，也充分体现其对中国核心利益的关注。同时，柬埔寨主持正义的立场，也维护了东盟的团结和中国与东盟之间的关系。可以想见，如果没有柬埔寨在南海问题上坚持立场，就难以出现今天南海局势逐渐归于平静，有关南海争端的激烈言辞也不再出现在 2017 年的东盟峰会和其他系列会议的各项声明或公报中，以及有关争议各国之间的关系趋于缓和的大好局面。由此可见，那些对中柬关系以及柬埔寨和中国与东盟关系说三道四的做法，都是没有道理的。

---

① 《李克强会见柬埔寨首相洪森》，中新网，http：//finance. chinanews. com/gn/2016/07 －15/7940444. shtml。

五 走向未来的柬埔寨与东盟关系

总体而言，柬埔寨加入东盟 18 年来积极参与东盟组织的活动和东南亚区域的一体化进程，可以说基本上实现了柬埔寨和东盟之间的互惠互利，共同发展的目的。一方面，柬埔寨从东盟的一体化中获得了巨大的利益；另一方面，东盟也从柬埔寨的加入及其所做出的贡献中得到收获，实现了建立大东盟的目标，使东南亚的区域一体化更加完整。不言而喻，东盟在庆祝其 50 周岁生日之时，还将在以往成功的基础上，努力争取更上一层楼，把这一区域合作组织继续做大做强，以进一步保障东南亚地区的和平、稳定、发展、安全和繁荣。

那么，如何在这一背景下审视柬埔寨与东盟关系的走向?

首先，对于柬埔寨来说，其未来与东盟关系的发展，取决于其对东盟未来前途的判断。众所周知，近年来由于国际局势的变化，反经济全球化及自我封闭的民族主义思潮在一些国家和地区泛滥。美国总统特朗普的“美国第一”政策引起世界各国的普遍担忧，而英国退出欧盟使人们对欧盟的前途产生疑虑，甚至有人认为欧盟的分崩离析将不可避免。在区域一体化的进程中，东盟是把欧盟作为表率的，欧盟也曾多次对东盟的一体化努力给予指导和资助。在人们不看好欧盟前景之际，东盟该何去何从？这已经是相关国家学者开始深入思考的问题。笔者在与柬埔寨学者的交流中，注意到他们对此问题也存在着明显的担忧情绪。但是，他们中的多数人还是理性地看到，尽管东盟在许多方面以欧盟作为建立共同体的榜样，但两个区域合作组织之间还是存在明显差异的。欧盟主要成员国是在发展到很高水平时，由于相对落后国家和大批难民的进入而产生了问题，英国退欧的实质就是害怕本国利益被别人分享，从而影响自身的安全、稳定和发展。但东盟主要是由发展中国家组成的，各成员国充分认识到只有通过合作，才能够实现东南亚地区各国的发展目标，并在此基础上保持稳定。虽然东盟内部也有发展水平的差异，但与欧盟的情况相比要好得多。因此，柬埔寨应该对东盟未来的前景抱有足够的信心。特别是由于柬埔寨与法国之间的历史关系，当主张欧洲联合和开放的独立候选人马克龙当选法国新总统后，人们对欧美前景的担忧减弱，因此，柬埔寨对东盟在下一个50年中的发展所怀信心也随之而增强。

其次，柬埔寨与东盟关系的未来发展还取决于柬政府对东盟政策的延续性。我们知道，目前柬埔寨的东盟政策是由在该国长期执政的洪森首相及其所代表的柬埔寨人民党的意志所决定的。那么，随着有朝一日柬埔寨政权的更替，是否会出现变化？这也是一个人们所担心的问题。但从东盟其他成员国的经验来看，政权的更替，可能会在一段时间内对某个成员国在东盟中的地位造成一定的影响，如苏哈托于1998年下台之后在印尼出现的情况那样，但只要留在东盟对本国的国家利益有利，其成员国就不会对其东盟政策进行颠覆性的改变。从柬埔寨的现实来看，加入东盟尽管给柬埔寨带来了巨大的挑战，但收获了更多的机遇。加入东盟帮助柬埔寨经济实现了持续发展，GDP的增长率连续多年超过7%；为该国青年创造了就业机会，增强了他们对国家发展前途的信心；使柬埔寨在国际上得以结交大批新朋友，吸引了更多的投资。为了实现柬埔寨今后的发展目标，柬埔寨的政治家们仍然必须把本国的命运与东盟紧密结合。充分利用东盟一体化在税收、投资、技术、管理、培训、人员流动等多方面所创造的有利的发展环境，早日赶上较发达成员国的水平。为此，有柬埔寨学者认为，关键是要及早物色好能够保持柬埔寨东盟政策连续性的接班人。

再次，要保持和促进与东盟的密切关系，还需要有深厚的民意基础。笔者在柬埔寨实地考察时，注意到很多民众对东盟的认识仍非常肤浅，觉得柬埔寨是否加入东盟与自己的关系并不大。他们更为关心的是自己的生活能不能得到改善，能不能享受到加入东盟及推进东盟

一体化所带来的好处。因此，柬埔寨学者们普遍认为，政府在向民众深入宣传东盟及其作用方面做得还很不够。根据东盟共同体建设的目标，要使柬埔寨人都具有同时作为“东盟公民”的意识，才能够使民众了解东盟，理解加强与东盟合作的重要性，自觉参与东盟共同体建设的进程。人们也已经看到，近年来柬埔寨领导人利用各种时机向民众，特别是向青年和学生宣传柬埔寨与东盟关系的重要性，并强调东盟共同体建设给柬埔寨带来的好处。

最后，为了更好地应对东盟一体化带来的挑战，柬埔寨政府还应在很多具体措施方面花大工夫，下大力气。例如，在东盟经济共同体内，柬埔寨的长期增长前景可能因其出口产品的单一而受到影响。目前，该国的经济主要依靠服装、大米的出口和旅游业的发展。因此，必须努力开拓新的经济增长点，以适应日趋激烈的区域内外的竞争。与此同时，必须培养和扶持本国的企业家队伍。长期以来，柬埔寨政府侧重于吸引外国直接投资，忽视了对民族企业的扶持，导致本国企业缺乏创新驱动的创业精神和各项保障，这显然不利于柬埔寨企业参与区域和国际竞争，以及其本国经济的可持续发展。又如，高素质的人才严重短缺的现状已经成为柬埔寨有效参与东盟活动和社会经济发展的巨大障碍。为此，柬埔寨应大力改善本国的教育制度，学习和引进其他东盟成员国和世界各国先进的教育理念、课程、教学方法以及合格的管理工作人员，使培养或培训出来的高素质人才能够通过竞争实现国内就业或在开放的东盟共同市场的其他成员国找到就业机会。再如，风靡柬埔寨的腐败现象被东盟各国及世界其他国家普遍诟病，并对外国投资的进入产生了负面影响，也妨碍了消除贫困工作的顺利进行。虽然柬埔寨政府通过了反腐败法，并建立起反贪委员会，加大了打击贪腐的力度，但收效还不够明显。必须采取切实有效的手段和措施来解决腐败问题，这也将有助于确保柬埔寨在加入东盟时所做出的关于公平发展和提高透明度的诺言，有利于其在东盟得到更多的帮助。总而言之，为了加强与东盟的合作，单靠言辞是不行的，柬埔寨必须通过一系列具体措施的落实，才能够更好地实现融入东盟共同体的目标。

综上所述，在东盟建立 50 周年之际，通过回顾和审视柬埔寨与东盟关系的演变与发展，研究其在东盟以及中国与东盟关系中的地位和作用，我们看到，柬埔寨尽管是个小国，但在东盟中的地位和作用不可小觑。柬埔寨加入东盟以来，充分利用这个地区合作平台，在改善国际形象、保障国家安全、发展本国经济、促进社会进步等方面都取得了令人瞩目的成就。可以预见，柬埔寨今后仍将在加强与东盟组织及其各成员国之间的关系，促进东盟共同体建设方面继续努力做出自己的贡献。与此同时，在中国与东盟关系不断加强，中国提出的“一带一路”倡议给东盟各国提供巨大发展机遇的背景下，中国与柬埔寨在双边和以东盟为平台的多边框架中的合作将具有令人期待的发展前景。

Y.4
印尼与东盟五十年：历史及展望

娜 敏*

摘 要： 本文通过文献分析和比较法，回顾了印度尼西亚在东盟从初创发展至今的50年当中所扮演的重要角色，包括其对东盟一系列基本原则和“东盟方式”的形成所起的影响，以及其在解决区域争端、维护区域团结、发展和壮大东盟力量等方面的关键作用。同时分析了亚洲金融危机之后，国内事务、地区和国际形势对印尼在东盟中的地位构成的挑战。最后展望了在构建东盟共同体的新的历史语境之下，印尼为重拾其在东盟中的地位所应做的努力。

关键词： 印尼与东盟 东盟扩容 东盟共同体

走过半个世纪的东盟，不断维护了东盟地区的稳定与团结，而且在一定程度上避免了东南亚地区的“巴尔干化”。作为东盟地区最大的国家——印度尼西亚（以下简称印尼），在东盟半个世纪历程中到底扮演了怎样的角色，未来它将扮演何种角色？这不仅对东盟未来50年及一体化至关重要，而且也对未来中国—东盟关系将产生重要影响。本文将从历史与现实两个维度，通过文献分析法和比较法，将对印尼与东盟50年互动关系作出分析，以求教于各位专家、学者。

* 娜敏，中国社会科学院亚太与全球战略研究院博士研究生。

一　印尼与东盟关系的历史回顾

印尼作为东南亚地区面积最大、人口最多的国家，以及该地区最大的经济体，扼守沟通太平洋和印度洋的交通要道，有着不言而喻的影响力，被认为是东盟的“天然领导者”。它在东盟的初创时期、扩容时期都扮演了十分关键的角色。在印尼的积极倡导和影响下，东盟确立了其独立、自主、和平、平等、中立、不结盟、协商一致等基本原则，并形成了广为称道的“东盟方式”（ASEAN Way）。在东盟发展的过程中，印尼始终致力于和平解决区域内争端、维护区域稳定和团结、发展和壮大东盟力量，做出了不容忽视的贡献。

（一）初创时期的奠基作用

东盟的初创时期是从东盟创立到1976年在巴厘岛举行第一次东盟首脑会议前的这一段时间。在这一阶段，印尼对东盟的贡献主要体现在创立之前的经验积累和政策铺垫、创立构想的倡议和基本原则的奠基、维护区域和谐稳定的努力等几个方面。东盟的成立也为印尼的发展提供了相对和谐稳定的发展环境，并经由对一系列区域事务的处理提升了印尼的国际形象和影响力。

1. 创立前期的准备

在东盟创立之前，东南亚国家之间曾有过两次不成功的区域合作的尝试，分别为1961年7月由马来亚、菲律宾和泰国成立的东南亚联盟（ASA），以及1963年8月由马来亚、菲律宾和印尼成立的马菲印尼联盟（MAFIINDO，又译“马菲林多”）。然而，受到菲律宾和马来亚关于沙巴主权的争端以及印尼与1963年成立的马来西亚联邦双边关系恶化的影响，二者相继走向名存实亡。虽然这两次尝试都未取得成功，但是为后来东盟的成立提供了宝贵的经验，特别是让各国意识到想要达成长远的区域合作，妥善处理相互之间的矛盾与争议至关重要。

基于前期的经验积累和失败教训，印尼适时调整了其外交政策，这被认为是促成东盟成立的关键之举。苏加诺执政时期，印尼施行较为强硬的外交政策，在针对马来西亚的问题上展开了“对抗”，使得两国关系高度紧张。苏哈托上台后，印尼进入“新秩序”时期，正式结束了与马来西亚的对抗，并于 1966 年 8 月实现了两国关系的正常化。印尼外交政策的转变促进了地区稳定，为东盟的成立作出了重要铺垫。

2. 东盟的创立与基本原则的奠定

地区局势的缓和及各国摆脱大国控制、加快经济发展的诉求使得新的区域合作组织呼之欲出。顺应这一形势，印尼积极地倡导并参与了东盟的筹建。根据东盟官方资料的记载，建立新的地区合作组织的构想最初是由泰国提出并首先与印尼进行商讨的。[①] 1967 年 3 月，印度尼西亚外长亚当·马利克正式向外界透露印尼准备提出建立一个新的区域合作组织的建议。同时，印尼开始积极游说该地区各国接受这一提议，包括在初期未加入的缅甸和柬埔寨。在各方的努力之下，印尼、菲律宾、新加坡和泰国的外交部部长和马来西亚副总理于 1967 年 8 月在泰国首都曼谷签署了《东南亚国家联盟成立宣言》，即《曼谷宣言》，正式宣告了东盟的成立。在这一时期，印尼占到东盟合作地域近 1/3 的面积和人口，影响力不言而喻。

具体来说，东盟所确立的一系列基本原则和逐渐形成的“东盟方式”都与印尼的文化传统及其一贯所坚持的外交原则一脉相承。作为有着抗击外来殖民侵略争取民族独立历史的国家，印尼逐渐形成了独立、自由、公正、平等和中立等外交观念。1955 年印尼连同其

---

① 东盟官网，http：//asean. org/asean/about－asean/history/，2017 年 5 月 17 日。

他四个国家发起并在万隆举行了亚非会议，在“和平共处五项原则”的基础之上发展出了被称为“万隆精神”的处理国际关系的十项原则，提倡国家间的相互尊重、和平共处和友好合作，受到广泛的认可。1961 年印尼又与其他四国一同发起了第一次不结盟运动首脑会议，会上通过了《不结盟国家和政府首脑宣言》，确立了独立、自主、不结盟、非集团等基本原则。印尼在这一过程中明确和深化了上述外交观念。东盟成立后，印尼的外交观念随着其影响力体现在了东盟的基本原则当中。

例如，《曼谷宣言》中强调了独立自主、平等、和平及自由等原则，印尼对区域内外国军事基地的反对在其中也有所体现。1968 年的雅加达第二届东盟外长会议否决了在东盟框架内发展军事合作的提议，将东盟国家之间的安全合作限制在双边基础之上，避免使东盟发展成为一个军事同盟，体现了不结盟的主张。1971 年 11 月在吉隆坡举行的东盟特别部长级会议通过了《中立化宣言》（Zone of Peace, Freedom and Neutrality Declaration），宣言明确了互相尊重主权和领土完整、不干涉内政、避免使用武力、和平解决争端、享有平等权利、保持中立等基本原则。这些原则不仅体现在纸面上，也体现在这一阶段对于地区事务的处理当中，印尼对这些原则的践行起到了示范作用。

作为“东盟方式”的另一重要构成，东盟在决策过程中所采纳的“协商一致”（deliberation and consensus）方式也与印尼的政治传统有很深的渊源。协商一致原则在印尼语中称为“musyawarah and mufakat”，可以溯源到印尼的爪哇文化中崇尚和谐的精神。具体体现在爪哇人通过乡村习惯法——协商制度来实现整体的社会和谐，使得每个人的声音都得到倾听和重视，通过衡量、周全和妥协达成意见的一致，保障决策的正确性。爪哇文化的这一侧面通过苏加诺 1945 年提出的印尼建国五项原则“潘查希拉”（Pancasila）而纳入了印尼的政治文化当中。[1] 东盟成立之后，在印尼的影响之下，该决策方式被东盟所采纳，与上述基本原则一同成为使东盟区别于欧洲一体化的核心精神。虽然因其低效而受到诟病，“东盟方式”在总体上促进了东盟国家之间的政治团结，成为东盟政治合作取得成功的重要原因之一。[2] 下文即将提到的一些事例清晰地表明了东盟在内部决策和地区事务的应对中都遵循了上述原则。

3. 东盟成立初期

虽然东盟的建立旨在促进各成员国之间的经济及社会等方面的合作，但在成立初期的这一阶段，其成就主要体现在协调成员国之间的关系、消除和缓和矛盾、增进东盟内部团结的方面。印尼遵循上述基本原则，贡献了不可忽视的力量。

在处理东盟其他成员国争端的过程中，印尼扮演了调停者的角色。1967 年 9 月，成立不到 1 个月的东盟便面临了由菲律宾和马来西亚关于沙巴主权的争端带来的考验。汲取区域合作破产的历史教训，并本着和平解决争端的基本原则，东盟对这一事件进行了积极的调解。印尼和泰国一同作为调解员劝说事件双方采取克制的态度，防止事件进一步升级，使得菲、马两国重新参与到东盟的活动中，新生的东盟得到了维护。

在涉及本国的冲突事件中，印尼也身体力行地维护区域稳定。1968 年，新加坡处死遭逮捕的两名印尼海员，引起印尼公众的愤慨，并引发了印尼国内的反新加坡游行，新加坡驻印尼使馆被捣毁，双方关系高度紧张，东盟又一次面临挑战。印尼领导人苏哈托顶住国内的强大压力，对此事件采取了克制的态度。在泰国的调解和新加坡方面的配合之下，该事件得以和平解决，两国关系转向正常，东盟再次度

① 朱刚琴：《潘查希拉的文化根源及其在印尼的对外交往当中的体现》，硕士学位论文，暨南大学，2006。

② 陈寒溪：《“东盟方式”与东盟地区一体化》，《当代亚太》2002 年第 12 期，第 49 页。

过危机。

从上述举例中可以看出，印尼在东盟成立的初期阶段扮演了调停者和维护者的重要角色。通过对冲突与争端的妥善解决，新生的东盟得到了巩固，各成员国之间的团结有所加强，并为后来东盟内部事务的处理提供了借鉴。

（二）扩容时期的积极推动

随着1976年2月第一次东盟首脑会议在印尼巴厘岛的举行，东盟进入了其历史发展的第二个阶段。巴厘岛首脑会议上通过了两个重要文件：《东南亚友好合作条约》（Treaty of Amity and Cooperation in Southeast Asia，TAC）和《东南亚国家协调一致宣言》（Declaration of ASEAN Concord）。在重申前文提到的东盟基本原则的基础之上，前者提出成立一个由部长级代表组成的作为常设机构的高级理事会应对可能破坏地区和平的争端或局势；后者提出进一步拓展成员国之间在经济、社会、文化、政治、安全等领域的合作，政治领域的合作被明确地纳入了东盟的议程。作为此次会议的东道主，印尼为会议成功举办所开展的卓有成效的外交活动受到了赞赏。会议决定将东盟常设秘书处设立在印尼首都雅加达，显示了印尼在东盟之中独一无二的地位，意义深远。

在这一阶段，印尼继续致力于维护地区稳定、推动东盟发展，主要表现在平息区域争端、维护东盟团结、推动东盟扩容等方面。

1. 平息区域争端

印尼在这个阶段为平息地区争端、维护区域稳定所做的努力最显著地表现在对越南入侵柬埔寨一事的处理上。1978年12月，越南对柬埔寨发动大规模入侵，引起东南亚地区局势的动荡。美国、苏联、中国的介入加剧了形势的严峻性。东盟各成员国由于所受威胁不同而持有多种立场。为协调各成员国之间的立场，使东盟“用一个声音说话”，印尼外长穆赫塔尔·库苏马阿马查于1983年3月在东盟常设委员会上发表讲话，呼吁东盟在即将到来的第38届联合国大会上为东盟对柬埔寨问题立场争取国际支持①；印尼副总统亚当·马利克也在1984年8月的东盟成立十周年大会上呼吁成员国支持民主柬埔寨，以谋求战争的结束。在印尼的呼吁和东盟的努力之下，联合国多次通过承认民主柬埔寨合法地位的决议，同时也多次要求越南无条件从柬埔寨全部撤军，推动了这次战争最终的妥善解决。对这一事件的应对增强了东盟内部的团结，同时提升了东盟作为一支政治力量的国际地位。

2. 维护东盟团结

印尼在是否出席1978年在菲律宾举行第三次东盟首脑会议这一事件的立场上，进一步表现了其维护东盟内部团结的明确态度。在首脑会议即将召开之际，作为东道主国的菲律宾国内发生了动乱，反政府分子公开威胁即将赴菲参会的各国领导人，各国对是否参会产生了犹豫。在这样的关键时刻，印尼领导人苏哈托做出了决定性的努力。他在会前明确对来访的菲律宾总统特使表明他将赴会，并将在会议期间派出一支海军安保部队协助菲律宾的安保工作，也表明了他对阿基诺政府的坚定支持。同时，他还呼吁东盟其他成员国以实际行动维护东盟的团结。东盟国家的其他领导人纷纷响应号召，会议得以在马尼拉如期举行。② 东盟的内部团结再一次得到巩固。

3. 推动东盟扩容

在加强了东盟内部团结，使其走上稳定发展的轨道之后，印尼又积极致力于推动东盟的发展壮大。印尼政府在文莱加入东盟的问题上首先表达了赞成的态度，促成了文莱在1981年的东盟外长会议上被

---

① 转引自郑一省《印尼和东盟关系的回顾与展望》，《东南亚研究》2008年第3期，第34页。

② Dewi Fortuna Anwar, “ASEAN and Indonesia: Some Reflections”, *Asian Journal of Political Science*, 1997, Vol. 5, No. 1, p. 32.

接纳为第六个成员国。此后，在越南从柬埔寨撤军后，印尼政府成为缓和与印支半岛国家关系的先导。1990 年 11 月，印尼总统苏哈托以私人身份访问了越南，打破了东盟与越南关系的僵局。印尼在同年成为东盟第一个与越南实现关系正常化的国家。在印尼的推动之下，越南相继与东盟其他成员国实现了关系正常化，为加入东盟做好铺垫，并于 1995 年成为印支半岛第一个加入东盟的国家。其后，老挝、缅甸、柬埔寨纷纷提交了加入申请，前两者于 1997 年正式加入，后者由于国内的不稳定推迟到 1999 年 4 月被正式接纳为第十个成员国。至此，“大东盟”的构想得以实现，印尼在此过程中再次扮演了关键角色。

此外，印尼在推动亚太经合组织的建立和发展、东盟地区论坛的成立、与区域外大国建立多种正式及非正式的对话机制（如欧亚首脑会议、亚太圆桌会议、东盟 +3 机制、东盟 +1 机制等）、促进区域内经济合作等方面都做出了努力，使得东盟在 1997 年亚洲金融危机之前取得了令人瞩目的发展。

二　印尼在东盟一体化进程中面临的挑战

1997 年的金融危机成为印尼在东盟中地位的一个转折点。作为东盟在受亚洲金融危机打击最严重的国家之一，印尼不仅在经济上遭受了重创，并且引发了一系列严重的社会危机，执政 32 年之久的苏哈托被迫下台。印尼国内事务的泥沼、东盟内部问题的逐渐凸显，以及外部国际环境的压力，削弱了印尼在东盟中的地位，并对印尼与东盟的关系构成了挑战。

1. 棘手的国内事务

亚洲金融风暴席卷了印尼的经济、政治、社会等各个方面。首先，最直接的打击体现在经济方面：早在金融危机之前，印尼在区域

经济合作方面的领导力相对政治外交方面已显得不足。但印尼在苏哈托执政的32年间经济快速发展，仍被世界银行树立为发展中国家的典范，世界银行在1993年的报告中提到印尼"从1986年以来，GDP的年平均增长率达到了9.3%，是独立以来最高的持续增长率"[①]，这为印尼的领导地位提供了支持。而金融危机之后，货币贬值、经济负增长、通货膨胀、外债沉重、失业率上升和贫困加剧，经济恢复面临重重困难，使得印尼无暇顾及其在东盟中的地位的问题。

其次，苏哈托的下台给印尼在东盟中的影响力造成了实质上的冲击。从前文中提到的许多事例中可见，苏哈托的外交才能和个人魅力在印尼对东盟事务的处理中发挥了不容忽视的作用，其本人也受到各成员国的尊重和认可，成为印尼在东盟中的实力的重要组成部分。他的下台无疑会对这份领导力造成削弱。

再次，对东帝汶问题的处理给印尼造成了十分负面的影响。一方面，印尼因为东帝汶问题长期承受国际压力，影响国际形象；另一方面，东帝汶通过公投实现独立进一步刺激了印尼的地方分裂活动，"亚齐、伊里安等地的独立运动有加剧的趋势，廖内、东加里曼丹等资源富裕省份的不满和离心倾向也在增加"[②]，加剧了印尼国内的动荡。

最后，非传统安全问题凸显。诸如民族宗教矛盾、极端主义、地震海啸等自然灾害、禽流感等传染性疾病、由森林大火引发的烟霾问题成为印尼所要面临的新的安全威胁，也在一定程度上影响了印尼处理东盟事务的能力。如印尼森林火灾引发的烟霾对新加坡、文莱、马来西亚等邻国造成的负面影响也损害了印尼的国家形象。

---

① 世界银行政策调研报告：《东亚奇迹——经济增长与公共政策》，1993，财政部世界银行业务司译，中国财政经济出版社，1995，第93～96页；转引自曹云华《印尼在东盟的地位和作用的变化》，《当代亚太》2001年第3期，第24页。

② 曹云华：《印尼在东盟的地位和作用的变化》，《当代亚太》2001年第3期，第25页。

上述国内问题使得印尼在一段时期内将重心转移到了国内事务当中，应对东盟事务的能力有所下降，在东盟中的领导力受到削弱，其中一些问题也对其国家形象造成了负面影响。

2. 东盟内部问题凸显

经历了金融危机的考验之后，东盟内部存在的一些问题逐渐浮现出来，如对于“东盟方式”的弊端、扩容后一致性的问题以及经济一体化等问题，也对印尼在东盟中的地位构成了挑战。

（1）“东盟方式”的消极面

在印尼的积极倡导和影响下形成的“东盟方式”虽然促进了东盟国家之间的政治合作，但同时也制约了经济和其他一些方面的合作。例如“东盟方式”所秉持的“协商一致”原则在促进了成员国之间平等交流的同时，也在一定程度上影响了决策效率和执行力。这一消极面在1997年亚洲金融危机中即有所暴露。由于东盟无法快速地拿出遏制危机的有效措施，使得成员国纷纷采取单边行动，削弱了东盟的凝聚力。

再如“东盟方式”中不干涉内政的要求使得成员国内部发生政治危机之时，其他成员国无法有效地发挥仲裁和调解作用。如在东帝汶问题上，当发生大规模流血冲突超出印尼的控制时，东盟囿于不干涉内政原则无法采取行动，不得不由联合国出面授权澳大利亚组织多国部队接管东帝汶的治安问题。[①] 从类似事例中可以看出，“东盟方式”的平等包容的优越性在一些情况下可能出现消极的延伸。对“东盟方式”进行改革的呼声使得印尼面临着如何使自己倡导的基本原则与东盟的发展相一致的挑战。

（2）经济一体化问题

虽然东盟最初的建立即旨在推动成员国之间在经济和社会层面上

---

① 陈寒溪：《“东盟方式”与东盟地区一体化》，《当代亚太》2002年第12期，第50页。

的合作，但东盟的经济合作起步较晚。在1975年11月的东盟第一次经济部长会议上，新加坡和菲律宾便提出了建立东盟自由贸易区和全面削减关税的设想。但由于印尼当时的工业发展水平较低，出于保护民族工业的目的搁浅了这一建议。后于1977年达成的《东盟特惠贸易安排协定》（Preferential Trading Arrangement，PTA）也并未有效促进区域经济一体化。直到1992年的第四次东盟首脑会议上，东盟自由贸易区的构想才获得通过。会议批准的《共同有效关税协定》采纳了印尼提出的逐步削减关税的建议。可以看出，东盟的经济合作在一定程度上受到了印尼经济发展诉求的牵制。亚洲金融危机之后，由于国际货币基金组织（IMF）的介入，东盟区域经济一体化的进程加快，印尼面临着在区域经济一体化和扶持本国工业发展之间寻求平衡点的挑战。

（3）扩容后的一致性问题

在印尼积极推动东盟发展壮大之后，东盟中的声音更加多元，使得坚持“用一个声音说话”更加困难，东盟协商一致的决策方式又加剧了这种困难。成员的多元性也为东盟作为一个整体出现在国际社会上增加了难度。如亚欧会议和东盟－欧洲会议由于欧洲一些国家对缅甸军政府的反对而受阻。而在东盟的框架之下，印尼和其他成员国有责任维护缅甸参与国际事务的权利。如何通过协调保证东盟多元的成员作为一个整体被国际社会接纳，参与国际事务，并一致发声，是在当今国际环境之下，印尼或任何作为东盟领导者的国家不得不面对的挑战。

3. 外部国际环境的压力

亚洲金融危机使东盟各成员国意识到在一些情况下，只依靠区域内的力量很难解决问题，还必须依靠外部力量的帮助，于是纷纷寻求区域外大国的支持。区域外大国针对东盟地区一些事务的介入和在这一地区的博弈，不仅使东盟的基本原则受到了挑战，并且引发了东盟内部发生撕裂的担忧。南海问题便是一个典型例证。在南海问题上，印尼虽然不是主权声索国之一，但从20世纪90年代开始一直致力于扮演争端的调停者角色，希望通过推动这一争端的解决彰显其地区大国的影响力，巩固其在东盟的地位。

1990年，印尼开始主办关于南海问题的非正式研讨会，研讨如何应对南海的潜在冲突。1992年东盟通过《马尼拉宣言》，首次在南海问题上表达立场，提出以和平方式解决争端。尽管东盟官方在南海问题上持中立、和平的基本立场，不主张将南海问题国际化，但由于各成员国不同的利益诉求，东盟内部产生分歧，如菲律宾和越南积极主张将南海问题东盟化和国际化，美国借此介入南海问题，将其作为“重返亚太”的重要支点。由于成员国之间的意见分歧，2012年在柬埔寨召开的东盟外长会议45年来首次未能发表联合公报，引起了各国对东盟内部产生分裂的深深忧虑。印尼外长马尔蒂表示，东盟似乎出现了分裂迹象，一个不能统一立场的东盟是无法在地区事务中发挥主导作用的。出于对东南亚变成大国博弈的竞技场的担忧，马尔蒂在各国之间积极斡旋，平衡各方利益，促成了东盟关于南海问题六项原则声明的出台，使东盟在最低限度共识的基础上发出一致的声音。[①]

然而，区域外大国在东南亚地区的博弈远不止于此。若想使东盟继续坚持和平、中立等基本原则，维护内部的团结稳定，印尼还将面临更多的挑战。

三　构建东盟共同体：重拾在东盟中的地位的前景展望

2003年10月的第九次东盟首脑会议通过了《东盟协调一致第二

① 赵国军：《论南海问题“东盟化”的发展——东盟政策演变与中国应对》，《国际展望》2013年第2期，第92页。

宣言》，决定建成包括经济共同体、政治安全共同体、社会文化共同体三大支柱在内的东盟共同体。在这样的历史语境之下，印尼重拾其在东盟当中协调者、维护者、推动者的地位，对于东盟和印尼的发展来说都具有十分重要的意义。

从东盟的角度来看，东盟共同体的建设主要源于协调整合成员国的发展、应对地区的安全威胁、维护东盟在地区事务中的地位等动因。[①] 为实现这些目标，东盟需要面对上文所提及的各种挑战和制约自身发展的一些弊病，如成员国发展不平衡和内部分歧、该地区非传统安全问题的威胁、区域外大国对地区事务的介入、经济领域的合作相对滞后、缺乏有效的决策机制、不干涉内政原则对集体行动能力的制约等一系列问题。这使得东盟需要成员国关系的协调者、区域合作的促进者乃至在关键时刻能够推动决策和执行的领导者。

从印尼的方面来看，其在 21 世纪第二个十年逐渐从亚洲金融危机的重创中恢复过来，国内局势缓和，民主化进程趋于平稳，在诸如南海问题等地区事务中仍然发挥着积极作用，并广泛地参与到如 G20 峰会、APEC、巴厘岛民主论坛、伊斯兰会议组织等国际事务中，力图重塑其在东盟当中的角色，并树立新的国际形象，以实现其区域、中等强国和海洋强国的外交定位。在此过程中，东盟仍将作为印尼外交活动的基石，一方面提升其在地区事务中的影响力和公信力，另一方面东盟的发展也将为印尼的国内发展和区域外的活动提供更加稳定的环境和依托。

因此，印尼积极参与和推动东盟共同体的构建，这既符合东盟在一体化进程中的发展需求，同时也有助于印尼实现其外交目标。加之印尼在东南亚地区所占人口、面积、经济体量、战略地位，以及其在

① 骆永昆：《东盟共同体建立的进程、动因及前景》，《国际研究参考》2016 年第 2 期，第 2 页。

东盟创立和发展历程中的贡献，均增加了其重拾在东盟中的地位的可能性。而新的历史语境也对印尼提出了新的要求。

其一，维持中立和平的外交形象。为了继续在区域乃至全球事务中扮演好协调者的角色，印尼须坚持其中立和平的外交立场，在具体问题上不“选边站”，而是做一个“穿针引线”的调解员。例如在南海问题等涉及区域外大国在该地区博弈的问题上，印尼通过保持中立态度从中斡旋，力求避免问题的国际化和尖锐化及其带给东盟内部的撕裂，尽可能维护东盟内部的团结。

其二，在更广泛的领域内发挥积极作用。印尼在历史上对东盟的贡献更多地集中于外交层面，在经济、社会、人文等方面相对有限。而构建东盟共同体包含了经济、政治安全、社会文化等各个方面的合作需求。在这样的背景之下，若想重塑在东盟中的角色，印尼在促进和参与地区经贸合作、增强区域内民众的身份认同、解决区域内社会问题等方面还需发挥更积极的作用。

其三，实现从依赖领导人能力到依靠国家实力的转变。在历史上，印尼在东盟中的重要地位与领导人苏哈托的个人才干和魅力有很大的关联，包括在东盟中同样享有较高地位的新加坡和马来西亚也在一定程度上得益于其领导人李光耀和马哈蒂尔。这就使得政权的更迭给国家在东盟的地位和组织本身都造成影响。因此，若想长久而稳固地在东盟事务中发挥积极作用，印尼需通过解决诸如贫困、基础设施落后、非传统安全问题等国内问题来增强自身实力，从而更有效地发挥整个国家在地区合作中的坚实作用。

综观东盟成立 50 年来的发展历程，印尼扮演了奠基者、推动者、协调者、维护者的重要角色。在构建东盟共同体的新的历史语境之下，印尼除了坚持中立和平的立场继续发挥其在外交层面对东盟的积极贡献之外，还需要在推动东盟国家在经济和社会文化等领域的合作方面做出更多努力。在维护东盟平等、多元、包容的基本氛围的情况下，使扩容后的东盟能够在日益复杂的地区和国际事务中以及逆全球化的潮流之下，继续作为一致的整体去应对种种挑战。

参考文献

刘艳峰、邢瑞利：《印尼外交战略演进及其南海利益诉求》，《南洋问题研究》2016 年第 2 期，第 56 ~ 65 页。

骆永昆：《东盟共同体建设的进程、动因及前景》，《国际研究参考》2016 年第 2 期，第 1 ~ 7 页。

李峰、郑先武：《历史承续、战略互构与南海政策——印尼佐科政府海洋强国战略探析》，《太平洋学报》2016 年第 1 期，第 63 ~ 73 页。

闫坤：《印尼世界观及其引导下的外交政策目标》，《东南亚纵横》2012 年第 6 期，第 26 ~ 31 页。

闫坤：《新时期印度尼西亚全方位外交战略解析》，《东南亚纵横》2012 年第 1 期，第 13 ~ 19 页。

常书：《印度尼西亚南海政策的演变》，《国际资料信息》2011 年第 10 期，第 25 ~ 28 页。

郑一省：《印尼和东盟关系的回顾与展望》，《东南亚研究》2008 年第 3 期，第 32 ~ 38 页。

张锡镇：《东盟的历史转折：走向共同体》，《国际政治研究》2007 年第 2 期，第 123 ~ 134 页。

张锡镇：《东盟共同体发展趋势及其主要推动者》，《世界经济与政治论坛》2007 年第 1 期，第 1 ~ 5 页。

朱刚琴：《潘查希拉的文化根源及其在印尼对外交往中的体现》，硕士学位论文，暨南大学，2006。

张振江：《“东盟方式”：现实与神话》，《东南亚研究》2005 年第 3 期，第 22 ~ 27 页。

陈寒溪：《“东盟方式”与东盟地区一体化》，《当代亚太》2002 年第 12 期，第 47 ~ 51 页。

张祖兴：《试析亚洲金融危机对印尼社会经济的影响》，《东南亚研究》2001 年第 6 期，第 32 ~35 页。

曹云华：《印尼在东盟的地位和作用的变化》，《当代亚太》2001 年第 3 期，第 21 ~27 页。

李同心：《试论印尼在东盟中的地位和作用》，硕士学位论文，暨南大学，2000。

温北炎：《东帝汶问题的来龙去脉》，《东南亚研究》1999 年第 6 期，第 18 ~21 页。

梁英明：《东南亚史》，人民出版社，2010。

Pattharapong Rattanasevee, "Leadership in ASEAN: The Role of Indonesia Reconsidered", *Asian Journal of Political Science*, 2014, Vol. 22, No. 2, pp. 113 – 127.

Dewi Fortuna Anwar, "ASEAN and Indonesia: Some reflections", *Asian Journal of Political Science*, 1997, Vol. 5, No. 1, pp. 20 – 34.

Ralf Emmers, "Regional Hegemonies and the Exercise of Power in Southeast Asia: A Study of Indonesia and Vietnam", *Asian Survey*, Vol. 45, No. 4 (July/August 2005), pp. 645 – 665.

Anthony Smith, "Indonesia's Role in ASEAN: The End of Leadership?", *Contemporary Southeast Asia*, Vol. 21, No. 2 (August 1999), pp. 238 – 260.

Y.5

地区主义与国家建设：浅析缅甸与东盟关系

张 添　宋清润*

摘　要：　缅甸与东盟的关系在历史上经历了从孤立观望到逐步理解的试探期，从相互接触到相互调整的聚合期，以及从压力反馈到转型消融的适应期。缅甸与东盟关系的理论基础包括：地区主义与国家主义的相互适应，以及对东盟处理柬埔寨问题模式的对称复制与难题化解。缅甸与东盟的关系围绕着东盟经济共同体建设与“东盟价值观”、区域次区域合作以及缅甸与其他东盟成员国的关系展开，但也存在同美国关系的问题、人权问题和区域发展不平衡等问题。

关键词：　缅甸与东盟　地区主义　国家建设

缅甸自东盟成立以来，从消极观望到积极申请加入，到正式加入但又遇到波折，再到顺利履职轮值主席国，实际上伴随的是该国的国家建设（nation building）进程，以及其中政治转型难题的适应与缓解。本文认为，东盟地区主义是影响缅甸国家建设与发展的重要外部

* 张添，云南大学缅甸研究院助理研究员；宋清润，博士，中国现代国际关系研究院南亚东南亚及大洋洲研究所副研究员。

要素之一，而缅甸在中南半岛特殊的地缘位置对于东盟国家而言至关重要，东盟与缅甸良性互动，体现了东盟整体发展与缅甸作为个体“成长性进步”的辩证统一关系。

一 缅甸与东盟关系的历史概况

（一）从孤立观望到逐步理解——缅甸对东盟的试探期（1967 ~1994年）

缅甸自 1948 年建国，历经了 10 年左右的议会民主制时期，但很快因国家危机导致奈温主导的军人政变，并开启了长达近半个世纪的军政府时期。由于奈温政府长期奉行名义上“绝对中立”，实则“对内专制、对外封闭”的统治路线[①]，缅甸对东盟采取了长期观望和消极排斥的态度。随着国际格局分化瓦解与东盟地区功能的重组，后奈温时期的缅甸新军人政权（苏貌、丹瑞、钦钮等）基于政治、经济、安全考虑，开始积极申请加入东盟。这一时期又可分为三个阶段。

第一阶段，从 1967 年到 1974 年。奈温 1962 年政变上台后，缅甸进入长期的军人统治时期，此时奈温政府虽然强调“绝对中立”的外交政策，但对于“是否加入一个集团或结盟组织”采取的是消极观望、中立主义和实用主义态度。东盟 1967 年 8 月成立后，1972 年 3 月缅甸外长拉汉访问印尼时，曾表示缅甸不愿参加东盟，但赞同东盟提出的“东南亚中立化”主张；同年 4 月拉汉访问马来西亚时再次重申，缅甸“不需要通过加入东盟来加强与其他成员国间的经济合作”，因为“我们已经通过双边及其他多边机制实现了合作”[②]。这一阶段缅甸与东盟的关系受到国内政治的影响较小，与吴努政府时

① 贺圣达、李晨阳编著《列国志——缅甸》，社会科学文献出版社，2005，第 342 页。

② 孔鹏：《浅析东盟对缅甸政策的变化发展》，《东南亚纵横》2008 年第 2 期，第 71 页。

期的“中立主义与不结盟”原则一脉相承。

第二阶段，从1974年到1988年。奈温通过社会纲领党、1974年宪法及“缅甸式社会主义”形成专制主义与个人独裁，整个缅甸开始封锁国门，禁止西方思想的传播、镇压国内民族武装，对任何形式的国际干预持高度警惕和极端排斥的态度。奈温政府在1979年哈瓦那举行的不结盟首脑会议上，表明缅甸“因为像古巴和菲律宾这样一些不结盟运动成员与共产党集团或西方集团结盟，故缅方决定退出不结盟组织”[①]。在逐渐趋于绝对化的极端不结盟主义和孤立主义情绪的主导下，缅甸成为冷战时期东南亚地区既不靠拢东盟，也不靠拢印支的“单干户”[②]。这种消极中立政策使得缅甸与国际社会越发割裂、倍加孤立，甚至被称为“竹幕后的国家”[③]。

第三阶段，从1988年到1994年。冷战后期，国际格局变化频仍，东南亚难以再度依赖大国安全体系来确保自身的社会经济发展环境，地区主义开始填补真空。东盟开始调整自身发展的战略意图，以增强内部凝聚力、决策自主性和地区事务主导权[④]，意图通过吸收缅甸和印支三国，来提升整体实力，模仿欧盟成为亚太地区中的重要“一极”。1988年11月，缅甸颁布《外国投资法》，开始注意到增加与东盟国家贸易额的重要性；1991年，东盟正式提出对缅甸“建设性接触”的介入方式，向缅甸伸出橄榄枝。缅甸新军人政府因为否定1990年大选和软禁反对派领袖昂山素季，备受欧美为首的国际社

---

① 奈温政府认为，东盟是个国家集团，而且都是资本主义国家，泰国和菲律宾还是美国的盟国，还帮着美国打越战。胡志明当时领导的越南民主共和国，也就是北越，是社会主义国家。东盟的这些特性，与缅甸的外交原则差异巨大，有些方面是格格不入。奈温政府在当时冷战的大格局下，不想倒向任何一个大国阵营。详见〔新〕尼古拉斯·塔林主编《剑桥东南亚史（Ⅱ）》，王士录等译，贺圣达校，云南人民出版社，2003，第503页。

② 孔鹏：《浅析东盟对缅甸政策的变化发展》，《东南亚纵横》2008年2月，第71页。

③ Andrew Buncombe, “Burmese Shadows: A Glimpse behind the Bamboo Curtain,” *Independent*, Tuesday 23 October 2012.

④ 陆建人主编《东盟的今天与明天》，经济管理出版社，1999，第34页、第1页。

会的孤立。军政府在东盟国家主动与其接触的情况下，也愿意借助东盟平台来增强自身的国际合法性，并刺激缅甸自身经济发展。1992年丹瑞主政缅甸后，多次提出希望加入东盟的表态。1994年“大东盟”构想出台后，新加坡、泰国和印尼等东盟主要国家领导人先后访缅，正式表态支持缅甸加入东盟。

（二）从相互接触到相互调整——缅甸向东盟的聚合期（1995~2006年）

从1995年加入《东南亚友好合作条约》（TAC）开始，缅甸从东盟观察员国到1997年成为东盟成员国，真正与东盟接触和加快融合进程，并在实践中建立自己的“东盟观”和区域认同观。然而好景不长，1997年亚洲金融危机使得各原东盟成员国（主要是新加坡、马来西亚、印尼、泰国、菲律宾）自顾不暇，而欧美国家强势介入，质疑东盟接纳缅甸这一“另类国家”的正当性所在。① 东盟国家对缅甸问题产生巨大分歧，缅甸最终被迫放弃担任2006年东盟轮值主席国。

这一阶段主要也可分为两个时期，一是“相互接触的蜜月期”（1995~1997年）。1994年9月缅甸与文莱正式建交后，1995年即派代表出席在文莱举行的第28届东盟外长会议，签署了《东南亚友好合作条约》（TAC），并申请成为东盟观察员国，同年12月，缅甸“国家恢复法律与秩序委员会”主席丹瑞大将参加在泰国曼谷举行的东南亚10国首脑非正式会议，签署《东南亚无核区宣言》。② 当年签署的《曼谷宣言》，正式奠定了缅甸加入东盟的基础，也使缅甸在政治、经济、社会文化上与东盟国家靠拢。1996年，美欧等国家开始赴东盟国家游说，

① Jurgen Haacke, *ASEAN's Diplomatic and Security Culture: Origins, Development and Prospects*, London and New York: Routledge Curzon, 2003, p. 144.

② Jurgen Haacke, *ASEAN's Diplomatic and Security Culture: Origins, Development and Prospects*, London and New York: Routledge Curzon, 2003, p. 144.

要求东盟国家考虑缅甸人权劣迹并拒绝缅甸加入，但当时在经济上蒸蒸日上的东盟国家不予理睬，马来西亚总理马哈蒂尔则明确表示，“不喜欢别人教我应与谁交朋友或该与谁为敌”[①]。1996 年 7 月第 29 届东盟外长会议（AMM）在印尼雅加达举行，缅甸正式成为东盟观察员国并以该身份参加会议，8 月缅甸正式递交书面申请，申请成为东盟成员国。[②] 11 月在雅加达举行的东南亚 10 国首脑非正式会议上，东盟决定接纳柬埔寨、老挝和缅甸入盟。1997 年缅甸正式加入东盟后，包括缅自身的东盟各方对“建设性统一东南亚”的概念形成共识，“东盟身份”、“东盟价值”和“统一东南亚”的概念盛行一时，直到 1997 年亚洲金融危机之后，东盟和缅甸的“蜜月期”才告一段落。

二是“相互调整的聚合期”（1997～2006 年）。1997 年金融危机爆发，将东盟国家过度依赖出口导向型经济和世界资本市场的软肋暴露无遗，各国无力单独解决自身危机，而欧美主导的经济结构调整，很大程度上附加了民主和人权的附加条件，美欧原本就在接受缅甸上与东盟国家有不同看法，此时的东盟更是无力抗拒，只能向欧美低头，转而向缅甸施压。当然，在对缅甸问题上，扩大后的东盟成员国之间分歧重重，这也导致东盟不得不反思和调整自身的内部协调机制。老成员国主张介入和干涉缅甸内政，通过批评和施压方式促使缅甸加速民主转型，如菲律宾议员甚至建议可以取消缅甸的东盟成员国资格；[③] 而新成员国（主要是越南、老挝）强烈反对干涉缅甸。尽管分歧重重，在所有成员国的协调下，各方还是寻求妥协和折中方案，在国际场合保持一致。1999 年 3 月，在德国柏林举行的东盟－欧盟外长会议反对缅甸外长参加，而东盟表示，如不予缅甸外长以参与

① 王士录、王国平、孔建勋编著《当代东盟》，四川人民出版社，1998，第 150 页。

② Mya Than, Myanmar in ASEAN, Regional Cooperation and Experience, ISEAS, 2005, p. 83.

③ 李晨阳：《缅甸与东盟关系：1988 年以来的回顾与展望》，《东南亚纵横》2000 年增刊，第 90～91 页。

权，东盟将抵制该会议。最终双方都不肯让步，德国外交部宣布取消该会议。在此事件中东盟各国空前团结，表明虽然各方对缅甸有意见，但其仍然保持对缅甸“建设性接触”关系，一致对外，以维护东盟整体利益。尽管如此，东盟大多数国家还是希望缅甸推动民主化进程，以减少缅甸自身和东盟整体所受压力。然而，2003 年民盟领导人昂山素季因“迪拜因”事件被捕，缅甸反对派民盟党部被关闭，导致东盟国家大失所望，而意图启动“三驾马车”① 介入缅甸。虽然该介入因当事国（缅甸）反对而未成功，但缅甸也在积极调整自身，以适应东盟需求。2003 年 8 月，缅甸公布“七步民主路线图”② 以加速民主化进程，得到民盟的认同、理解和支持。作为回报，2003 年 10 月，第九次东盟首脑会议通过《东盟协调一致第二宣言》，确立了“东盟共同体”构想，该文件重申了东盟“不干涉内政”原则和“协调一致决策”原则，同时提出“东盟将对各个成员国内出现的新动态做出反应”，并在一种团结、充满地区活力以及和谐的环境中及时有效应对。尽管缅甸与东盟在不断聚合，但由于缅甸国内民主化进程

① 所谓东盟三驾马车（ASEAN Troika），是指前任东盟轮值主席国、现任东盟轮值主席国、候任东盟轮值主席国联合组成的应急危机调节机制，该机制于 2000 年 7 月第 33 届东盟外长会议通过。不过，该机制也体现了东盟“非强制”原则，只要当事方不同意，介入便无效。Closing Statement by His Excellency Dr. SurinPitsuwan Minister of Foreign Affairs of the Kingdom of Thailand Chairman of the 33rd ASEAN Standing Committee Bangkok, 25 July 2000, published on October 15th, 2012, http: //asean. org/? static_ post = closing – statement – by – his – excellency – dr – surin – pitsuwan – minister – of – foreign – affairs – of – the – kingdom – of – thailand – chairman – of – the – 33rd – asean – standing – committee – bangkok – 25 – july – 2000 – 2.（available cited on July 3, 2017.）

② 主要内容包括：第一，重新召开 1996 年后一直休会的国民大会；第二，在顺利召开国民大会的基础上，逐步建立能产生真正的、有秩序的民主制度程序；第三，按照国民大会制定的基本原则和细则起草新宪法；第四，举行全民公投通过宪法；第五，根据新宪法举行自由、公平的议会大选；第六，根据新宪法召开由议员参加的议会会议；第七，由议会选举产生的国家领导人、政府及其他中央机关，领导国家建设一个现代、发达和民主的国家。参见“Mass Rally Supports Seven-point Roadmap Clarified by Prime Minister,” *The Global New Light of Myanmar*, Sep. 21, 2003。

一再迟滞，昂山素季也一再被延迟软禁，到了2005年，东盟国家还是因为美欧压力而转而屈服，最终迫使缅甸放弃担任2006年东盟轮值主席国，缅甸与东盟关系骤然跌至谷底。

（三）从压力反馈到转型消融——缅甸对东盟的适应期（2007～2014年）

在缅甸放弃东盟轮值主席国之后，缅甸与东盟关系虽然一度冷遇，但东盟并没有放弃对缅甸的“建设性接触”。即便2006年东盟特使阿尔巴来访缅甸时，缅甸领导人丹瑞让其吃到“闭门羹”，东盟国家依然积极传达国际社会对缅甸的声音，适度施压、积极鼓励，使缅甸在2008年加速转型，并以民主化进程的顺利进展来回应东盟的希冀。

这一时期主要分为三个阶段。第一阶段是“压力反馈”阶段，东盟根据缅甸国内形势对缅适度施压、松弛有度，迫使缅领导人做出有利反馈。由于缅甸拒绝西方国家附加政治条件的援助，东盟国家主动发出动员，成员国以各种方式向缅甸输送援助。2007年9月，缅甸爆发“袈裟革命”，军政府镇压国内示威的僧侣，以新加坡为首的东盟国家以“适当的纪律措施”作为软性“大棒”，并以邀请缅甸总理吴登盛参加东盟签署《东盟宪章》作为“胡萝卜”，有效保持东盟与缅甸之间积极互动的态势。[①] 2008年5月，缅甸提出宪法公投一个月后，就遭受了强烈热带风暴“纳尔吉斯”的严重侵袭，非官方统计死亡人数达到10万以上，联合国则估计有150万～200万人受灾。[②]

第二阶段是“培养责任”阶段，东盟国家在压力中向缅甸放出信号：“作为东盟成员国，缅方应当充分了解东盟作为共同体对国际

① “MFA Spokes man's Commentson PM Lee Hsien Loong's Callsto ASEAN Leaderson the Myanmar Issue,” *MFA Press Releasse*, 27 September 2007.

② Nyi Nyi Kyaw, “The Myanmar Nargis Aftermath: A Disasterin Governance,” in *RSIS Commentaries*, No. 60/2008, 16 May 2008, p. 1.

社会的需要，以及共同发展的需求；缅方应当建立起自己作为东盟成员国的必要责任，并理解其他成员国为缅甸问题遭受国际压力的苦衷”①。东盟国家充分理解缅甸军人政权在民主转型中的顾虑，但通过责任性质的施压，东盟国家从国际道义上赋予缅甸军人实施“自上而下”转型的合法性所在。2008 年缅甸新宪法公布后，西方国家指责其刻意维护军方在未来缅甸政治发展中的特殊权益和地位，但东盟却认为这有利于缅甸将来大选的顺利进行，并鼓励缅甸采取“向民主和平转变的更大胆步骤”②。对东盟释放出来的信号，缅甸从被动回馈“软施压”到主动转变“求认同”，双方日趋频繁且积极的互动，使缅甸转型赢得良好的外部环境。2009 年第 42 届东盟外长会议联合公报表明，东盟国家愿意疏导和挡住外部压力和经济制裁，为缅甸民主化确保主动性赢取良好环境。③

第三阶段是“转型消融”阶段，缅甸通过 2010 年大选过渡到民主化政权。在这一过程中，缅甸完成其对东盟许诺的“转型”，而东盟在缅甸未能完全达成东盟要求的情况下，逐步消化和接受一个“退役军人主导下的文官政权”，支持缅方提出的“七步路线图”及基于此成立的新政府，并期望能够通过制度来“溶解”缅甸民主化的障碍，鼓励缅政权主动完成渐进改变。④ 2011 年 3 月吴登盛总统上台后，先后访问了印尼、新加坡、越南、老挝和柬埔寨等国。在政治考量之外，缅甸十分看重与东盟国家的经贸合作，将“东盟优先”

① Akshay Kothari, “The Tragedy of Burma,” *Singapore Law Review*, 9 December 2007, http://www. singaporelawreview. org/2007/12/the - tragedy - of - burma/ (available cited on June 23, 2017.)

② “Chairman's Statement of the 15th ASEAN Summit,” Oct. 23 - 25 2009, http://www. asean. org/23560. htm. (available cited on June 26, 2017.)

③ “Joint Communique The 30th ASEAN Ministerial Meeting (AMM),” 20 July 2009, http://www. asean. org/22686. htm. (available cited on June 29, 2017.)

④ “Chairman's Statement of the 18th ASEAN Summit,” 7 - 8 May 2011, http://www. asean. org/Statement_ 18th_ ASEAN_ Summit. pdf. (available cited on June 15, 2017.)

作为国家外交战略的实际组成部分。[①] 2012 年 7 月，吴登盛首次以总统身份访问泰国并与泰国总理英拉会面，并在会谈中论及东盟互联互通等攸关东盟发展的话题。2011 年 11 月在印尼巴厘岛举行的东盟峰会上，东盟十国领导人一致同意缅甸成为 2014 年东盟轮值主席国。在 2012 年 8 月 8 日，吴登盛发表官方声明，呼吁缅甸国民为东盟的繁荣与发展做出努力。[②] 有评论认为，正是由于东盟各国领导人明确表态支持缅甸担任 2014 年东盟轮值主席国，美国和欧盟才会更快地修补了与缅甸的关系，并快速开启与缅甸关系正常化、加强对缅甸人道主义援助的进程。[③] 2014 年，本着“团结起来，向和平与繁荣共同体迈进”的主题，缅甸主持召开了 1 月蒲甘讨论会，主办了 8 月东盟外长会议及对话伙伴国外长会议，9 月缅甸领导人代表东盟访欧，10 月出席亚欧峰会、探讨欧盟 - 东盟合作问题，11 月东盟领导人峰会落下帷幕，缅甸敲响了东盟进入“2015 经济共同体之年”的最后一锤。2014 年 12 月，在成功举办第 25 届东盟峰会及系列会议的答谢晚宴上，缅甸总统吴登盛说，2014 年对缅甸来说是不平凡的一年，缅甸不仅历史性地首次担任东盟轮值主席国，经受住了来自各方的考验，而且还收获了世界的支持。正如一位缅甸高官所说，缅甸已从过去西方世界眼中的“弃儿”变成了国际社会的“宠儿”[④]。

---

① 尽管名义上，缅甸对外表示保持“对所有国家的等距离外交”，但是“东盟优先”是缅甸领导人在实践中优先考虑的，比如领导人上台后首访东盟国家，外交场合讲话多维护东盟形象等。可参见“Press Release”, *The Global New Light of Myanmar*, Mar. 28, 2015, p. 9; Myanmar's Priorities for ASEAN Chairmanship, the President Office of Myanmar, http: //www. myanmarpresidentoffice. gov. mm/2015en/? q = issues/asean/id - 4639 (available cited on June 15, 2017.); Nyan Lynn Aung, “Daw Aung San Suu Kyi praised after first ASEAN meet,” *Myanmar Times*, Tuesday, 26 July 2016。

② 《缅甸积极融入东盟出成效》，《光明日报》2012 年 8 月 13 日，引自 http: //news. xinhuanet. com/world/2012 - 08/13/c_ 123574331. htm，最后访问日期；2017 年 3 月 31 日。

③ 《东盟一体化拉紧缅甸》，《人民日报》2012 年 3 月 21 日，第 3 版。

④ 《借成东盟轮值主席国之机缅甸积极拓展外交空间》，人民网，http: //world. people. com. cn/n/2014/1210/c157278 - 26180802. Html，最后访问日期：2017 年 3 月 31 日。

二　缅甸与东盟关系的理论基础

（一）地区主义与国家主义的相互适应

作为民族国家个体的缅甸，同作为区域性国际组织多边机制的东盟，围绕着缅甸是否具备东盟成员国资格、是否遵循和履行东盟成员国义务、是否应当加快转型改革以融入东盟一体化等议题开启的互动，其逻辑主线实际上是缅甸国家主义同东盟地区主义之间的博弈及相互调适。从缅甸来看，调适的最终目标是参与地区组织并搭上东盟一体化的顺风车，缓解社会危机、取得经济发展与国家复兴；从东盟的角度来看，调适的最终目标是促进“大东盟”（Greater ASEAN）目标的实现，以缩小地区各成员之间的差异，进而完善区域市场化和贸易一体化。正如分析人士指出的，缅甸与东盟是互相依存的关系，缅甸失去东盟，就会失去地区组织依托，在大国中陷入孤立，而东盟失去缅甸，所谓的东盟组织就是不完整和失败的。[①]

地区主义（regionalism），又叫区域主义，是研究区域合作的核心要素之一，它意味着区域政治、经济、社会、文化的融合，其核心是地区国家行为主体“推动区域间制度化合作的各种思想、观念、计划及其实践进程”[②]。国家主义或国家民族主义（State Nationalism），主要强调的则是国家行为体对自身利益的优先考量。地区主义与国家主义均有内在的聚合性和外在的排他性，分别代表地区利益和国家利益，相互之间也彼此存在聚合性与排他性。由于地区

① 《缅甸积极融入东盟出成效》，《光明日报》2012 年 8 月 13 日，http：//news. xinhuanet. com/world/2012 -08/13/c_123574331. htm，最后访问日期：2017 年 3 月 31 日。

② 郑先武：《区域间合作与东亚区域主义》，《国际观察》2009 年第 6 期，第 47 页。

利益并非国家利益的简单加总，因此在地区一体化中，地区利益和国家利益都可能成为一体化的动力和阻力。在东盟一体化中，地区主义与国家主义相互适应，就是为了应对地区和国家发展的共同阻力，既找到合力，也找到动力。“东盟模式”较好地整合了地区主义与成员国的国家主义，缅甸正是乘着东盟一体化快车，在众多东盟国家的支持下，逐步踏上了对内改革、对外开放的道路。

作为一个强地理概念，某“地区”往往与其他“地区”有着较大差异性，东亚的地区主义就很大程度上异于欧洲、拉美的地区主义。从制度的影响力和约束力来看，最成功的地区一体化案例是欧盟。以欧盟为榜样，次之于欧盟的地区组织，还包括拉美（拉丁美洲国家议会、里约集团等）、非洲（非洲国家联盟、马格里布联盟等）等。这些地区在模仿欧盟的过程中由于发展水平、文化差异过大，地区主义和民族主义在排他性竞争中互相对立，故而效果不彰。欧盟之下其他地区一体化组织中较成功的，反而是约束力弱、松散、非强制性的东盟。东盟是目前东亚地区一体化中率先垂范的代表，是引领地区主义合作范式的先行者，也引发了人们对地区主义和地区化的新一轮思考。东盟模式在真正意义上结合了地区实情，包容从准发达国家至中等发展中国家，再到欠发达国家等多种类型。也只有在这样的地区一体化当中，缅甸才能搭上发展的顺风快车。

地区主义的差异性，来源于地区化程度的差异。庞中英指出，“东亚地区化”与“东亚地区主义”不像“欧洲地区化”和“欧洲地区主义”那样是单数，而是复数，即东亚存在着多种不同进程的地区化与地区主义。[①] 一种理解是，所谓的复数，就是东亚存在经济、政治、社会等各类要素地区化进程的不同步，经济区域一体化早

① 庞中英：《地区化、地区性与地区主义——论东亚地区主义》，《世界经济与政治》2003 年第 11 期，第 8 页。

就开始了，却没有建立起相应的政治、社会一体化。关于东亚“地区主义”与“地区化”的区别，许多学者倾向于认为地区主义是“政治概念”、地区化是“经济概念”①，大致能反映此种不同步现象。概括下来就是：虽然东亚各国之间经济互通有无已经很早，但由于缺乏制度之间的统筹，缺乏一种规范区域一体化的指导思想与合作框架。另一种理解是，东亚历史上存在过地区化进程，既有中国、日本等大国引领的一体化进程，也有由东南亚 10 个较小国家组成的东盟引领的一体化进程。东盟并非东亚一体化的结果，而是东亚一体化的其中一环，东盟的目标不仅在于东亚一体化，还曾有制衡中国、日本为主导的一体化进程的客观需要，同样既有聚合性，也有排他性。聚合性与排他性的辩证统一，正是缅甸国家主义和东盟地区主义相互整合、相互适应的过程。

缅甸在 1996 年 7 月决定加入东盟，就是国家主义与地区主义聚合与整合的重要时间节点。钦翁丹（Khin Ohn Thant）表示，这“至少有两个原因”：一是旧千年结束之际这个国家内外部环境发生了变化，缅甸国内数十年为保障内部安全采取的各项措施已经耗费了众多资源，政府已同众多放下武器的“民地武”签署和平协议，这就允许缅甸政府更多地关注包括东盟在内的外部事务；二是互不干涉内部事务的“东盟方式”及其达成共识与解决冲突的机制吸引缅甸投入东盟的怀抱。② 此外，从缅甸国家主义层面来说，缅甸自身背后政治、经济等要素的考虑也隐含在其中。直观的原因是“政治上受到美国与欧盟为首的西方国家政治抵制，需要获得国际承认；经济上面临西方制裁，需要发展援助与同情缅甸的国家开展经济合作，且东盟

① 庞中英：《地区化、地区性与地区主义——论东亚地区主义》，《世界经济与政治》2003 年第 11 期，第 11 页。

② Burma-Foreign economic relations-Burma, ISEAS Library Cataloguing-in-Publication Data, Mya Than, Asia, Southeastern-Foreign relations-Burma. 4 – I Part, p. 2.

国家已准备接纳它为成员国”[①]。

拓展到区域层面来说，缅甸加入东盟对于双方的“相互依赖”也是必不可少的一环。政治方面——缅甸的东盟成员国地位有利于其国内和平稳定，也有利于东盟区域稳定，有利于东盟各成员国之间建立信任，也有利于加强外部安全。缅甸的东盟成员国身份意味着其向着更为宽松的政治氛围方向演变的趋势，这种氛围有益于军政府与政治反对派达成真正的和解。经济方面——对于拥有5亿多人口的东盟而言，缅甸是一个人口5000多万且拥有丰富自然资源与廉价劳动力的潜在市场，东盟对其成员国的投资将会增加，新老成员国之间的贸易增长，这一点是“显而易见的”[②]。对于缅甸而言，希望从加入东盟与东盟自由贸易区（AFTA）获得地区贸易协议（RTA）的有利条件，有利于增加本地区对缅甸的外国直接投资、获取更多进入更为广阔的东盟市场的机会。一些经济专家还指出，缅甸作为东盟新成员国，随着普遍有效优惠关税（CEPT）项目中关税税率与非关税壁垒（NTB）受到限制，缅甸向其他东盟国家出口农产品的水平会得到显著提高;[③] 社会文化方面，缅甸可以通过发扬其丰富的历史传统文化为东盟增色。缅甸除了能够彰显自身文化和国家吸引力之外，觉丁瑞（Kyaw Tin Swe）与昂图（Aung Htoo）指出，还能让这一地区通过社会文化与信息交流更好地理解与容忍别人的文化，这种做法将有助于从不同成员国的民族特性中催生东盟特色与“亚洲价值观”的发展。[④] 总之，随着东盟地区主义与缅甸转型相互依赖的加深，区域对

---

① Burma-Foreign economic relations-Burma, ISEAS Library Cataloguing-in-Publication Data, Mya Than, Asia, Southeastern-Foreign relations-Burma. 4 – I Part, p. 3.

② Regionalism-Asia, Southeastern, ISEAS Library Cataloguing-in-Publication Data, Mya Than, Asia, Southeastern-Foreign relations-Burma. 4 – 2 Part, p. 5.

③ Burma-Foreign relations-Asia, Southeastern, ISEAS Library Cataloguing-in-Publication Data, Mya Than, Asia, Southeastern-Foreign relations-Burma. 5 – 4 Part, p. 28.

④ Mya Than, Asia, Southeastern-Foreign relations-Burma. 4 – 2 Part, *Regionalism-Asia*, *Southeastern*, ISEAS Library Cataloguing-in-Publication Data, p. 4.

于缅甸现代化进程的影响也将不断深化，并助力后者朝着有利于区域稳定与发展的方向不断进发。

（二）“柬埔寨方式”的对称复制与难题化解

在聚合性与排他性的不断互动交融中，东盟从解决柬埔寨问题发挥重要作用开始，为解决缅甸问题奠定了良好的制度基础和实践基础。在1979年越南入侵柬埔寨时，冷战代理人战争的“热战前线”再次燃烧到了东盟国家边缘。柬埔寨支离破碎的政治亚文化助长了该危机的产生与发展，并因掺入了大量的外部干预因素，刺激了东盟地区主义的反击。

为了保障东盟内部聚合的稳定、抓住冷战后期的发展机遇，东盟在积极介入和协调柬埔寨危机的过程中，既积极配合国际社会在联合国框架内通过协商、调解解决问题，还敢于直面和挑战区域大国乃至联合国安理会五个常任理事国，甚至主动去创造“更好的解决机制”。首先，顾大局，在联合国框架内解决问题；其次，讲道义，敢于向大国抗议，维护柬埔寨权益；最后，善借兵，利用对该问题持积极态度的美国、中国的认可，赢得两国对东盟的支持。在解决整个柬埔寨问题中，东盟国家的一致性受到整个国际社会的赞誉和认可，也是东盟发挥国际影响力的重要转折点。东盟在雅加达庆祝成立17周年大会时，东盟常务委员会主席、印尼外长穆赫塔尔·库苏马阿马查说：“在东盟谴责越南入侵柬埔寨之后，东盟在国际外交活动方面取得迅速发展。如果东盟当时（1978年）保持沉默，我想东盟就会销声匿迹。”①一直到越南1989年1月宣布撤出柬埔寨，直至越军全部撤出，东盟国家年复一年向联合国大会提交要求越南撤军的议案，历经13年，终于

① 《东盟在雅加达庆祝成立十七周年秘书长说东盟获重大进展可满怀信心展望未来》，《人民日报》1984年8月11日，第6版。

在 1991 年达成了柬埔寨问题的政治解决。20 世纪 90 年代，感受到东盟引领地区发展的感召力和潜力，越、老、缅、柬四国纷纷加入。

东盟地区主义借柬埔寨问题建立起来的经验，自 20 世纪 90 年代以来开始在缅甸问题上发挥重要影响力，该过程也是东盟地区主义拓展、遇到挑战、再进行调适的过程。起初，东盟解决缅甸问题长期找不到着力点，陷入几轮波折。在这些波折的解决过程中，东盟地区主义适应性解决了各类问题，使得协调机制更加成熟。第一次波折（1987 ~1992 年）：依靠西方施压推进缅甸转型行不通。柬埔寨主要是解决战争与和平的矛盾问题，而缅甸是民主转型与军人独裁的问题，两者有较大差异。后者虽然烈度没有前者高，却涉及更多复杂的内政问题。东盟早先的策略是：吸引缅甸入盟，但以缅甸自身率先改革作为前提。缅甸早在 1987 年 7 月就提出要加入东盟，此时其国内经济已经走投无路，加上政治变动，根本无力变革。1994 年“大东盟战略”正式出台后，东盟开始转变策略，一方面，认识到必须采取异于西方的策略，彰显自身的独立性，才能让缅甸善意接受东盟的建议；另一方面，认识到“接触”应当优于“孤立”，通过“建设性接触”策略正式确立了让缅甸“先入盟、再转型”的路子。以新加坡总理吴作栋 1994 年访缅和各国签署《建立东南亚 10 国共同体设想的声明》为标志，第一次波折告一段落。1997 年，东盟国家不顾西方国家反对，接受缅甸入盟。第一次波折的解决反映的是：沿着“柬埔寨问题”模式的发展，东盟国家拓展了解决缅甸问题的独立方式。

第二次波折（1997 ~1999 年）：走出金融危机。在解决缅甸问题的进程中，东南亚国家迎来了历史上最大规模的经济冲击——1997 年金融危机。各国持续衰退的状况使得缅甸未能立即受惠于东盟地区主义对经济发展的带动，反而担心自己会陷入市场泡沫的无底洞。而泰、菲等东盟重要经济体，意识到西方救市的重要性，开始积极配合后者对缅甸人权、民主的指责，不再协同一致抵制西方对缅甸的批判。在这轮波折中，东盟地区主义彰显了在危机时期“不堪一击”的态势，也让东盟国家不得不反思：在发展差异的众多国家之间“抱团取暖”是否可取？在危难时期就放弃内部某个成员国的“短视”是否可取？在“东盟一体化”大目标和“离不开西方经济依赖”的矛盾中，东盟国家仍然还是艰难地选择了前者，不仅未抛弃缅甸，还积极开展“建设性接触”。随着各国经济情况的好转，第二次波折也渐渐平息。第二次波折的艰难凸显了东盟各国“患难见真情”的特点，同时也让东盟各国从对西方的失望中找寻到新的发展机遇：一是团结自救、自强的心态加强，通过缩小各国差异解决问题的发展方式得到确认；二是拓宽了选择面，对于崛起的中国抱以希望，增加了东盟独立自主的可选择性。

第三次波折（2005～2007 年）：建设性接触重点从“接触”到“建设性”。随着 2003 年缅甸公布了“七步民主路线图”，东盟国家加强了对缅甸政治转型的施压力度。但事与愿违，缅甸数次发生抓捕昂山素季的事件，2005 年缅甸出于强大的西方压力，在“维护东盟的团结和共同利益”的压力下提出“自愿放弃 2006 年轮值主席国”的申请，2007 年又发生了恶性群体性镇压事件“袈裟革命”。东盟国家认识到，“接触”政策在某种程度上迎合了西方国家的“干涉政策”，这与东盟解决问题的原则不符。东盟国家认识到，一味从“人权”和“民主”为出发点进行接触，“人权政治化”干涉内政并不具备“建设性”，不利于缅甸问题的解决。[①] 在此后，东盟通过数个宣言保障在不干涉缅甸内政的情况下“建设性地”让缅甸认识到其作为东盟一分子

① Press Statement by the Chairperson of the 9th ASEAN Summit and the 7th ASEAN + 3 Summit, BALI, INDONESIA, Oct. 7, 2003, http://www.asean.org/? static_ post = press – statement – by – the – chairperson – of – the – 9th – asean – summit – and – the – 7th – asean – 3 – summit – bali – indonesia – 7 – october – 2003 – 2. 2015 – 11 – 25.

的责任，并且以建立“东盟共同体”和“2020 年东盟愿景目标”为压力和动力，推动缅甸解决自身问题、积极主动转型。最终，缅甸在 2008～2010 年加速转型进程，完成了至关重要的制宪和大选进程。

三　缅甸与东盟关系的最新发展和存在问题

（一）缅甸与东盟关系的最新发展

缅甸对东盟经历了观望、接触、加入和调整适应的过程，而东盟对缅甸也经历了“建设性接触”到“缔造东盟责任”再到“培养东盟认同”的过程，双方互动的进程是积极的，也是可持续的。缅甸在结束 2014 年东盟轮值主席国任务之后，更加融入东盟的政治生态和多边外交环境中，尤其是在 2015 年——东盟共同体建立之年。与此同时，2015～2017 年缅甸又是新的转型时期，退役军人文官政府在 2015 年大选之后让权给压倒性获胜的民盟政府。对缅甸来说，政权更迭需要进一步融入东盟来确保国家稳定与发展；对东盟来说，缅甸转型过程中暴露出来的新老问题需要进一步内化，而协调缅甸与国际社会关于经济制裁、人权问题等议程，也成为东盟和缅甸关系发展的新动向与新增长点。

新时期缅甸与东盟关系的发展主要围绕着三大方面展开。一是东盟经济共同体的建设与缅甸“东盟价值观”的深化发展。2014 年缅甸成功主办第 25 届东盟峰会，165 名国内记者、801 名国外记者、351 名参会国记者采访报道，缅甸总统吴登盛在会上发言时代表了所有东盟国家的声音：“2015 年的东盟，将建立团结一致、迈向和平繁荣的共同体”[①]。缅甸践行“东盟价值观”的外交理念和实践，一直

---

① Kyaw Hsu Mon, “Access Limited for Journalists at Asean Summit,” *The Irrawaddy*, Nov. 11, 2014.

延续到2015年以后。

2015年初，缅商务部表示，缅甸拟兴建15条与东盟其他国家相通的经贸公路；2月，缅军总司令敏昂莱参加马来西亚举办的东盟防长非正式会议时，发言指出："东盟应当协力共进，构建团结的区域共同体，保证人民稳定、和平与安全"①。4月，缅甸总统吴登盛参加第26届东盟峰会及相关会议并发言表示："赞赏东盟人民、东盟前景和东盟共同体的美好前景，缅甸将全力实施会议通过的八项原则，并将贯彻东盟宣言和联合国2015年发展议程"②。此外，缅甸在参与各项东盟区域、次区域对话与合作中，奉行与其他东盟成员国"一个声音发言"原则，竭力赞赏、宣扬东盟建立经济共同体的努力，从而加强国际社会对缅甸"东盟标签"的认可和支持，吸引更多资金、技术和援助到达缅甸。2015年东盟峰会上，缅总统吴登盛再度发言强调：缅甸将融入东盟成为一个有价值的伙伴国，并将为了东盟成员国的合作、友好联系而努力。③

二是东盟区域一体化与次区域化合作加强与缅甸的"借船出海"。缅甸通过东盟系列会议加大同中美欧日等国家的交流，并以东盟地区政治、经济平台为纽带，极大地改善了与其他国家的关系。2014年10月吴登盛出席亚欧峰会并与欧洲各国首脑会晤，芬兰总理亚历山大·斯图布承诺将在缅社会改革、人权、和平进程以及2015年大选等领域向缅提供援助，并终止每年向联合国提交涉缅人权报告；瑞典首相斯特凡·勒文表示瑞典将对缅妇女权益保护和少数民族地区发展提供援助，并承诺将在能源和通信领域加大对缅投资；挪威

① "Senior General Min Aung Hlaing Attends 12th ACDFIM in Kuala Lumpur," *The Global New Light of Myanmar*, Feb. 11, 2015.

② "Regional Leaders Open 26th ASEAN Summit in Malaysia," *The Global New Light of Myanmar*, Apr. 28, 2015.

③ "President U Thein Sein Pledges Peaceful, Smooth Transition at ASEAN Summit," *The Global New Light of Myanmar*, Nov. 22, 2015.

首相埃尔娜·索尔贝格则许诺对缅甸石油、天然气、农村发展、减贫和通信等领域加大投资与援助。[①] 2014 年 11 月美国总统奥巴马借东盟峰会之机访缅，与缅甸领导人、反对派就缅甸政治经济改革、缅甸全国停火、若开邦发展、2015 年大选等问题进行了讨论。本次出访被视为美国“对缅甸改革的审查”，是与缅甸领导人寻求民主改革的谅解备忘，改善长年隔阂的缅美关系的重要行程。奥巴马表示：“缅甸民主进程是真实的，我对此表示乐观”[②]。同期到访的中国总理李克强，除了赞赏中国－东盟关系从“黄金 10 年”迈入“钻石 10 年”，就深化中缅全面战略合作伙伴关系深入交换意见，探讨在平等互利基础上加强两国务实合作之外，还与缅方签订了价值 78 亿美元的订单，签署了一系列经贸合作协议，推动互联互通、农业、电力、金融等领域合作取得新成果，拓展中缅文化、青年、教育、新闻等领域友好交流合作。[③] 借助东盟平台，缅甸成功将自己从“东盟的另类与孤儿”打造成“皇帝女儿不愁嫁”的“时代宠儿”，各方纷纷到访，使缅甸一时间进入历史上外交环境最优良的机遇期。

三是东盟整体发展与缅甸个体发展的利益关切。缅甸与其他东盟成员国之间合作更加密切，领域不仅涉及政治、经济、人文、安全，还涉及武器采购等被西方限制的敏感领域。印尼 PTPAL 公司 2014 年 7 月开始与缅甸海军合作，并就提供缅方印尼海军马卡萨吉设计的 LPD 预购合同展开初步会谈；泰国总理巴育也在 2014 年 10 月 9 日访缅，提出除建立边境姊妹城市、加大贸易合作外的军事合作问题。此外，将东盟国家整体命运同缅甸作为个体国家的命运紧密相连，如东

---

① “Myanmar President Urges Asia and Europe to Emphasize Stronger Monetary and Investment regulations,” *The Golobal New Light of Myanmar*, Oct. 18, 2014.

② “US President Visits Historic Birthplace of Myanmar's Independence,” *Myanmar Alin*, Nov. 15, 2014.

③ “President U Thein Sein, Chinese Premier Li Hold Talks at Presidential Palace,” *The Global New Light of Myanmar*, Nov. 15, 2014.

盟国家在2014年底将东盟绿色经济学院设立在缅甸，以提高绿色经济效益，减少环境污染。缅甸也做出积极反馈，着力于调整自身政策，以适应整个东盟国家的需要。在2015年11月的东盟峰会上，吴登盛致辞表示，感谢东盟成员国对缅甸一直以来的支持，特别是帮助缅甸渡过了洪灾的难关。缅甸政府将致力于和平、顺利转型，并且完成国内和平事宜。① 缅甸还积极支持东盟轮值主席国的领导权。2015年末，吴登盛赞扬马来西亚总理纳吉布“坚定不移地领导和贯彻，助力东盟共同体的建立”②。2016年缅甸民盟政府上台后，总统吴廷觉首访当年东盟轮值主席国老挝，凸显缅甸新政府“东盟首要”的外交理念，并提出缅甸将鼎力支持老挝的东盟轮值主席国身份。③ 同时，作为东盟资深成员的新加坡是缅新政府上台后第一个访缅的国家，2016年6月到访的新加坡总理李显龙赞许缅甸一直以来的努力。2016年8月，在老挝首都万象举办的第13届东盟领袖论坛上，缅国务资政昂山素季被授予“东盟终身成就奖”；作为感谢，昂山素季在9月东盟议会联盟大会（AIPA）上致辞表示：“因为历史原因我们的国家从来没有赶上发展的好时机。如今，感谢东盟朋友的协力支持，我们有了为建设更好未来的、前所未有的机遇。”④

（二）缅甸与东盟关系的现存难题

缅甸与东盟关系是基于国家主义与地区主义互动的产物，在排他性和聚合性同一时双边关系得到了前所未有的发展，但在排他性和聚

① “President U Thein Sein Pledges Peaceful, Smooth Transition at ASEAN Summit,” *The Global New Light of Myanmar*, Nov. 22, 2015.

② “President U Thein Sein Pledges Peaceful, Smooth Transition at ASEAN Summit,” *The Global New Light of Myanmar*, Nov. 22, 2015.

③ “Myanmar will Support Laos in its ASEAN Chairmanship: President U Htin Kyaw,” *The Global New Light of Myanmar*, May. 7, 2016.

④ “National Reconciliation, Harmony Stressed: State Counsellor,” *The Global New Light of Myanmar*, Oct. 2, 2016.

合性偏离时，仍面临着国家利益和地区利益的矛盾。东盟国家既要协调内部矛盾，还要应对国际社会对不同发展梯队成员国设立的重重障碍，以及众多伙伴国对缅甸的消极看法。虽然正是在此过程中东盟坚定支持缅甸的态度，以及“建设性接触”带来的一系列效用，趋利避害地成全了缅甸的转型，也成就了东盟一体化机制，但东盟的决策机构决定了东盟无法完全掌控缅甸的国家行为，而缅甸因国家行为（国家利益）同国际社会其他成员（尤其是大国）产生的矛盾却仍然存在。缅甸与东盟关系存在的难题，主要围绕着与美国关系、人权问题和缅甸与其他东盟成员国之间的差异这几方面来展开。

一是与美国关系问题。尽管自缅甸民主化以来，吴登盛政府借与东盟关系和东盟平台取得了与众多国家关系的改善，也取得了美欧国家对“退役军人主导下民主转型”的谅解，但一直到 2016 年 3 月吴登盛下台，美国仍没有放松对缅甸的经济制裁。美国通过东盟平台向缅甸施压，推动美国“理想中的”缅甸转型，而毫不顾及缅甸和东盟地区一体化的相互需求。2016 年缅甸民盟政府上台后，随着昂山素季访问美国，奥巴马才宣布取消美国对缅制裁的行政令，更像是“奖励昂山素季的上台”而不是“认同缅甸的民主转型”。

第二，人权问题。缅甸与东盟在人权领域的分歧，主要还是围绕着“罗兴伽人”相关问题展开。随着外界对缅甸民主转型、大选和民盟上台这一系列“缅甸转型里程碑”事件激情的消退，缅甸自身存在的民族和宗教冲突，尤其是涉及近 50 万难民流离失所的“罗兴伽人”问题重新被摆上台面。

第三，缅甸与其他成员国发展的差异问题。虽然缅甸加入东盟后，政治、经济和外交都取得了突出进步，但缅甸自身发展问题仍然未得到有效解决，缅甸的经济总量、发展水平和市场竞争力都难以达到2015 年12 月东盟计划组建“经济共同体”的标准。例如，在世界银行的 2014 年物流绩效指数中，缅甸排名第 145 位（总第 160 位），位列亚洲之尾，这对于区域经济共同体的互联互通需求来说是一个较大的掣肘。此外，缺乏技术工人、过时的经济政策、投资法律和执法漏洞，都使得缅甸无法有效融入东盟经济共同体建设中。东盟秘书长黎良明表示，东盟经济共同体（AEC）在2015年末已经完成了80%，剩下的问题还包括取消贸易壁垒限制等。但在这方面缅甸还有很长的路要走。帕拉米能源集团公司高级顾问吴丁卓称，取消贸易壁垒对缅甸而言并无益处。智库组织帕拉米圆桌会议组织调查研究称，以往东盟都顺着缅甸等国家，结果导致很多东盟规约没有被遵守。为了防止类似的现象再发生，东盟需要采取更加谨慎的态度。[①] 就对外贸易额来言，缅甸2013年是230亿美元，而新、泰、马分别是7830亿、4780亿、3690亿美元，越南和菲律宾也分别达到了2640亿、1190亿美元。为了刺激贸易，2014年度缅甸采取了一系列扩大开放的政策，但贸易额在2014～2015财年仍只达到290亿美元。有分析认为，尽管美国暂停了制裁，缅甸本身存在的高物流成本和较差的基础设施导致缅经济政策无济于事。[②] 据估计，对于缅甸、老挝、柬埔寨三国来说，要冲破东盟经济共同体的限制并加入其中，至少要到2018年才能实现。[③]

以上问题说明，缅甸与东盟关系仍将在聚合性与排他性不断互动与演进的进程中，继续相互调整与适应。由于美国在亚太地区的特殊地位，而缅甸的人权和发展问题又不是一朝一夕能解决的，因此东盟仍然要做好长期应对和解决缅甸问题、调节与缅甸关系的准备。

---

① "Myanmar Needs Further Economic Reforms ahead of AEC: Think Tank," *Myanmar Times*, Dec. 11, 2015.

② "Myanmar Needs Further Economic Reforms ahead of AEC: Think Tank," *Myanmar Times*, Dec. 11, 2015.

③ "Myanmar Faces High Barriers to Joining AEC: Economists," *Myanmar Times*, Dec. 11, 2015.

小　结

总的来说，缅甸与东盟关系体现的是缅甸的国家建设融入东盟地区发展、一体化进程中，并协调缅国家主义与地区主义互动关系的长期过程。这一过程经历过大风大浪的洗礼，也必然在将来的发展进程中历久弥坚。缅甸与东盟聚合性与排他性的相互整合，是“东盟模式”探索自身，也是处理成员国内部问题经验的对称复制过程。尽管缅甸与东盟关系发展至今仍有不完善的地方，但缅甸与东盟的相互依赖和良性互动昭示着双方共同发展、共同进步的意愿，将在未来继续完善，缔造“缅甸发展的东盟模式”和“东盟发展的缅甸模式”。

Y.6
老挝与东盟的关系

潘　岳*

摘　要：　老挝与东盟的关系经历了对立和冷淡时期、接触和交往时期、融合和全面合作时期三个时期。老挝加入东盟后，积极参与东盟事务，举办东盟峰会，发展城市建设，努力融入东盟，在地区和国际舞台上发挥着越来越重要的作用。东盟一体化进程推动了老挝的民主化进程，但同时随着东盟一体化进程的加快，老挝社会经济也存在不少的问题。

关键词：　东盟五十周年　老挝　经贸合作　民主化进程

一　老挝与东盟的关系嬗变概况

从1975年至今，受到国际、地区和老挝国内的政治经济等因素的影响，老挝与东盟的关系经历了三个时期，即对立和冷淡时期（1975～1985年）、接触和交往时期（1986～1996年）、融合和全面合作时期（1997年至今）。

对立和冷淡时期（1975～1985年）：1975年12月，老挝人民民主共和国成立。此后，受到美国敌视和东盟部分国家的经济制裁，老挝经济恶化，老挝在外交上实行向苏联、越南一边倒的政策，与东盟

* 潘岳，广西民族大学东盟学院副研究员，主要从事老挝研究。

的关系是对立的、冷淡的。

接触和交往时期（1986～1996年）：20世纪80年代中期，苏共总书记戈尔巴乔夫倡导的“改革与新思维”在老挝得到回响。1986年，老挝人民革命党在“四大”宣布进行革新。因此老挝人民革命党的改革方案也被称作“新思维”。在“四大”会议上，老挝人民革命党对老挝社会主义发展阶段的认识发生了改变，认为当前老挝是处于社会主义过渡时期的初期。在外交上，老挝逐步采取开放的政策，转向寻求多元援助的全方位外交。受到国际大环境的影响，老挝更加坚定了全方位外交政策，老挝与东盟关系得到全面的改善。1991年1月，东盟部长级会议宣布，决定接纳越南、缅甸、柬埔寨和老挝加入东盟。1993年，老挝人民革命党的五届六中全会确立了在相互尊重独立主权、互不干涉内政、平等互利的原则基础上的和平、独立、友好、合作的外交路线，奉行多边、多方、多种形式的外交政策，对加入东盟进行充分讨论。1997年7月，老挝正式成为东盟成员国。

融合和全面合作时期（1997年至今）：1997年7月，老挝正式成为东盟成员国后，积极参与东盟事务，踊跃承办东盟峰会和其他活动，老挝与东盟进入了一个融合和全面合作时期。2000年12月，老挝在首都万象主办东盟和欧盟部长级会议，这是老挝第一次主办大规模的国际性会议。2009年，老挝成功举办第25届东南亚运动会。2012年11月，老挝承办了高级别的第9届亚欧首脑会议。

二　成员国的老挝与东盟的关系

1. 老挝在参与东盟一体化进程中推动民主化进程

东盟一体化，在一定程度上促进了老挝政治民主革新。制定并完善《反腐败法》（2005年），制定《到2020年反腐败战略》等，

2014 年启动国家公职人员财产申报工作。申报规定，各类财产价值 2000 万基普（约合 1.5 万元人民币）以上的都必须上报，包括土地、房产、车辆、机械以及各类贵重物品等。须公示财产和收入的目标人群包括高层领导干部，管理层干部，党组织、国有企业、合资企业的干部，尉级以上的军官和警察，以及从事经济工作的干部等，都必须上报自身、配偶以及其他家庭成员的财产、债务和收入。近几年，老挝的反腐败工作卓有成效。2016 年至今，老挝政府追缴的贪污腐败金额超过500 亿基普（约合4200 万元人民币），查处的涉嫌贪污官员达 71 名。[①] 制定《环境保护法》（2011 年），重视环境保护工作。在全国范围内，禁止使用过量的杀虫剂、农药以及化学肥料，提倡有机种植。严厉查处威胁生态环境的香蕉园，禁止任何公司大面积商业开发种植香蕉项目。香蕉园的面积从 11000 公顷（2015 年）降到 8000 公顷（2016 年），防止过度使用化肥。淡化意识形态，老挝的制度和意识形态获得认可。1997 年老挝正式加入了东盟，2004 年 11 月第十次东盟首脑会议在老挝首都万象胜利召开。老挝人民革命党改变了以往的以苏联、越南为主的外交政策，更多地融入国际社会当中，老挝外交呈现地区化、国际化和多样化等特点。同时，老挝人民革命党逐渐突出本国的特点，提高对国家民族主义的认同感，建设有老挝特色的政治体制。这个时期，社会主义淡化、国家民族主义兴起的政治体制特点体现在以下三个方面。

第一，改变对现阶段老挝社会性质的界定。老挝人民革命党用“人民民主制度”代替了原来的“无产阶级专政”，现阶段老挝还不是社会主义，而只是社会主义过渡阶段的初期。将原表述“把老挝建设成为社会主义国家”改为“把老挝建设成为一个和平、独立、

① 《老挝过去两年从腐败官员处追缴回巨额财产》，新华网，http://news.xinhuanet.com/2017-04/19/c_129552518.htm.

民主、统一和繁荣昌盛的国家”。在表述上，不再强调意识形态和阶级斗争，而是突出老挝人民的权益，以经济建设为主。

第二，提高佛教的地位。公元6世纪前后，南传佛教（即小乘佛教）传入老挝，14世纪中叶以后，佛教在老挝得到迅速发展。在老挝，信奉佛教的民众占全国总人口的85%以上，南传佛教在老挝社会中有着举足轻重的影响，涉及政治、经济和文化等方面。建国后，老挝人民革命党重点进行社会主义改造，确立意识形态，忽视了佛教的作用，甚至在一定程度上限制佛教的发展。20世纪80年代中期以来，老挝实行革新开放，为了扩大执政基础，提高人民群众的积极性，逐渐重视佛教的作用。老挝人民革命党主席坎代曾指出，只有掌握了佛教，才能团结广大民众，防止西方敌对势力的宗教渗透。随着老挝重视佛教，在一定程度上增进了老挝与中南半岛的泰国、柬埔寨、缅甸等国的价值观认同。

第三，加快融入东盟和国际社会的步伐。为了吸引外资和更好地适应东盟与国际社会，老挝采取了一系列的措施，以便获得东盟和国际社会的认同。1991年的老挝宪法将部长会议改为国务院，部长会议主席改称国务院总理。1992年，老挝人民革命党将老挝最高人民议会改为老挝国会，颁布《人民议员选举法》，国会议员的选举采取差额选举和直接选举的方式。1996年召开的老挝人民革命党“六大”指出建设“民有、民治、民享”的政府。老挝人民革命党还在“六大”选举中首次采用了差额选举。老挝人民革命党在“六大”的党章修正案中还特别增加了党员要“努力学习外语”的义务。这些措施表明，老挝人民革命党更多的是强调民主、民权，争取与东盟、国际社会同步，淡化意识形态，对阶级斗争更是避讳。

2. 国内外直接投资的比重大

为了尽快融入东盟，跟上东盟经济发展的步伐，老挝不断加大国内直接投资力度。另外，随着加入东盟，老挝实行全方位的外交政策，与其他国家的关系得到改善，吸引了来自东盟、中国和西方国家的投资。老挝的直接投资呈不断上升的趋势（见表1）。

表1　老挝国内外直接投资项目（A：2005年1月1日至2010年12月31日）（B：2011年1月1日至2015年12月31日）

序号	国家和地区	项目(个)	直接投资金额(美元)
1	老挝	1602(A) 406(B)	3,367,473,664(A) 2,115,305,010(B)
2	中国大陆	509(A) 185(B)	2,802,642,007(A) 2,536,634,040(B)
3	泰国	334(A) 95(B)	2,134,764,035(A) 1,038,885,515(B)
4	越南	272(A) 88(B)	2,289,291,053(A) 1,132,246,387(B)
5	韩国	161(A) 30(B)	472,322,061(A) 222,650,044(B)
6	法国	86(A) 22(B)	62,143,652(A) 6,692,022(B)
7	马来西亚	52(A) 12(B)	95,078,439(A) 569,615,000(B)
8	美国	50(A) 9(B)	32,463,082(A) 42,992,686(B)
9	新加坡	41(A) 4(B)	87,249,650(A) 45,720,000(B)
10	日本	38(A) 23(B)	322,994,221(A) 90,869,850(B)
11	中国台湾	30(A) 4(B)	17,524,704(A) 19,924,000(B)
12	澳大利亚	26(A) 10(B)	29,137,955(A) 67,131,300(B)
13	英国	24(A) 8(B)	24,778,780(A) 154,468,200(B)

续表

序号	国家和地区	项目(个)	直接投资金额(美元)
14	加拿大	16(A) 4(B)	30,010,397(A) 16,540,938(B)
15	中国香港	16(A) 8(B)	23,087,922(A) 36,900,000(B)
16	德国	12(A) 2(B)	3,995,328(A) 192,400(B)
17	荷兰	8(A) 3(B)	7,539,984(A) 426,116,500(B)
18	瑞典	7(A) 1(B)	11,499,883(A) 6,555,000(B)
19	印度	7(A) 9(B)	152,403,531(A) 10,014,708(B)
20	斯里兰卡	6(A)	835,000(A)
21	瑞士	6(A) 1(B)	4,102,192(A) 5,880,000(B)
22	缅甸	5(A)	1,460,000(A)
23	比利时	5(A)	1,020,000(A)
24	新西兰	4(A)	842,000(A)
25	意大利	4(A)	3,606,933(A)
26	柬埔寨	4(A) 2(B)	6,660,000(A) 250,000(B)
27	挪威	3(A)	345,535,550(A)
28	朝鲜	3(A) 1(B)	750,000(A) 982,800(B)
29	巴基斯坦	3(A)	489,784(A)
30	匈牙利	3(A)	380,000(A)
31	菲律宾	2(A)	200,000(A)
32	俄罗斯	2(A) 6(B)	13,817,500(A) 7,460,000(B)

续表

序号	国家和地区	项目(个)	直接投资金额(美元)
33	印尼	2(A) 1	106,000,000(A) 550,000
34	玻利维亚	2(A)	230,000(A)
35	尼泊尔	2(A) 1(B)	200,000(A) 300,000(B)
36	孟加拉国	1(A)	100,000(A)
37	布基纳法索	1(A)	1,530,000(A)
38	丹麦	1(A) 3(B)	168,300(A) 185,000(B)
39	以色列	1(A) 4(B)	1,020,000(A) 1,672,600(B)
40	塔吉克斯坦	1(A)	1,000,000(A)
41	土耳其	1(A)	100,000(A)
42	马里	1(A)	40,000,000(A)
43	巴拿马	1(A)	1,750,000(A)
44	安哥拉	1(B)	37,500,000(B)
45	秘鲁	1(B)	3,000,000(B)
46	国际金融公司	1(A)	1,590,000(A)
	总计	3356(A) 944(B)	12,499,787,607(A) 8,597,234,000(B)

注：国际金融公司不是国家。

资料来源：根据老挝计划与投资部网站的资料整理。

从表1、表2和表3来看，2005～2010年，老挝国内外直接投资的金额约125亿美元，平均每年20.8亿美元；2011～2015年，老挝国内外直接投资金额约86亿美元，平均每年17.2亿美元。虽然2011～2015年的老挝国内外直接投资比前六年有所下降，但仍占老挝GDP的很大比重。2011～2015年，老挝年均GDP为111亿美元（根据世界银行的资料整理），投资约占GDP的15.5%。

表 2 老挝国内外直接投资项目（A：2005 年 1 月 1 日至 2010 年 12 月 31 日）
（B：2011 年 1 月 1 日至 2015 年 12 月 31 日）

序号	行业	项目(个)	国内投资金额(美元)		外国投资金额(美元)	直接投资金额(美元)
			私人	政府		
1	矿业	118(A) 164(B)	964,065,062(A) 393,634,820(B)	31,000,000(A) 22,019,900(B)	2,109,371,391(A) 2,123,422,568(B)	3,104,436,453(A) 2,539,077,288(B)
2	电业	14(A) 30(B)	222,091,313(A) 445,715,666(B)	681,159,700(A) 433,034,560(B)	2,048,429,828(A) 2,218,526,092(B)	2,951,680,841(A) 3,097,276,318(B)
3	服务业	394(A) 83(B)	216,895,490(A) 288,386,379(B)	71,993,002(A) 400,000	1,598,584,611(A) 137,374,978	1,887,473,103(A) 426,161,357
4	农业	681(A) 149(B)	200,144,417(A) 101,208,354(B)	240,000(A) 11,420,000(B)	1,531,473,828(A) 935,040,112(B)	1,731,858,246(A) 1,047,668,465(B)
5	工业、手工业	575(A) 92(B)	417,540,990(A) 213,222,383(B)	25,722,736(A) 1,333,840(B)	815,478,232(A) 399,218,657(B)	1,258,741,958(A) 613,774,881(B)
6	酒店、餐饮业	297(A) 45(B)	217,976,699(A) 39,311,646(B)	8,667,857(A) 1,215,000(B)	260,316,118(A) 146,258,474(B)	486,960,674(A) 186,785,120(B)
7	建筑业	73(A) 20(B)	51,481,366(A) 109,795,823(B)	10,640,000(A) 10,000,000(B)	295,533,369(A) 237,136,000(B)	357,654,735(A) 356,931,823(B)
8	林业	146(A) 9(B)	75,088,446(A) 2,476,998(B)	2,250,000(A)	133,647,481(A) 16,578,725(B)	210,985,927(A) 19,055,723(B)

续表

序号	行业	项目(个)	国内投资金额(美元)		外国投资金额(美元)	直接投资金额(美元)
			私人	政府		
9	贸易	150(A) 41(B)	78,021,812(A) 23,210,399(B)	93,294(A)	96,816,149(A) 35,184,209(B)	174,931,256(A) 58,394,608(B)
10	银行业	14(A) 5(B)	17,320,000(A)		122,460,347(A) 140,483,275(B)	139,780,347(A) 140,483,275(B)
11	通信业	4(A) 2(B)	43,425,249(A) 99,200(B)	9,900,000(B)	44,779,749(A) 35,620,800(B)	88,204,998(A) 45,620,000(B)
12	咨询服务	101(A) 17(B)	13,886,795(A) 1,967,800(B)		36,166,832(A) 5,296,200(B)	50,053,627(A) 7,264,000(B)
13	教育业	54(A) 3(B)	10,515,312(A) 891,142(B)		11,285,976(A) 1,120,000(B)	21,801,288(A) 2,011,142(B)
14	服装业	32(A) 5(B)	3,334,519(A) 1,025,000(B)		18,210,030(A) 8,140,000(B)	21,544,549(A) 9,165,000(B)
15	公共卫生	8(A) 3(B)	3,919,606(A) 7,160,100(B)		9,760,000(A) 42,528,900(B)	13,679,606(A) 49,689,000(B)
	总计	2,661(A) 668(B)	2,535,707,076(A) 1,628,105,710(B)	831,766,588(A) 489,323,300(B)	9,132,313,943(A) 6,481,928,990(B)	12,499,787,607(A) 8,599,358,000(B)

资料来源：根据老挝计划与投资部网站的资料整理。

表 3　老挝国内外直接投资项目（A：2005 年 1 月 1 日至 2010 年 12 月 31 日）
（B：2011 年 1 月 1 日至 2015 年 12 月 31 日）

序号	投资类型	项目(个)	国内投资金额(美元)		国外投资金额(美元)	直接投资金额(美元)
			私人	政府		
1	国内投资	1106(A) 246(B)	1,151,135,201(A) 1,236,827,140(B)	1,343,484(A) 2,800,000(B)	80,872,691(B)(B)	1,152,478,685(A) 1,320,499,831(B)
2	国外投资	1059(A) 262(B)	2,124,000(B)		4,502,476,635(A) 3,206,565,413(B)	4,502,476,635(A) 3,208,689,413(B)
3	合资	496(A) 160(B)	1,384,571,875(A) 486,523,300(B)	830,423,104(A) 389,154,570(B)	4,629,837,308(A) 3,194,490,885(B)	6,844,832,287(A) 4,070,168,755(B)
	总计	2,661(A) 668(B)	2,535,707,076(A) 1,628,105,710(B)	831,766,588(A) 489,323,300(B)	9,132,313,943(A) 6,481,928,990(B)	12,499,787,607(A) 8,599,358,000(B)

资料来源：根据老挝计划与投资部网站的资料整理。

为了加快经济发展和吸引外国（主要是中国和东盟国家）投资，老挝不断加大投资力度，改善基础设施，营造良好的投资环境。2005～2010年，老挝国内投资的金额达11.5亿美元，平均每年1.9亿美元。2011～2015年，老挝国内投资的金额达12.4亿美元，平均每年2.5亿美元，比2005～2010年的国内年投资金额增长达31.6%。

由于老挝实施革新政策，经济环境不断好转，再加上老挝在东盟的重要地位，中国和东盟国家积极到老挝投资。2005～2015年，中国大陆对老挝的直接投资金额达53亿美元，占老挝国内外总投资额的17.0%，占第一位；越南对老挝的直接投资约34亿美元，占总投资的10.9%，排在第二位；泰国对老挝的直接投资约32亿美元，占总投资的10.3%，排在第三位。另外，东盟其他国家，如马来西亚、新加坡对老挝的直接投资也占一定比例。发达国家，包括韩国、日本、法国对老挝直接投资的比例也较高。

3. 举办东盟峰会等国际会议，发展城市建设

1997年老挝加入东盟后，一直积极参与东盟事务，踊跃承办相关活动。但是，老挝的城市建设相对滞后，严重影响老挝的国际形象。为了提高在本地区和国际上的地位，老挝政府借承办高级别活动之机，大力发展城市建设，努力将万象市向国际化都市推进。2009年，为了成功举办第25届东南亚运动会，在中国国家开发银行和云南建工集团的支持下，老挝建成了一个现代化、多功能的国家体育馆。该项目占地1300多亩，主场馆建成后能容纳2万名观众，其中还包括能容纳18个重大比赛的场馆。同时，为了配套此次运动会，老挝政府还在万象市专门修建了3条公路，总长度约25公里，为四车道。

2012年11月，老挝承办第9届亚欧首脑会议。为了保障此次会议的成功召开，应老挝政府要求，由中国公司承建相关的高端接待设施。包括首脑下榻别墅、国际会议中心及升级改造的国际机场。其中，用于接待的别墅区总建筑面积达 5 万平方米，包括 1 栋会所和 50 座独栋式别墅。

随着不断承办高级别的东盟峰会和国际会议，老挝的国际地位得到提升，不断吸引外商前来投资，参与城市建设。2004 年，中工国际投资建成东昌国际酒店——目前为止是老挝规模最大、规格最高和最豪华的酒店。东昌国际酒店曾经接待过东盟 10 +3 会议代表，是第 9 届亚欧首脑会议的重要举办场所。

三　乘东风——中老关系发生质的飞跃

随着老挝加入东盟，老挝在东盟发挥着越来越重要的作用，再加上老挝是“一带一路”沿线的重要国家，20 世纪 90 年代以来，中国和老挝的关系不断向前推进，两国关系发生了质的提升。

中老两国构建了牢固的政治互信关系。从 2003 年以来，在“长期稳定、睦邻友好、彼此信赖、全面合作”方针和“好邻居、好朋友、好同志、好伙伴”精神指引下，两国关系持续发展，建立了全面战略合作伙伴关系。两国高层往来密切，双方在双边关系和彼此关切的重大问题上加强沟通和协商。2012 年，老挝加入世界贸易组织。在老挝入世过程中，中国发挥了积极的推动作用。根据与最不发达国家签署的双边加入协定原则，中国大大简化了和老挝的市场准入谈判。中国成为最早与老挝签署双边协定的成员之一。在老挝与个别国家入世谈判遇到困难时，中国积极斡旋协调，推动谈判最终完成。在南海问题上，老挝始终坚持应当由有关当事国通过直接对话谈判的政治外交手段加以解决，域外国家不应干涉，还一直反对将南海问题列入东盟峰会，积极推动《南海各方行为宣言》的达成和落实。

中老两国经济合作成效明显。2016 年 9 月，李克强总理访问老挝，签署共建“一带一路”合作文件。2013 ~2014 年，中国对老挝官方发展援助（ODA）金额达 1.87 亿美元，连续两年成为老挝最大的援助国。2005～2015 年，中国对老挝的直接投资金额达 53 亿美元，高居老挝外商直接投资额的榜首。2016 年中老双边贸易额达 23.4 亿美元，中国成为老挝的第二大贸易伙伴。为了共同推进“一带一路”建设，2015 年中老双方正式签约中老铁路项目，2017 年 8 月以来中老铁路全面施工，预计 2022 年建成。项目建成后，将极大带动老挝社会经济发展，提高当地运输效率和水平，创造大量的就业机会。老挝将由“陆锁国”变成“陆联国”，成为中国与东盟互联互通的桥头堡。

中老两国始终坚持国之交在于民相亲，民相亲在于心相通。为了促进人文交流，中老双方营造了一个良好的交流平台。2010 年，老挝国立大学孔子学院建成。自此越来越多的老挝学生到该学院进行系统的汉语学习，中国诸多的文化代表团也不断通过这个平台传播中国传统文化，例如中国传统魔术、传统武术、书法等，增进了两国人民的感情和友谊。2014 年 11 月，老挝中国文化中心在万象成立。此后，越来越多的中国文化活动深入老挝，促进了两国人民之间的相互了解。

结　语

冷战后，随着老挝实行全方位的外交政策，老挝与东盟的关系得到全面的改善。1997 年，老挝加入东盟后，积极参与东盟事务，努力融入东盟，在地区和国际舞台上发挥着越来越重要的作用。但同时，随着东盟一体化进程的加快，老挝社会经济也存在不少的问题，主要体现在：贸易逆差创新高，财政赤字不断扩大；严重依赖外来投资和援助，抗风险能力弱；东盟经济一体化，老挝工业化受挫。因此，如何在本国工业化进程与东盟一体化、全方位开放之间寻找突破点，将是老挝政府不得不面临的问题。

Y.7

越南与东盟关系及其影响

滕成达　侯超群*

摘　要：　由于国际形势和世界冷战格局的变化，越南外交政策出现转变，越南与东盟关系趋缓。越南1995年正式加入东盟后，积极参与东盟事务，在东盟中的作用逐渐得到增强，加速了越南融入国际社会的步伐，也为越南经济社会发展赢得了良好的外部环境。

关键词：　越南　东盟　经贸合作　外交平衡

现今，东盟十国总人口超过6亿人，GDP总额达3万多亿美元，2015年东盟经济共同体建成使东盟国家间关系更密切，东盟被认为是较为成功的区域合作组织之一。越南在东南亚具有特殊的政治地位和地理优势，同时作为新东盟成员国的代表，在东盟发展过程中发挥了相应的作用和影响。

一　越南与东盟关系的发展历程

1967年8月8日东盟成立，2015年12月31日东盟经济共同体

* 滕成达，博士，广西民族大学东盟学院研究员，主要从事越南研究；侯超群，广西民族大学东盟研究专业硕士研究生。

建立，东盟一体化使得东盟国家同舟共济。自东盟成立以来，越南与东盟的关系经历了从对抗到缓和，再到加入东盟的发展阶段。

（一）对抗时期

由于世界冷战格局的影响，20 世纪 60 年代越南与东盟处于对立状态。1976 年越南实现统一后，关系有所缓和。但在这一时期国家利益的矛盾、社会制度与意识形态的差异，导致越南和东盟互不信任并处于对抗状态。

（二）缓和与对抗交替出现

1976～1978 年，越南与东盟国家的关系趋于缓和。印度尼西亚、新加坡、马来西亚、泰国、菲律宾等东盟五国于 1976 年 2 月在印度尼西亚巴厘岛签署《东南亚友好合作条约》，文件强调要维护地区的和平与安全。1976 年 5 月，越南政府提出希望与东盟国家发展友好关系，同年越南政府代表团出访印尼、菲律宾和新加坡，并与泰国（1976 年 7 月 12 日）和菲律宾（1976 年 8 月 6 日）建交，而在 1964 年越南已与印度尼西亚建立外交关系，1973 年越南先后又与马来西亚、新加坡建立外交关系。越南与东盟国家的关系从敌对向对话和促进关系正常化方向发展。1976 年 7 月 5 日，越南政府发布了对东南亚国家的四项政策，主要内容是相互尊重主权和领土完整，建立友好关系，通过协商解决争端，开展友好合作等。[①] 为了促进越南与东盟国家关系的发展，越南副总理兼外交部部长阮维贞、越南总理范文同分别在 1977 年底和 1978 年 9 月出访东盟国家。

但是，1978 年越南军队入侵柬埔寨，使东盟国家对越南产生强烈的排斥与对抗情绪，也正因此，越南与东盟国家关系趋于紧张。这

① 《越南外交：1945～2000》，（越）国家政治出版社，2002，第 229 页。

期间，印度尼西亚和马来西亚仍然与越南保持对话。

1986 年越南实行革新开放后，开始推行全方位、多层次、多样化的外交政策，提出与东南亚各国协商解决问题、和平共处，把东南亚建设成和平、稳定与合作的地区。1988 年 5 月，越共政治局六届十三中全会决议提出要革新外交工作思维，争取和平环境，打破被国际社会孤立的局面，集中精力发展经济。① 为实现此次会议提出的目标，越南着手从柬埔寨撤军，实现与中国关系正常化，改善越美关系。由于苏联对越南援助减少及越南内外交困，1989 年 9 月越南从柬埔寨撤军，越南与东盟关系的主要障碍消除。

（三）加入东盟

随着地区主义的兴起，东南亚冷战局面结束，东盟的作用越来越受到重视。越南与东盟的对立关系出现转折，出于自身政治、经济和地区安全的需要，而且东盟国家希望有稳定的周边环境发展社会经济，越南与东盟关系逐渐趋于缓和。

1989 年 1 月，越共总书记阮文灵表示越南愿意发展与东盟国家的友好关系。1989 年 2 月，在雅加达一次非正式会议上，越南宣布随时愿意加入《东南亚友好合作条约》。1989 年 7 月，在巴黎召开为解决柬埔寨问题而举行的国际会议，会议达成公正解决柬埔寨问题的具体方案。伴随着越南撤军以及柬埔寨问题政治解决进程的启动，影响越南与东盟关系的主要政治障碍得以消除，双方关系进入新的发展阶段。1989 年 11 月，即越南从柬埔寨撤军后不久，泰国副总理率领近百人的代表团访问越南。泰国认为，“通过直接接触和协助越南发展经济，可以降低在本地区出现新的政治和军事冲突的危险，有利于

① 〔越〕武扬宁：《越南与东盟关系：双边与多边》，国家政治出版社，2004，第 16 页。

泰国的安全。”[①] 泰国一改过去对越南的强硬姿态，直接影响了东盟各国对越南的立场。此后，东盟各国纷纷效仿泰国发展与越南的关系。1991 年召开的越共七大提出外交多样化和多方化方针后，加入东盟是越南外交具有突破性的事件之一，是越南融入国际社会的关键一步。1991 年 10 月 24 日至 11 月 3 日，越南部长会议主席武文杰出访印度尼西亚、泰国和新加坡，这是柬埔寨问题解决后，越南改善与东盟国家关系的重要一步。

1992 年 7 月越南签署《东南亚友好合作条约》，成为东盟观察员。1993 年 10 月，越共总书记杜梅访问新加坡和泰国，再次表明了加入东盟的愿望。与此同时，新加坡总理、泰国总理、菲律宾总统以及东盟秘书长先后对越南进行访问。频繁的高层互访，使越南与东盟增加了彼此的互信，联系也更加紧密。1994 年 5 月，东盟六国和越南等印支国家在马尼拉举行非正式会议并发表了联合声明，决定用 10 ~ 15 年的时间，确立建设“东南亚一体化”目标，建成覆盖东南亚十国的共同体。1994 年 10 月 17 日，越南外交部部长阮孟琴致函文莱外长要求正式成为东盟成员国。1995 年 7 月 27 日，越南成为东盟正式成员国，这是其融入国际社会的重要体现，标志着东南亚进入崭新的发展时期。越南的加入使得东盟扩大的步伐加快；同时，东盟为越南提供了全新和广阔的舞台。

二　越南在东盟中的角色

与部分东盟国家相比较，越南的经济社会发展程度相对滞后，且加入东盟的时间较晚。但是，越南加入东盟后，显示了积极、主动和负责任的形象，积极参与东盟各项事务，在东盟中的地位不断提升，逐渐成为东盟领导的有力竞争者之一。

① 汪新生：《世纪的回顾》，广西人民出版社，1998，第 165 页。

（一）积极推动老、缅、柬加入东盟

在历史上，越南与老挝、柬埔寨关系密切，越南加入东盟后，成为东盟与老挝、柬埔寨和缅甸沟通的桥梁。越南做了大量工作，积极发动、联系老挝（1997 年 7 月 23 日）、柬埔寨、缅甸（1997 年 7 月 23 日）加入东盟，1999 年 4 月，柬埔寨加入东盟后，东盟得以覆盖东南亚十国，使东南亚地区形成一个整体。大东盟的形成，增强了其国际话语权与代表性。

（二）积极参与东盟各项事务

加入东盟之初，1998 年 12 月越南在河内组织了东盟第六次高级会议，会议通过了《河内行动纲领》，该纲领有助于东盟国家克服当时金融危机的消极影响。2000 年越南首次担任东盟常务委员会和东盟地区论坛轮值主席国，2001 年越南主持了第 34 届东盟外长会议、第 8 届东盟地区论坛外长会议等系列东盟重要会议，为促进地区合作，发挥了积极作用。①

越南积极参与《东盟宪章》（2008 年 12 月生效）、《2009～2015 年建设东盟共同体路线》等东盟重要文件的起草工作，推动东盟共同体建设及东盟成员国之间的合作。2010 年越南再次担任东盟轮值主席国，2013～2017 年越南外交部前副部长黎良明担任东盟秘书长。通过主动参与东盟各项事务，越南在东盟发展过程中发挥了积极作用，越南在东盟组织决策中的话语权逐步增强，在东盟中的地位逐渐提升。

（三）发展东盟与中俄美等大国及合作伙伴关系

越南加入东盟后，先后加入了亚太经合组织和世界贸易组织等国

① 〔越〕阮陈桂：《35 年东南亚国家联盟：合作与发展》，（越）社会科学出版社，2003，第 264 页。

际组织，并依托东盟的地区和国际影响力，在国际舞台上发挥积极作用。占据重要战略地位且发展势头良好的越南继续扩大与大国的政治、经济和文化关系，不仅和中国保持着较好的关系，还和美俄等大国发展友好关系。

1999 年 12 月朱镕基总理访问越南。1999 年 12 月 30 日，《中越陆地边界条约》在河内签署；2000 年 12 月 25 日，《中越关于在北部湾领海、专属经济区和大陆架的划界协定》和《中越北部湾渔业合作协定》在北京签署。2004 年 10 月，中越发布联合公报，明确两国合作建设“两廊一圈”，即“环北部湾经济圈”、“昆明－老街－河内－海防－广宁”和“南宁－谅山－河内－海防－广宁”经济走廊。“两廊一圈”的建设是中国－东盟自由贸易区的一个次区域经济合作的示范和试验，“属于中国－东盟自由贸易框架体系内的一个有机组成部分”①。

2001 年 7 月 13 日，美越两国在华盛顿签署《美越贸易协定》。7 月 24 日至 27 日，美国国务卿鲍威尔出席在河内举行的第八次东盟地区论坛外长会议并访问越南，双方就发展新型双边关系、《美越贸易协定》等进行了协商会谈。10 月 17 日美国总统小布什签署批准了《美越贸易协定》。2003 年 11 月 10 日，越南国防部部长范文茶出访美国，这是越南战争结束后，越南国防部部长首次访美。② 2005 年 6 月 20 日，越南总理潘文凯开始对美国进行访问，成为越南战争结束以后第一位访问美国的越南政府首脑，双方讨论了贸易、地区安全、军事合作和人权等事项，双方还签署了有关收养、宗教自由与农业合作方面的协议，以及多项经贸合作协议，涉及波音、摩托罗拉、优尼科石油等公司，双方还宣布越南将参加美国的国际军事教育与培训项目。

---

① 古小松：《达成建设“两廊一圈”共识，促进“南宁－河内－海防经济走廊”启动》，《东南亚纵横》2005 年第 11 期，第 44 页。

② 陈奕平：《依赖与抗争——冷战后东盟国家对美国战略》，世界知识出版社，2006，第 350 页。

越南积极发展与俄罗斯、日本、欧盟等国家以及区域组织的关系。东盟国家进入俄罗斯市场的主要渠道之一就是越南，越南在东盟－俄罗斯关系中具有重要作用，1996 年越南承担协调东盟－俄罗斯关系的任务。2001 年，越俄两国签署《战略合作伙伴宣言》，双方传统关系得到进一步加强，同时强调经贸合作是两国关系的重要组成部分。2004 年俄罗斯对越投资项目达 46 个、投资资金 2.69 亿美元，2006 年有 95 个项目、投资资金 18.545 亿美元，2007 年达 100 个项目、投资资金 18.664 亿美元，2008 年投资项目 105 个、投资资金 19.354 亿美元，五年间俄罗斯对越南投资规模和资金稳步增加。此外，1997～2000 年，越南担任东盟－日本合作关系的协调员；2003 年日越签署了投资自由促进与保护协定；越南于 1990 年与欧盟建交，1995 年越南加入东盟并与欧盟签署合作框架协议；2005 年越南颁布关于发展与欧盟总体关系的项目，促进双方的合作关系。[①]

从以上数据可以看出，越中关系和越俄关系得到增强，《越美贸易协定》签订表明越美关系得到改善。近年来，越南国内政治稳定，随着越南经济稳定增长及灵活外交政策的推行，越南在东盟对外交往中的作用继续增强。

三　越南加入东盟的影响

越南学者认为，越南加入东盟是正确的决策，在扩大东盟影响力的同时，越南也获益甚多；同时，越南与东盟关系存在一定困难。

（一）扩大东盟组织的影响力

首先，越南加入东盟对柬埔寨、老挝、缅甸等国加入东盟起到示

① 阮氏梅：《越南在东盟经济合作中的地位与作用》，硕士学位论文，吉林大学，2002。

范作用，并使得东盟得以覆盖东南亚十国，形成区域“大东盟”。东盟内部各个国家发展水平参差不齐，国家之间经济市场互补性强，越南、老挝、柬埔寨、缅甸自身拥有丰富的自然资源和相对廉价的人力资源。它们的加入促进了东南亚的国际分工，为东盟提供了巨大的市场，从而推动了东盟自由贸易区的建设与东盟国家经济的发展；大东盟的形成促进了东南亚的和平与稳定，为东盟国家经济发展提供了良好的投资与合作环境；大东盟的形成也推动了中南半岛国家的发展，使东盟内部贫国与富国的差距不断缩小。总之，“大东盟”为东盟的各项合作带来更多发展机遇，区域间内部合作更加紧密、更加深化、更加全面，使东盟自身的凝聚力、吸引力越来越强。

其次，越南加入东盟后，不断提高东盟的国际地位和影响力。1998 年 12 月，越南成功主办第 6 届东盟峰会，在此期间，越南成功组织各国政府首脑、部长、副部长、高级机构的 600 多位代表与来自世界各国的 750 多名记者的见面会；1990 年 10 月，作为东盟与日本之间关系的协调者的越南成功举办了“东盟 - 日本 2020 年远景规划咨询”会议；2005 年 10 月 7 日至 9 日，越南圆满举办了第 5 届亚欧会议；2006 年成功举办了第 14 届 APEC 峰会。[①] 2017 年 2 月 18 日，越南芽庄成功举办了 2017 亚太经合组织第一次高官会及相关会议。各种国际会议的成功举办不仅给越南带来重要的发展机会，同时使东盟在国际事务中的地位和作用不断得到增强。

最后，越南加入东盟之前，出于意识形态和国家利益的考虑，东盟与美国站在一起，越南则与苏联站在一边，两者互视对方为潜在威胁。1995 年越南加入东盟，覆盖东南亚十国的大东盟逐渐成形。从综合国力来看，东盟内部各国都属于小国，其综合国力和国际影响都难以与大国抗衡。此外，如果依附于某个大国就会使自己被束缚起

① 阮氏梅：《越南在东盟经济合作中的地位与作用》，硕士学位论文，吉林大学，2002。

来，甚至会危及自身的国家主权和利益，东盟国家对这一点心知肚明，越南自身更深有体会，越南坚持与东盟共同保持与大国的平衡外交，以获得大国的关注及对东盟组织地位的认可。[①]

（二）加速越南融入国际社会的步伐

东盟是越南逐步融入国际社会的重要平台，越南加入东盟后，其国内制定的相关政策和法律法规要参照国际惯例和国际标准。一方面，越南积极参加东盟自贸区和东盟与各合作伙伴的自由贸易协定。另一方面，越南积极参加亚欧峰会。1998 年 11 月，越南加入亚太经合组织。2000 年，越南与美国签订了《越美贸易协定》，此后，两国之间的贸易不断扩大。2006 年，越南加入世界贸易组织，并获得亚洲各国一致推选为联合国安理会非常任理事国的候选国，为发展国家经济贸易创造有利的外部环境。这些都使得越南的出口市场得到拓展，扩大吸收外资，引进新技术及管理经验，使越南保持较高的经济增长率。

在对外方面，越南始终坚持在和平、独立、自主合作和发展路线的基础上不断向前，实行广泛的、多边的全方位外交政策，构建多元化、多样化的国际关系，积极主动地融入国际社会，与其他国家和平共处，同时不断扩大各领域的国际合作，由政治外交向经济外交接轨，使越南成为在国际社会中值得信任的朋友和合作伙伴。时至今日，已有 200 多个国家与越南建立了外交关系，其中有 180 多个国家与越南建立了经贸往来关系。

在融入国际社会的过程中，越南克服了东欧剧变、苏联解体导致的市场经济危机的冲击，1997～2000 年亚洲金融危机以及 2008 年全球金融危机的影响也得到化解。这对越南的社会经济环境起到稳定的

---

① http://www.mofa.gov.vn/vi/cs_doingoai/nr111026121159/ns170221143822/view.

作用，同时也会吸引越来越多的外资，并不断接受新的科学技术，与国际社会接轨。总之，依托东盟，有利于越南发展与世界重要合作伙伴的友好关系，并在多极世界中发挥重要作用。

（三）使越南获得良好的外部环境

越南加入东盟以来，东南亚没有出现大规模战争或冲突。越南的经济社会发展获得良好、稳定的外部环境。而这种安全的环境主要包含两个范围：一是东南亚范围，二是东南亚以外的范围。

越南加入东盟就意味着一方面越南要遵守东盟对成员国制定的行为规范，另一方面东盟的其他成员国也要把越南纳入自己要遵守的行为规范内。这一点在《东南亚友好合作条约》中得以体现：各国相互尊重彼此的独立、主权、平等、领土完整和民族特征；每个国家有权保持其民族生存不受外来的干涉、颠覆或压力；互不干涉内政；用和平手段解决分歧或争端；放弃使用武力或武力威胁。[①]

然而，就目前越南在东盟国家中的综合国力来讲，没有必要担心其遭受东盟成员国的侵略，但是越南需要防范的是大国重新介入东南亚地区。虽然美军在20世纪70年代撤出越南，但是美国近年来以种种借口对伊拉克、阿富汗内政的干预，加重了越南的忧虑，特别是近年来美国对越南人权状况的指责，以及外国势力支持越南“西原民族独立”等问题，使得越南对于美国等国疑虑重重，这是2005年越南总理潘文凯访问美国的一大重要原因。另外，“中国威胁论”在越南影响依然较大，个别东盟国家特别强调中国对于东南亚地区安全的威胁。在当今中越关系中，中越两国对南海问题分歧较大，[②] 尽管现今中越关系被认为已经全面恢复，但是依然存在不少问题，越南在中

---

① 1976年2月24日东盟成员国在马来西亚签署的《东南亚友好合作条约》第一章第二条。
② 傅菊辉、周崎：《当代中越关系史》，（香港）中国国际文化出版社，2004，第441页。

美之间飘忽不定，寻求平衡。在南海问题等争端出现时，越南可以依托东盟，争取域内外国家的支持，力图通过东盟对中国产生压力和影响。越南担心的第二个问题是核武器的威胁，虽然越南在 1976 年号称是东南亚军力最强的国家，而且越南加入东盟时是东亚第三大军队的共产党国家，[①] 但是随着科学技术的进步和新型武器的发展应用，军队数量庞大已经不是在战争中获胜的决定性力量。越南经历长期的战乱之后，其发展经济的要求非常强烈，而保障国内经济发展的外部环境已经不能完全依靠军队的建设，越南迫切希望有安全的外部环境保障。

越南加入东盟后，东盟一直以来都在努力实现两个安全目标，即建立东南亚“和平、自由和中立区”和“东南亚无核区”。在东盟各国的斡旋下，各大国纷纷加入了《东南亚友好合作条约》。2003 年 10 月中国和印度分别加入，2004 年 7 月俄罗斯、日本加入，此后，澳大利亚、法国、新西兰、美国等国也加入。1995 年底，东盟在曼谷签署了《东南亚无核区条约》，虽然至今尚无任何一个核大国在《东南亚无核区条约》上签字，但美国从东亚撤回了战术核武器，同时，中国原则上赞同“东南亚无核区”的主张。[②] 以上这些为越南经济发展创造了有利的外部环境。越南外交部副部长阮国勇表示，越南将继续发挥自身作用，推进东盟国家各领域实质性合作，与其他东盟国家一道实现东盟 2025 年愿景。[③]

（四）东盟国家间的竞争加剧

由于社会制度、经济发展程度的差异、出口产品同质化和南海问

① 陆建人：《东盟的今天与明天——东盟的发展趋势及其在亚太中的地位》，经济管理出版社，1999，第 39 页。

② 陆建人：《东盟的今天与明天——东盟的发展趋势及其在亚太中的地位》，经济管理出版社，1999，第 195 ~ 196 页。

③ http：//www. mofa. gov. vn/vi/cs_ doingoai/nr111026121159/ns170427101040/view.

题等因素的影响，而且印尼、泰国、越南都力图在东盟发挥引领作用，因此东盟十国之间存在相互竞争并有加剧的趋势。

首先，在南海问题上，东盟有关成员国之间存在领土争端。越南、菲律宾、马来西亚、印度尼西亚、文莱等五国都对南海提出主权要求。领土主权对于一个国家来讲是核心利益，不容侵犯，这些争端给东盟的发展带来巨大隐忧。

其次，就社会制度和意识形态而言，东盟十国只有老挝、越南是社会主义国家。虽然越南与东盟其他资本主义国家，特别是老东盟五国的关系已经得到改善，但是越南在历届党代会的政治报告中一直强调要坚持社会主义方向。因此，越南自上而下不断加强党的领导和思想作风建设。

再次，据统计2015年东盟国家工业和服务业之和占国内生产总值比重分别为：新加坡（99.97%）、文莱（99.27%）、印尼（83.30%）、菲律宾（89.70%）、泰国（89.63%）、马来西亚（83.40%）、越南（73.00%）、老挝（72.80%）、柬埔寨（71.70%）、缅甸（42.80%，因2015年数据缺失，只显示2000年数据）。[①] 因此，我们可以把东盟十国分为四个等次：一是新加坡、文莱属于经济发展水平较高的国家，二是印度尼西亚、马来西亚、泰国、菲律宾四国在东盟国家中发展处于中等，三是越南，四是发展比较落后的老挝、柬埔寨、缅甸。正是由于大部分东盟国家经济社会发展水平相近，所以相同产品在不同国家之间会形成竞争的态势，这种商品同质化的现象造成东盟内部国际市场分工难以形成，大大影响东盟经济的发展，甚至成为影响东盟国家团结的不利因素之一。

最后，在争夺东盟领导地位方面，冷战结束后，越南与东盟的关

① 数据来源：《中国统计年鉴》（2016）。

系缓和，泰国在东盟关注的重点也从马来半岛转向陆地东南亚国家，希望通过对陆地东南亚国家的影响确立其在东盟中的领导地位，因此泰国积极支持越南加入东盟。而印尼意图利用越南来制衡泰国在中南半岛的影响。[①] 然而，越南加入东盟后，经济实力以及地区影响力不断提升，与此同时，也开始加入争夺东盟领导权的角逐。这样，就出现了越南、印度尼西亚、泰国争夺领导权的局面，三国东盟领导地位之争说到底是国家利益之争，它们深知一旦取得东盟领导国地位，今后东盟在制定各种规则和机制时，都会受到领导国的影响，甚至某些政策的制定以及通过都需要得到领导国的同意方可，这对于一个国家来说无疑是巨大的利益。从人口以及综合国力来看，越南、印尼、泰国在东盟内部均居于前列，三国之间面对国家利益都不会轻易让步，这无疑给东盟内部的团结带来隐忧。

面对以上问题，如何采取合理方式和协调机制妥善解决内部矛盾及相互竞争是考验东盟组织的重要问题之一。越南强调，东盟稳固发展，越南才会更强大，同时，越南强调团结对东盟极其重要，要重视并维护东盟成员国之间的团结，以更好地发挥东盟的作用。[②]

参考文献

曹云华：《东南亚国家联盟：结构、运作与对外关系》，中国经济出版社，2011。

利国、徐绍丽、张训常编著《越南》，社会科学文献出版社，2015。

陆建人：《东盟的今天与明天——东盟的发展趋势及其在亚太中的地位》，经济管理出版社，1999。

---

① 王小明：《越南与东盟关系：国际政治经济学的视角》，硕士学位论文，暨南大学，2007。

② http：//www. mofa. gov. vn/vi/nr040807104143/nr111027144142/ns150727145310/view.

傅菊辉、周崎：《当代中越关系史》，（香港）中国国际文化出版社，2004。

陈奕平：《依赖与抗争——冷战后东盟国家对美国战略》，世界知识出版社，2006。

刘文利：《越南外交》，人民公安出版社，2004。

《越南外交（1945～2000）》，国家政治出版社，2002。

〔越〕武扬宁：《越南与东盟关系：双边与多边》，国家政治出版社，2004。

〔越〕阮陈桂：《35 年东南亚国家联盟：合作与发展》，社会科学出版社，2003。

王小明：《越南与东盟关系：国际政治经济学的视角》，硕士学位论文，暨南大学，2007。

刘志强：《越南在东盟中的地位与作用》，硕士学位论文，广西民族大学，2007。

尼古拉斯·塔林：《剑桥东南亚史（第Ⅱ卷）》，云南人民出版社，2003。

汪新生：《世纪的回顾》，广西人民出版社，1998。

Y.8
菲律宾与东盟的互动关系

陈丙先　王瀌洱*

摘　要：　菲律宾不仅是东盟的创始成员国之一，也是东盟的积极建构者，还是东盟的坚定维护者。菲律宾在东盟的创建过程中发挥了十分重要的作用，并且一直与东盟保持良性互动关系。本文从政治、经济、安全三个方面分析菲律宾与东盟之间长期紧密的互动关系。

关键词：　东盟　菲律宾　政治合作

作为东盟倡导国之一的菲律宾，一直以来积极推动东盟向前发展。在持续不断的互动过程中，菲律宾在一些重要方面影响着东盟发展的速度与方向，同时菲律宾也受到东盟对其潜移默化的影响。在经济全球化的大背景下，由于诸多跨国问题日益突出，菲律宾十分看重其在东盟所扮演的角色。同东盟各国在各领域和各行业之间的紧密联系，例如，在金融、农业、能源、劳工、旅游等方面的积极合作与良性互动，让菲律宾获益良多。另外，东盟组织框架和机制的存在，影响了菲律宾在各种国际场合清楚地表明其本来所持的态度，因为得兼顾东盟组织作为一个整体所持的态度。随着接任 2017 年的东盟轮值

* 陈丙先，博士，广西民族大学东盟学院硕士生导师；王瀌洱，广西民族大学东盟学院国际关系专业硕士研究生。

主席国，面对诸多大国在东南亚地区的逐鹿，菲律宾将主导东盟平衡与大国的关系，进一步提升东盟的向心力。

一　菲律宾与东盟的政治互动

1. 为追求外交上的独立自主而支持东盟的成立与发展

伴随着民族主义的兴起，推动区域间合作成为菲律宾历史发展的必然结果。菲律宾独立初期，其政治、经济、军事、外交全盘倒向美国。加西亚执政时期，菲律宾开始争取外交主动，摆脱对美国的依赖。到马卡帕加尔时期，菲律宾外交转向亚洲，积极参与建立东南亚地区组织，可以说马卡帕加尔所做的调整是菲律宾外交一个极其重要的分水岭，其后续的继任者大都沿用其外交模式。促使菲律宾转向亚洲并广泛参加东南亚地区活动的主要因素为：显示与美国的距离；促进与亚洲各国之间的关系；获得东南亚其他国家的承认。

在安全方面，菲律宾不仅依赖美国，也希望能与亚洲特别是东南亚的其他国家建立起务实的安全机制。在东盟成立之前，马来亚（马来西亚的前身）提出了成立东南亚联盟的理念，菲律宾为了寻求地区安全合作，对其大力支持，并最终促成其成立。1961 年菲律宾、泰国和马来亚一同发起并成立了东南亚联盟，不过该组织在成立三个月后便解体了。尽管如此，菲律宾仍然不懈地致力于通过成立东盟来推动东南亚地区的安全合作。1965 年马科斯上台执政后，由于美国在东南亚的战略开始收缩，菲律宾的外交重点逐步向亚洲靠拢。1967 年菲律宾、马来西亚、印度尼西亚、泰国和新加坡作为五个创始成员国共同组建了东盟。菲律宾著名外交家卡罗斯·罗慕洛在马科斯统治时期特别注重菲律宾作为东盟成员国的身份及其与其他亚洲国家的关系，1977 年他曾表示菲律宾在外交政策方面重视东盟，他说：“国家元首是政策的设计师，我们是按照设计师的规划进行施工的木匠；至关重要的是各国元首应该一起讨论各自国家的总设计，以便确定它们是否符合双边的利益和东盟的利益。”[①] 在阿基诺夫人执政时期，菲律宾也承诺努力振兴菲律宾与东盟的关系。作为东盟的坚定支持者，菲律宾大力协调和撮合，老挝和缅甸加入东盟，最终它们也被接纳为东盟组织的新成员国。

菲律宾也积极参与东盟事务，以求引领东盟的发展方向。2014年菲律宾总统阿基诺三世在参加第24届东盟首脑会议时强调，应当为东盟制定办法和措施，与其他国家、地区和多边组织扩大发展和对话合作，从而推动东盟一体化整合。阿基诺三世说：“展望成为一个以人为中心和以人为本的东盟必须大胆地利用创新，以完全发展成为一个由更多授权的公民组成的地区组织。这是我为我们的人民梦想的东盟，让我们继续合作，在不久的将来实现这个梦想。”[②]

成立之初东盟的主要目标是推动地区安全合作以应对外来威胁，同时强调社会、经济和文化各领域的合作。在东盟各成员国之间，更加重视非军事化领域的合作，以防止产生关于民族意识上的冲突和矛盾。东盟创立的初始阶段，作为新独立的民族国家，成员国自身都有着强烈的民族主义情绪，因而东盟有意避免有关国防和军事的安全事务，而是促进各国在非安全事务上进行深度合作。也正是由于东盟的成立及其努力，才使得地区合作的精神逐渐被区域内各国所了解和接受。就菲律宾而言，虽然东盟成员国对于美济礁争端问题并没有达成一致意见，但是，东盟这一组织仍旧把东南亚地区紧密联系在一起，菲律宾对此很满意，认为东盟的拓展和东南亚地区的联合进一步保护了本地区免受外部大国势力的干预和侵扰，从而形成相对安全的地区

① 罗德尼·塔斯克：《东盟各成员国对待东盟的态度菲律宾》，蒋细定译，《南洋资料译丛》1978年第2期，第24~26页。

② 《菲律宾总统推动东盟一体化整合》，载吕余生、沈德海主编《中国－东盟年鉴》，线装书局，2015，第55~56页。

形势，防止东南亚地区成为大国之间进行战略竞争的角逐地。

2. 将东盟作为菲律宾对外政策的基石

菲律宾的对外决策越来越多地在东盟的框架下实施，东盟框架在菲律宾对外政策中具有显著地位。菲律宾在制订相关外交政策的时候，会越来越注重自身在东盟区域组织中所处的位置。并且，当菲律宾的领导人和其他国家的领导人进行双边会晤的时候，也会觉得自身代表了东盟区域组织。东盟逐渐成为菲律宾对外政策的基石，菲律宾不断强调，在任何时候东盟都应该提升其内部和外部权力，强调东盟仍然是区域主义的驱动力，是竞争对手之间的对话者。菲外交部门要求，确保参加东盟召开的所有会议和举行的所有活动以及实施东盟的所有项目和工程，并保持与东盟各国及包括中国在内的密切关系。现今，菲律宾的外交政策大部分形成于东盟的组织框架并在框架内开展外交实践，以下两个例子能够证明东盟框架在菲律宾对外政策中具有至关重要的地位。

事例一是南海争端，菲律宾在东盟框架下寻求解决途径和实施外交政策。

南海争端十分复杂，也是目前最难解决的地区问题之一。菲律宾认为东盟在位置上占据优势，可以提供一个有效的多边协作平台。加之，东盟各成员国强有力的支持和中肯的意见，可以使东南亚地区维持相对稳定的状态，有利于成员国之间保持积极协商与和平对话，也有助于东盟发挥主导作用。首先，菲律宾通过东盟的现行机制，与中国协商关于南中国海行动准则等问题。由于菲律宾在双边谈判中属于不占优势的一方，其致力于在途径上可以通过东盟来解决争端问题。其次，菲律宾利用自身属于东盟区域组织中一员的关系，与东盟内部的声索国采取搁置争议的方法，一同在南海争端问题上展开合作。另外，菲律宾希望东盟能够以国际组织的身份介入南海争端问题，促使争端解决。菲律宾还在东盟为主导的各种国际大型会议中呈交南海争

端问题。2011 年 6 月 30 日，菲律宾外长罗萨里奥就表示，南海争端可能将成为东盟地区论坛的一个重要议题。菲总统阿基诺三世对于中越双方在同年 10 月签署的一项有关协商解决南海争端的协议提出强烈反对，宣称在此地区的领土争端涉及许多国家，需要通过东盟进行多边协商和谈判来加以解决。菲律宾还曾就一个关于解决南海争端问题的建议，该建议提出把南海明确划分成有争议和无争议的区域，有争议地区由声索国共同开发合作，无争议地区则由“独有主权国”开发，而召集了东盟各国的海事专家开会进行讨论。

事例二是面对恐怖主义的滋生，菲律宾在东盟框架下实施政策，同时又促进东盟反恐联合。

菲律宾自始至终都坚定地反恐，在震惊世界的“9·11 事件”之前，菲律宾早就面临着恐怖主义的严峻挑战。“9·11 事件”发生后，随着美菲两国关系的回暖以及中国对东南亚地区影响力的提升，平衡中国、美国、日本及依托东盟推行对外政策已经成为菲律宾外交的核心指导思想。该事件让菲律宾体会到自身应对恐怖主义的孤立无援之感，同时，对付恐怖主义的威胁也是当今许多国家面临的相同问题之一。因此，菲律宾对于设立地区性的反恐怖主义合作框架抱着坚定支持的态度。在地区间合作方面，菲律宾把东盟作为一个可供实践的平台，以此来进行反对恐怖主义的斗争。

东盟在解决东南亚地区恐怖主义威胁的过程中，秉持着尊重各成员国的国家主权，并推崇成员国之间拥有的集体认同。在应对菲律宾棉兰老岛产生的问题上，马来西亚和印度尼西亚这两个国家是作为伊斯兰国家的角色，而不是作为东盟成员国之一的身份参与其中。正是由于这一过程，才让印度尼西亚和马来西亚及其他东盟成员国逐渐意识到，应该对东盟内部不干涉内政原则的理解进行推陈出新，这将会有利于协助问题的合理有效解决，同时有利于巩固和加强东盟的内在凝聚力。由于共同的需求，2002 年 5 月，菲、马、印尼三国联合签署了名为《关于信息交流与确立交流程序的协定》的文件，该协定的目的在于共同打击跨国犯罪和恐怖主义，解决边界和安全冲突问题。东盟作为一个地区组织，认为此三方协议对反恐怖主义来说是一个重要贡献，是在东盟框架外进行反恐地区合作的典范。正是有了三方协议作为铺垫，在2007年1月东盟峰会上通过了东盟反恐怖主义协定。反恐行动已成为东盟内部全新的合作领域，为包括菲律宾在内的相关各方均带来了好处。

二　菲律宾与东盟的安全互动

1. 积极推动东盟安全合作进程

菲律宾为了发展本国经济，竭力寻求与以美国为首的发达国家一同合作。但是，因其具有浓厚的民族主义情感，不希望发达国家借发展经济的理由来干涉菲律宾的国内事务。所以，菲律宾为避免大国对其内政的干预，一直努力向区域内多边安全合作的方向迈进，想要通过区域的紧密合作，从而减弱在自身安全上依赖西方国家的程度。在外交实践中，菲律宾还致力于推进东盟的安全合作，并在其中起到关键性作用。长期以来，东盟总是被菲律宾作为制定安全政策、进行对外交往的基本考虑因素，菲律宾在东南亚地区的安全合作中扮演着不可或缺甚至至关重要的倡导者角色，促进了区域内的稳定和经济发展。

关于东盟安全共同体的理念，菲律宾一直给予支持，因该理念中的东南亚地区安全合作方面十分契合菲律宾当初的构想。阿基诺三世执政后，菲律宾更加重视同东盟其他国家的军事合作，注重提高联合防御能力。为了进一步加强地区安全合作，提高成员国之间解决矛盾冲突的实际能力，2003年，东盟各国在第九届东盟峰会上签署了系列文件，其中包括《东盟协调一致第二宣言》，值得关注的是，东盟安全共同体的概念在宣言中被第一次正式提出。在东盟发展历程中，东盟安全共同体旨在加强东南亚地区的安全合作，既具有里程碑式的意义，也属于东盟正式宣布的重要机制之一。实际上，该理念不仅没有损害互不干涉内政的东盟方式，而且从另一个角度强调了东盟方式，也是东盟各成员国决心严格遵守东盟方式的一种明确表示。

2006 年东盟召开了国防部长会议，这是东盟历史上重要的里程碑之一，该会议提供了一个平台，各成员国的国防部长能聚在一起，可以面对面进行多边协商，探讨涉及本地区的一些较为敏感的安全问题和各国重要的国家安全议题。通过东盟国防部长会议的召开，东盟各国开始讨论从前被认为是“敏感和禁忌”的话题，如防务、安全、军事等。

事实上，菲律宾将东盟国防部长会议视为实现东盟安全共同体目标的重要环节之一。2007 年初，为了进一步促成东盟各国间的安全合作，菲律宾主持并召开了第二次东盟国防部长会议。同年 1 月，菲律宾还主持了东盟的第十三次峰会，在菲律宾的主导下东盟通过了以东盟安全共同体原则为指导的东盟反恐公约。2007 年 3 月，印尼倡议召开东盟国防部长闭门会议以加速东盟安全共同体的成立，菲律宾方面也公开表示支持印尼的呼吁。2012 年，东盟讨论关于如何建立区域内的维和部队，同时东盟又不会转变为具有防务性质的组织。[①] 菲律宾则在柬埔寨和东帝汶的维和义务中做了典范，积极倡导此计划的实施。

纵然东盟安全合作，依旧面临诸多问题和挑战，但经过长期多边协商和对话之后，仍然获得了不少的成果。东盟不仅作为一个平台促进了东南亚地区的区域安全，还采用了安全共同体的理念，从而提升

---

① 隆美尔、郑蔚康：《菲律宾和东盟的 40 年：地区安全合作的成绩、挑战和展望》，《东南亚研究》2007 年第 4 期，第 19 页。

了东盟安全合作的层次。在东盟地区安全合作的进程中，菲律宾在其中起到的影响不容忽视。菲律宾一贯态度坚决强硬，为了东盟的安全合作有效推进，力求引入新思想和创新方式，给东盟国家之间互不干涉内政的原则带来更多的可能性和灵活性。[①]

2. 东盟框架下的东盟方式对解决菲律宾领土争端的作用

由于东盟成员国之间历史、文化、战略观点等方面的多样性突出，这种多样性加重了它们之间关系的脆弱性，因而成员国之间的关系自东盟成立初期直至现在都极为敏感。东盟成员国之间长久以来存在的领土争端问题，对于推动创建东盟内部的原则和机制——“东盟方式”起到了一定作用，而“东盟方式”又反过来作用于东盟成员国之间领土争端问题的解决。例如菲律宾与马来西亚之间的领土问题——沙巴争端，东盟方式在该争端的处理方面发挥过巨大作用。

1968 年菲律宾与马来西亚关系恶化，严重影响了刚成立不久的东盟组织的团结和稳定，这个可谓还处于襁褓中的国际组织，命运走向变得不可知。此时东盟内部的协调机制——“东盟方式”发挥了作用。实际上，东盟没有直接干预两国之间的沙巴争端，也没有把沙巴争端问题作为东盟成员国集体讨论的议题，而是积极推动两国加强对话与交流，敦促通过和平方式解决问题，从侧面进行斡旋。这一事件反映出，东盟对于双边或多边的领土争端具有高度敏感性，但坚持“东盟方式”中的不干涉原则。东盟的做法有利于避免多边介入而导致更加错综复杂的不利影响，并保持态势处于平和状态。就在沙巴争端到了最为紧要的关头，东盟濒临瓦解之际，泰国和印度尼西亚从中进行非正式的调停，劝说马来西亚和菲律宾化干戈为玉帛，以地区和平与稳定以及经济发展大局为重，让东盟能够继续顺利存在并发展。

---

① 隆美尔、郑蔚康：《菲律宾和东盟的 40 年：地区安全合作的成绩、挑战和展望》，《东南亚研究》2007 年第 4 期，第 19 页。

东盟的努力使两国之间的矛盾最后出现了转机，因菲律宾的妥协而取得了阶段性的缓和及解决。为了进一步加强东盟内部团结，1977 年 8 月 4 日在吉隆坡举行的第二届东盟首脑会议开幕式上，菲律宾总统马科斯宣布，菲律宾将采取具体措施放弃对沙巴的主权要求。

三　菲律宾与东盟的经济互动

20 世纪 60 年代以来，东盟国家持续快速的经济增长引起了人们的重视，其中被称为“亚洲的拉美国家”的菲律宾，是东南亚最早进行工业化的国家。在经济政策上，20 世纪 60 年代以前，菲律宾在东亚地区的经济发展水平仅次于日本，高居第二位。菲律宾相较于东盟的其他国家，其进口替代型的工业化时间较长。菲律宾经过一段“由高到低”的经济发展历程后，不但没有建立起较为完善的工业化体系，而且国内经济同东盟的其他老成员国相形见绌。相关分析指出，菲律宾的经济发展同新兴工业化国家和地区存在的差异，很大程度上是由内部的政治因素造成的。为了维护国内大地主以及西方大国的资本和利益，菲律宾的政界精英家族、权势官僚阻碍了菲律宾国内的经济改革。菲律宾总统科拉松·阿基诺上台后，呼吁东盟在经济领域取得更大的进展，希望东盟内部更大的经济互动有利于菲律宾国内的经济发展。①

菲律宾积极参与在东盟框架下的地区经济合作，推动了自身和地区经济的发展。1979 年 12 月，菲律宾加入了关贸总协定（GATT）。1992 年召开了第 4 届东盟首脑会议，这在东盟经济合作发展历程中是一道极其重要的分水岭。因为此次会议充分肯定了区域经济一体化

---

① Donald E. Weatherbee, “The Philippines and ASEAN: Options for Aquino,” *Asian Survey*, 1987, Vol. 27 (No. 12): 1230.

的潜力，包括菲律宾在内的各成员国政府同意通过实行有效普惠关税协定来建立东盟自由贸易区。同年菲律宾还加入了以《共同有效优惠关税协定》（CEPT）为核心的东盟自由贸易区（AFTA）。20 世纪 90 年代，虽然菲律宾整体经济总量与其他东盟老成员国相比，差距较大，但其出口额的年均增长率已达 20% 左右。当时菲律宾在东盟内部的贸易伙伴主要有新加坡、马来西亚、印尼和泰国。此后菲律宾与东盟的贸易合作占据其全部贸易的比例呈现逐年递增趋势。

1992 年菲律宾参议员巴特诺首先提出了成立东盟增长区（EAGA）的建议，随后拉莫斯总统正式向文莱、马来西亚和印度尼西亚三国政府提出该建议。增长区的范围包括苏禄海周边地区，包括马来西亚的沙巴和沙捞越以及印尼的北苏拉威西和西加里曼丹东部地区，再加上文莱、菲律宾的棉兰老岛和巴拉望。1994 年 3 月，三国签署备忘录正式宣布成立该增长区，又称“文印（尼）马菲增长区”（BIMP—EAGA）。1996 年，由于国家之间存在的领土争端、互补性低等一系列原因，虽然该增长区进一步扩大了其范围，但是增长区并没有取得本质发展。1997 年的亚洲金融危机给菲律宾国内造成的冲击相对较小，菲律宾积极开展东盟组织下的经济发展合作，参加了在东盟框架之下的东盟投资区（AIA）、东盟服务业框架协定（AFAS）等地区经济合作。

菲律宾同其他东盟成员国一样，加入了亚太经济合作组织（APEC）、亚欧会议（ASEM）、世贸组织（WTO）等多边机制。在地区经济合作问题上，在东盟组织框架下成立和建设的中国—东盟自贸区对菲律宾对外贸易方面具有重要的推动作用。当初，菲律宾对于中国—东盟自由贸易区的态度是谨慎和怀疑，认为中国的加入会同时造成菲律宾国内和国际市场两方面的激烈竞争。菲律宾政府就曾表明，菲律宾要逐项进行审批与 ACFTA 相关的产品，在和中国同类产品比较之后，具有竞争优势的商品才能纳入出口产品清单。然而，近年来菲律宾同中国—东盟自由贸易区有着紧密的经济合作和互动，经贸关系呈平稳发展态势。中国—东盟自贸区提供给菲律宾扩大农产品出口的巨大机遇，例如，菲律宾国内的金枪鱼、椰子油等高端的农产品进入中国市场。而且，菲律宾在出口热带水果上也具有比较优势，可以在这些领域通过自贸区的渠道获取可观的经济利益。菲律宾借助东盟组织下的中国—东盟自贸区，助力菲律宾国内的高端农产品打入中国市场。中国拥有巨大的市场，这对于菲律宾来说，发展其优势的农产品可谓机不可失，当地大批农产品的出口，势必会带来更多的就业机会，农民的收入也将得到提高。

菲律宾在与东盟的经济互动关系中一直持有积极态度，带动着东盟经济的整体发展。2016 年 4 月 6 日，菲律宾财政部部长卡洛斯·多明格斯曾表示，东盟应继续推动经济一体化发展，未来将在本地区经济发展中重点推动电子商务、基础设施建设、贸易便利化和扩大消费市场。[①] 多明格斯呼吁全球投资者关注东盟，加大对东盟各国的投资。事实上，除了零关税条例外，东盟自由贸易区的降低数量限制、协调检测标准、减少贸易的技术障碍等促进贸易合作的条例，为菲律宾对东盟国家的贸易发展提供了有利条件，也促进了东盟国家间的经济贸易往来。在国际经济新秩序臻于完善的情况下，菲律宾参与东盟地区的经济合作并从中获益，有助于维持其持久的经济增长。反过来，菲律宾的经济增长也会助力东盟整体的经济增长，无论是对东盟自由贸易区或东盟组织本身，还是对菲律宾，都提供了潜在的动力。

四　菲律宾与东盟关系互动的展望

菲律宾总统杜特尔特上台后，对东盟各国频繁造访并作相关

① 《菲律宾财长呼吁东盟继续推动经济一体化》，新华网，http：//news. xinhuanet. com/fortune/2017 -04/06/c_ 129526469. htm。

表态，显示出其秉承历届政府所一贯坚持的重视东盟身份与区域认同的东盟外交政策传统，把同东盟的关系视为对外交往的重要一环。尽管杜特尔特政府执政属于初始阶段，尚未形成系统的外交战略，但对东盟的政策已展现出了鲜明变化。前任阿基诺三世执政期间，菲律宾倒向并依赖于美国，其东盟政策服务于美国的亚太战略，借南海问题“绑架”东盟，使东盟遭受巨大的消极影响。杜特尔特政府则更注重东盟的团结合作与独立自主，强调“东盟之外国家不该利用东南亚地区进行对抗”，多次表明“愿意搁置南海争议”，“不想把南海问题变成东盟国家间的争端”，“担任东盟轮值主席国期间，将不会把南海仲裁案裁决作为东盟会议讨论议题”的立场。①

维护和追求菲律宾的自身利益，需要东盟强有力的配合与支持，菲律宾借助东盟平台谋求自身利益最大化的政策趋势不会变。杜特尔特执政风格更显务实灵活，强调菲律宾利益优先原则，希望利用担任东盟轮值主席国的绝佳契机，推动东盟与其他重要贸易伙伴（10+6）形成区域全面经济伙伴关系（RCEP），并进一步深化东盟各国间在经济、安全等各领域的合作。未来杜特尔特政府的东盟政策能够走多远，也受到各种因素的影响。例如在南海问题上，菲律宾民族主义情绪依然高涨；菲国内亲美派势力仍旧强大，对杜特尔特亲华倾向有“警惕”心理等。无论是此前的阿基诺三世以南海问题“绑架”东盟共同“抗华”，还是当前的杜特尔特愿意搁置争议和回归磋商，一直在变化的只是菲律宾领导人因应内外局势变化而采取的不同应对形式，而菲政府通过东盟平台获得自身最大利益的政策趋势在任何时候都不会发生改变。

① 张跃、张琨：《杜特尔特政府东盟政策的变与不变》，《世界知识》2017年第5期，第33页。

结　语

综合政治、经济、安全三个领域内互动关系的分析可以看出，菲律宾对于自身是东南亚国家一员的身份认同，在东盟建立过程中受到其深刻影响；菲律宾外交政策的实施和制定越来越以东盟框架为基础；菲律宾在与东盟各成员国的经济发展互动上愈加密切；菲律宾对“东盟方式”的不干涉内政原则保持了一种相对灵活和开放的理解和处理方式，引领着东盟的发展方向。可见，在东盟创立和持续发展的过程中，菲律宾总是扮演着积极构建者和发展维护者的角色。

“一带一路”框架下的中国与东盟

China-ASEAN Relations under the Framework of the Belt and Road

Y.9 “一带一路”框架下深化中国—东盟国际产能合作：思路与建议

刘　锋*

摘　要：近年来，中国—东盟经贸合作的规模不断扩大、相互投资金额不断增加、各领域合作全面展开、区域次区域合作平台丰富。中国和东盟国家经贸合作发展水平，远高于全球贸易和投资增速。作为建设“一带一路”的重点区域，“一带一路”建设将为中国—东盟国家战略对接提供合作平台、为基础设施互联互通提供全方

* 刘锋，海南师范大学海上丝绸之路研究院研究员、海南省海上丝绸之路研究基地研究员。

位支持，并搭建更密切的双边人文交流。“共赢”是“一带一路”的发展理念，一方面，通过与东盟国家产业合作，中国可以实现过剩产能“走出去”和推动国际产业转移；另一方面，基于“五通”的实施，中国也将促进东盟产业的发展。中国应通过发挥合作平台作用，扩大与东盟国家的各领域合作；完善外经贸服务支持体系，推进中国—东盟产业合作进程。

关键词：“一带一路”　互联互通　产业合作

中国和东盟是在地理上相邻、发展阶段衔接、优势上互补、文化渊源相近的两大经济体。近年来，中国与东盟经济合作尤为活跃，特别是中国—东盟自贸区全面建成以来，双方经济合作进一步加速。2013 年，中国提出共建“一带一路”的合作倡议，中国与东盟在“一带一路”框架下有着巨大的合作潜力，面临前所未有的发展机遇。2017 年 5 月 14 日至 15 日，在北京成功举办“一带一路”国际合作高峰论坛，这标志着“一带一路”建设不仅成为中国重大的发展战略，而且成为世界经济全球化的有力推手。在“一带一路”框架下，有效推进中国—东盟国家产业合作，不仅关系着中国和东盟自贸区的发展，也决定着“一带一路”建设的深度和广度。

一　中国—东盟国家产业合作的现状

中国和东盟对话始于 1991 年，中国 1996 年成为东盟的全面对话伙伴国。2010 年 1 月 1 日，中国—东盟自贸区正式启动。2015 年 11 月，中国与东盟签署自贸区升级版议定书，并于 2016 年 7 月 1 日正式生效，力争到2020年实现中国东盟贸易额达到1万亿美元、新增双向投资1500亿美元的目标。

1. 中国与东盟的经贸合作规模扩大

目前，中国是东盟的第一大贸易伙伴，东盟是中国第三大贸易伙伴。2005~2015年，中国与东盟间经贸合作大幅提升，双边贸易规模提升2.6倍，双边投资规模提升1.5倍，见图1。近年来，由于全球经济衰退和中国与东盟经济增长放缓，双边贸易和投资规模发展有所减慢，但近10年双边贸易和投资增速都超过15%，远高于全球贸易和投资增速。

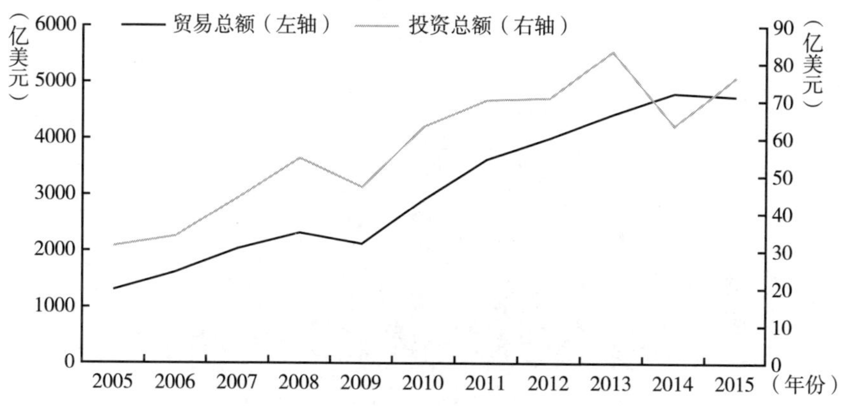

图1　中国与东盟贸易总额和投资总额

资料来源：中国—东盟自由贸易区，http：//www. cn－asean. org/index. php。

2. 中国与东盟经贸合作的国别结构

在东盟十国中，新加坡和马来西亚与中国贸易往来最为密切，2015年贸易比重分别为17%和21%，占双边贸易总额近四成，投资比重分别为90%和6%，几乎等于中国利用东盟直接投资总额，见图2。

3. 中国与东盟双边贸易的产业结构

在东盟十国中，马来西亚、越南和新加坡是中国的三个主要贸易

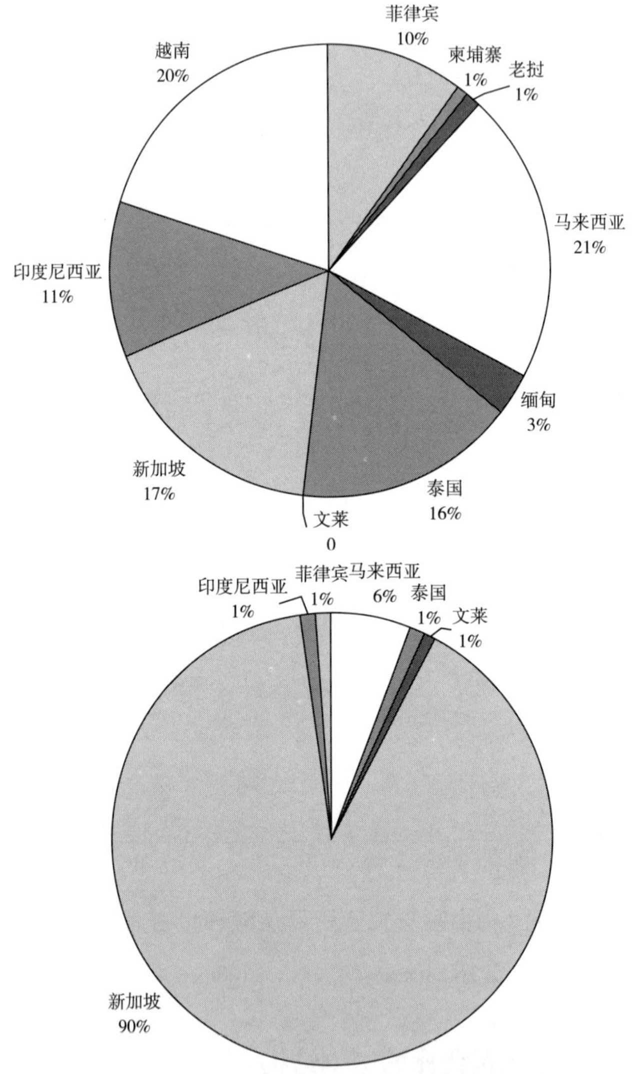

图 2　2015 年中国与东盟经贸合作的国别结构
（上图为贸易结构，下图为投资结构）

资料来源：中国国家统计局编《2016 年中国统计年鉴》，中国统计出版社，2016。

伙伴，2015 年占中国与东盟贸易总额的 58%。中国与东盟上述三国进出口商品结构见表 1。

表 1 2015 年中国与东盟三国进出口商品结构

单位：亿美元

马来西亚				越南				新加坡			
中国进口		中国出口		中国进口		中国出口		中国进口		中国出口	
电子	326	电子	93	电子	115	电子	129	电子	88	电子	149
燃料	58	机械	50	棉花	14	机械	68	未分类	49	机械	80
机械	33	家具	25	机械	11	钢铁	41	机械	40	船舶	55
动植物油	18	仪器设备	19	矿物燃料	10	化学纤维	28	塑料	36	矿物燃料	39
橡胶	14	塑料	17	鞋靴	10	铝制品	28	矿物燃料	29	家具	32
前五类累计	449	前五类累计	204	前五类累计	161	前五类累计	294	前五类累计	242	前五类累计	355
总进口	533	总出口	440	总进口	298	总出口	661	总进口	276	总出口	520

资料来源：中国国家统计局编《2016 年中国统计年鉴》，中国统计出版社，2016。

依据表 1 可知，在与东盟的双边贸易中，中国进口东盟的主要商品为电子产品、矿物燃料和机械制品，约占进口总额的 64%；中国出口东盟的主要商品为电子产品、机械制品和家具制品，约占出口总额的 39%。尤其注意到，电子产品和机械制品同为进口和出口的主要产品，两者贸易量约占中国与东盟三国贸易总量的 43%。中国与东盟国家的贸易发展潜力仍很大。

二 "一带一路"框架下中国—东盟国家产业合作的机遇

东南亚地区是共建"一带一路"的重点区域。"一带一路"建设将为中国—东盟国家战略对接提供合作平台、为基础设施互联互通提供全方位支持，并搭建更密切的双边人文交流，从而推动中国—东盟国家的产业合作。

1. **战略对接拓宽合作领域**

“一带一路”国际合作高峰论坛是各方共商、共建“一带一路”，加强国际合作，共享互利合作成果的国际盛会，是对接彼此发展战略的重要合作平台。高峰论坛期间及前夕，各国政府、地方、企业等达成一系列合作共识、重要举措及务实成果。高峰论坛成果主要涵盖政策沟通、设施联通、贸易畅通、资金融通、民心相通 5 大类，共 76 大项、270 多项具体成果。上述成果中，涵盖大量中国与东盟国家之间的战略对接，拓宽了中国与东盟地区经贸合作的领域，如中国政府与新加坡、缅甸、马来西亚签署的政府间“一带一路”合作谅解备忘录，与老挝、柬埔寨政府签署共建“一带一路”政府间双边合作规划等。中国一贯积极支持东盟共同体建设，支持双方开展务实合作，将为东盟国家提供 100 亿美元的优惠贷款；向东盟提供 5000 万元人民币无偿援助，以支持东盟共同体建设。

2. **基础设施建设巩固地缘经济**

从世界区域贸易安排的经验看，东南亚地区宜于开展区域经济合作，有利于促进各成员国改善基础设施，缩短运输距离，降低贸易成本。同时，推动项目产业跨国、跨区域合作的机会更大。东盟国家基础设施建设相对薄弱，远不能适应经济全球化和区域经济一体化的时代新要求。而中国因受国际市场有效需求不足、国内需求增速趋缓的影响，近年来钢铁、水泥、电解铝、平板玻璃等传统制造业积累了较大的富余产能。东盟地区依托海洋天然联结纽带，兼具江海联通、陆路接壤的独特地理区位优势，特别是拥有内陆国家和地区所不具备的海洋优势。随着“一带一路”的推进，区域内港口、公路、铁路、内河、口岸等交通基础设施将逐步完善，中国与东盟相互对接、海陆联动的国际大通道将初具规模。

3. 产业合作互补性较强

中国与东盟国家产业互补性很强。东盟国家产业发展状况不均衡，不同国家处于不同的发展阶段，完全可以通过比较优势，产业转移和承接实现整个区域经济的互补发展，从而提升整个区域产业在全球的地位。中国与东盟国家在自然资源、资金、技术、人才、市场、产业、产品等方面具有很强的互补性，这一布局有利于区域内资金和产业转移，拓展合作空间和成效。这一地区既有现代服务业发达的新加坡，制造业比较成熟的泰国、马来西亚，也有人力资源充沛、劳动密集型产业发展空间广阔的菲律宾、越南等国。相较之下，中国产业体系较为完善，有条件凭借市场优势、技术优势，逐步明确与沿线重点国家的纵向分工和横向合作，增强资源配置能力，推动各方在某些产业方面形成联合发展优势。经济领域的互补性为进一步挖掘区域经济合作潜力提供了可能。

4. 人文交流增进经济合作

从地域和经贸联系上看，东盟是“一带一路”建设的重点和优先地区。“一带一路”建设坚持共商、共建、共享原则，有利于把中国的发展目标与东盟共同体发展蓝图对接，同东盟国家项目和企业对接，同东盟各国的双边、多边合作机制和平台对接。长期以来，中国和东盟国家通过“海上丝绸之路”已建立了密切的经济圈和人文圈，特别是吸纳了大量中国移民群体，且各国的华侨、华人在当地拥有较强的经济实力。如印尼占总人口3.5%的华人掌握着73%的资本，马来西亚占总人口30%的华人掌握着本国半数以上的资本，新加坡华人占总人口比例的74%以上，泰国占总人口10%的华人掌握着本国70%的上市公司资本。这些华人资本已与当地民族资本融为一体，对所在国的经济运行产生广泛影响。东南亚华人华侨从多方面看，都有加强中国和东盟国家经济合作的意愿。

三 “一带一路”框架下中国和东盟国家产业合作的经济优势

“共赢”是“一带一路”的发展理念，一方面，通过与东盟国家产业合作，中国可以实现过剩产能“走出去”和推动国际产业转移；另一方面，基于“五通”的实施，中国也将促进东盟产业的发展。

1. 推进国际产能合作

随着“一带一路”的推进，中国和东盟之间的产业合作将跳出农产品的范畴，逐渐迈向国际产能合作，既带动产品、技术标准的走出去，又推动过剩产能出口。作为“一带一路”的“五通”之一，设施联通聚焦于电力、高铁、能源等国际产能合作领域，一批重大项目正在稳步推进，部分项目取得了早期收获，例如久经波折的中泰高铁项目；同时基础设施的建设也离不开钢铁、水泥等基础性工业品，而基础性工业品正是国内产能过剩的“老大难”。

2. 推动国际产业转移

中国虽是发展中国家，但相对于“一带一路”沿线的大部分国家，中国机械、电子和纺织等产业具有较强的比较优势，即中国跟“一带一路”的沿线国家存在发展上的梯度差距。加之“一带一路”建设下，中国和东盟国家间政治风险不断减弱，交易成本不断下降，这使得企业的区位优势逐渐显现。依据国际生产折衷理论，当企业同时具备所有权优势、内部化优势和区位优势时，中国对东盟国家的国际直接投资将逐渐增多。

3. 推动中国资本走出去

近年来，中国与“一带一路”沿线国家和地区经济联系日益紧密，人民币在沿线国家日益得到重视和广泛使用。人民币国际化进程中，重中之重是要实现东南亚区域化和成为贸易结算货币，而目前人民币在东南亚地区已成为仅次于美元的国际性货币。特别是东南亚华商不仅在新加坡、印尼、马来西亚、泰国、菲律宾等国的经济、金融行业占有至关重要的位置，而且在中国国内也有大量投资。借助华商资本搭桥，推动人民币区域化和国际化进程，与华商资本合作拓展国际市场，具有十分重要的战略意义。

4. 促进东盟国家产业发展

相对于中国，东盟大部分国家属于后进国家，普遍存在基础设施条件差、资源开发能力弱、体制政策效率低等特点。在"一带一路"的"五通"背景下，基于"政策沟通"，中国能与东盟国家共享改革发展经验；基于"设施联通"，中国提升了东盟资源开发能力，并降低资源流动的成本；基于"资金联通"，依托相对充裕的国民储蓄和外汇储备，中国能帮助东盟国家超越储蓄与贸易的"双缺口"制约。最终，在"一带一路"框架下，促进东盟产业发展。特别是，东盟国家不少是岛屿和海洋国家，海洋基础设施和产业发展落后，共建"21 世纪海上丝绸之路"的重要目标是要集聚高端海洋生产要素和创新发展要素，把沿线彼此分割的岛屿、群岛等地理要素更好地连接起来，将众多岛屿地区从互联互通的盲点变为重要节点，从全球自由贸易和开放发展的末梢变为前沿，进一步释放区域内沿海国家自身发展潜力。东盟国家可依托良好的地理区位优势和海陆空四通八达的交通条件，在更大程度、更广范围参与共建"一带一路"。

四　"一带一路"框架下推进中国与东盟产业合作的路径与建议

中国和东盟地缘相近，中国—东盟合作是中国参与地区合作的主平台。加强产业合作，是深化中国东盟务实合作的重要内容和有效途

径。在新形势下加强中国与东盟国家产业合作有深厚基础、独特优势和现实需求。鉴此，提出几点思路与建议。

1. 以深化中国与东盟区域经济一体化为目标加强产业合作

“一带一路”实施三年多来，中国已与沿线 11 个国家签署自贸协定，其中包括中国和东盟自贸协定、中国和新加坡自贸协定等。同时，中国还与56个“一带一路”沿线国家签署双边投资协定，其中包括除文莱外的东盟九国。“一带一路”建设对中国—东盟区域经济一体化拉动作用明显。

基于“一带一路”合作框架和实施内容，在中国与东盟各国平等协商的前提下，加快中国与东盟物流、人流、资金流、信息流区内自由流通，基础设施区内无障碍互联互通，政策规划区内无障碍协调沟通，尽快形成较高水平的区域经济一体化新格局。要加强战略对接，注重从双方发展战略的有效对接中做大合作蛋糕，例如，加强双方在电力、工程机械、建材和通信等领域的产能合作，实现互利同赢。

2. 以构建中国与东盟国家大通道为牵引推进互联互通建设

畅通无阻的国际大通道是推进中国与东盟全方位合作的硬件基础。应全面提速国际大通道建设，尽快打通我国与东盟各国的“断头路”、“瓶颈路”，建设中国与东盟国家衔接“一带一路”建设的海运水运网、高速公路铁路网、航空网和通信光缆网等。以港口建设为重点，围绕中国与东盟经贸合作建设港口群，打通中国西南及中南通往东盟国家的海上通道；双方可共同加强在港口、国际中转、运输航线、物流配送、邮轮客运等方面的密切合作，打通区域内海上物流、人流、贸易流、信息流通道，形成放射性、网络化、便捷化的交通网络布局；借鉴欧盟“单一窗口”经验，加快建设与东盟国家“一体化”口岸管理机制，探索并推广区外货物进入区内后一次报关、一次查验、全程放行的“大通关”模式。

3. 以加强泛南海区域经济合作为依托形成区域共同市场

从推动“海上丝绸之路”沿线地区经济合作出发，应建立更加紧密的贸易与投资安排，共同打造体系完整、门类丰富的海洋产业链、价值链，构筑更加密切、稳定和可持续的海洋经济合作网络。泛南海地区经济活跃，经济产业发展互补性强。在中国与东盟自由贸易区现有框架基础上，形成区内货物、资本、劳动、技术、管理和服务自由流通的统一市场。不断提升、完善双方自由贸易规则，降低产品和服务的关税与非关税壁垒、缩短行业准入过渡期，尽快启动更高版本的中国—东盟投资协定谈判，降低或取消相互投资的准入门槛，实现商品要素自由有序流动、资源高效配置、市场深度融合。

4. 以推进资金融通为目标深化中国与东盟国家金融合作

金融合作是产业合作的重要保障。双方要加强在亚洲基础设施投资银行框架下合作，适应中国与东盟国家贸易投资结算对人民币不断上升的需求，在各国拥有主权货币的前提下，尽快使人民币成为区内贸易投资主要结算货币，争取成为东盟国家的主要储备货币之一，尽快形成互联互通的金融支撑体系；深化中国与东盟货币合作，进一步扩大区域货币储备库规模，探索人民币与东盟国家货币直接汇率形成机制；加强货币当局战略合作，打造亚洲货币稳定体系、亚洲信用体系和亚洲投融资合作体系。

5. 以推进共建产业园区为途径打造区域经济合作新亮点

截至2016年底，中国已在“一带一路”沿线18个国家建设有53个境外经贸合作区（包括加工区、工业园区和科技产业园区等），并计划在“一带一路”沿线的23个国家建设77个境外经贸合作区，其中“一路”沿线涵盖多个东盟国家。借助经贸合作区，打造中国与东盟开放合作的商贸、物流、加工制造基地和信息交流中心，结合东盟国家的工业化战略，积极培育产业集群，使之成为中国—东盟重要的加工制造基地，打造国际区域经济合作新高地。中国与东盟在海洋合作开发开放上应实现新突破、在海洋产业发展上实现新跨越、在海洋管理和环境保护上取得新成效。

例如，可在沿线地区主要交通节点和港口共建自由贸易合作园区，推进中国企业入园投资，形成产业示范区和特色产业园；通过产业园区建设促进现代制造业、服务业、海洋高端技术等相关产业融合发展；优先采取以贸易、能源、基建为主，以“资源换项目”、港口特许经营权、“飞地园区”等多种形式，推动大型能源和基建企业海外投资与运营，推动跨境园区建设，打造海洋高端产业孵化基地、热带海洋经济产业示范园、海洋产业合作基地、海洋创新合作中心等，开展多种形式的产业互利合作。

参考文献

陈慧：《“一带一路”背景下中国—东盟产能合作重点及推进策略》，《经济纵横》2017 年第 4 期。

王勤：《东盟经济共同体的形成与发展——兼论东盟经济共同体与“一带一路”倡议》，《学术前沿》2016 年第 10 期。

吴崇伯：《“一带一路”框架下中国与东盟产能合作研究》，《南洋问题研究》2016 年第 3 期。

赵洪：《“一带一路”与东盟经济共同体》，《南洋问题研究》2016 年第 4 期。

周方冶：《“一带一路”视野下中国东盟合作路径——兼论中泰战略合作探路者作用》，《南洋问题研究》2015 年第 3 期。

Y.10
“一带一路”建设背景下广西与东盟经济合作发展战略

张家寿*

摘 要：“一带一路”建设提升了广西在中国东盟合作的战略地位和作用，促进了广西与东盟经济合作发展，并取得了巨大成就。贸易合作水平跃上了新台阶，投资合作水平显著提高，区域次区域经济合作日益加强，互联互通水平显著提升，区域金融合作水平显著提高。随着“一带一路”建设的推进，广西与东盟经济合作发展应进一步创新理念，着力于基础设施、投资贸易自由化、国际产能、旅游和金融等领域加强合作，实现跨越式发展。

关键词：“一带一路” 广西与东盟 经济合作 发展战略

“一带一路”建设的推进提升了广西在中国与东盟关系中的战略地位和作用，为广西深化与东盟经济合作提供了强劲动力。中共中央总书记习近平视察广西时指出，广西有条件在“一带一路”框架下大开放大开发，要坚持实施开放带动战略，夯实提升中国东盟开放平

* 张家寿，管理学博士，中共广西区委党校“一带一路”研究院常务副院长、教授，主要研究方向为中国东盟区域合作、丝绸之路经济带与21世纪海上丝绸之路。

台，构建全方位开放发展新格局。基于特殊的区位优势，推进“一带一路”框架下广西的对外开放开发，需进一步拓展和深化与东盟国家的经济合作。

一　“一带一路”建设背景下广西与东盟经济合作发展取得的成就

“一带一路”倡议提出以来，广西抓住难得的开放发展机遇，不断深化与东盟为重点的“一带一路”沿线国家的开放合作，进一步夯实了中国东盟合作的基础，取得了显著的成就，极大地提升了广西在中国东盟关系中的地位和作用。

第一，广西与东盟的贸易合作水平跃上新台阶。2015 年，在世界经济复苏乏力、外部需求萎靡不振、出口受阻的不利环境下，广西与东盟贸易保持较为稳定的增长态势，双方贸易额达 290.1 亿美元，增长 18.4%，占广西对外贸易总额的 56.6%。[①] 在东盟十国中，越南已经成为广西与东盟贸易的最主要国家，2015 年双方贸易额达到 246.4 亿美元，占广西与东盟贸易额的 84.8%，占广西外贸总额的 48.1%，占全国对越南贸易额的 25.7%。[②] 凭借与越南漫长的边境线，边境小额贸易成为广西对外贸易的一大特色，2015 年进出口额达 170 亿美元。

第二，广西与东盟的投资合作水平显著提高。近年来，广西把东盟国家作为招商引资的重点对象，积极吸引东盟国家企业来广西投资，东盟成为广西主要的利用外资来源地。截至 2015 年，广西累计吸引东盟国家的实际投资资金 21.35 亿美元。其中，新加坡 10.24 亿美元、印度尼西亚 4.78 亿美元、马来西亚 2.99 亿美元、泰国 2.89

---

① 笔者赴广西商务厅调研，由广西商务厅提供的数据。

② 笔者赴广西商务厅调研，由广西商务厅提供的数据。

亿美元。2015 年，以新加坡为主的东盟国家在广西累计实际投资额约 5 亿美元，同比增长 10.97%，占广西利用外资总额的 29%。[①] 新加坡外资并购了广西桂兴高速公路等 3 个重大交通基础设施项目，兼并收购内资企业成为广西利用外资的重要方式。东盟也成为广西企业“走出去”的最大的投资目的地。截至 2015 年，广西企业“走出去”对东盟国家的境外投资企业个数（含办事处）317 个，双方协议投资额 42.18 亿美元，其中广西方协议投资额 36.99 亿美元；签订承包工程合同 271 份，实际营业额 18.38 亿美元。[②] 基础设施、港口、产业园区成为广西企业对东盟国家投资合作的重要领域。广西与东盟的相互投资实现了新的飞跃。据广西商务厅提供的资料分析，2010～2014 年，东盟在广西的实际投资已经占到广西实际利用外资的 13.61%、22.61%、18.71%、6.04% 和 4.16%。[③] 其中以新加坡、泰国、越南、印度尼西亚居多。广西企业投资目的地涵盖了所有东盟国家，尤以越南、柬埔寨、老挝、印度尼西亚等国为主，涉及的行业领域越来越多，农业合作是重点，其次是工业和服务业。园区建设成为合作的亮点。广西对东盟投资的重大项目包括中国·印尼经贸合作区、马中关丹产业园区、广西农垦明阳生化集团公司越南归仁木薯产业项目、广西国宏集团柬埔寨大米加工厂、广西投资集团印尼玛利瑙煤矿项目、中国—柬埔寨农业促进中心等。

第三，广西与东盟的区域次区域经济合作日益加强。广西在泛北部湾经济合作和大湄公河次区域合作中的地位进一步凸显，广西充分发挥区位优势和平台优势，进一步提升开放支撑发展的功能作用，加强区域整合，完善合作机制，促进要素集聚，增强了区域发展的支撑力、带动力和辐射力，通过不断提升与东盟的合作水平，实现大开放

① 笔者赴广西商务厅调研，由广西商务厅提供的数据。

② 笔者赴广西商务厅调研，由广西商务厅提供的数据。

③ 笔者赴广西商务厅调研，由广西商务厅提供的数据。

大发展。泛北部湾经济合作从提出到具体实践，已经取得了许多重要成果，为广西利用自身的区位优势，与泛北部湾区域内的东盟国家开展了多个领域、多个层次、多种形式的交流与合作，实现了资源要素在更大范围内的优化配置与组合，拓展了广西的对外发展空间，提升了广西的影响力。北部湾经济区作为泛北部湾区域经济合作的重要组成部分，其引领作用已经凸显。以占广西全区不到1/5的土地、1/4的人口，创造了1/3的经济总量、2/5的财政收入和1/2的外贸总额。南宁综合保税区、北海出口加工区、钦州保税港区、凭祥综合保税区等形成了保税物流体系，中马“两国双园”、跨境经济合作区、沿边金融综合改革试验区以及边境经济合作区、开发开放试验区建设加快推进，为中国东盟合作发挥了重要的示范和引领作用。北部湾港已建成234个泊位，拥有集装箱班轮航线30多条，与世界200多个港口通航。南宁和北海机场已开通100多条空中航线。[①] 出省通边交通网络基本建成，通往云南、贵州、湖南、广东的6条高速公路已经打通，通往广东、湖南、云南的高速铁路已经开通运行，通往经济区各市以及通往广西各主要城市的经济圈基本成型，综合交通枢纽作用日益发挥，服务支撑能力显著提高。形成了石化、电子信息、林浆纸一体化、冶金、新材料、轻纺、机械装备制造、磷化、保税物流等为特色的现代产业体系。重点规划建设的14个重点产业园区加快建设，部分产业园区的工业产值或贸易额突破百亿元大关。

广西积极参与大湄公河次区域合作，与大湄公河次区域合作各国在投资与贸易便利化、城市基础设施建设、农业、旅游、教育、医疗卫生、环境保护等各个领域的合作取得了实质性的成效。广西在泛珠三角区域合作框架内，积极借助广东、福建以及香港、澳门等地区的经济技术和管理经验，深化与东盟各国的经济技术合作，向东盟输出

① 广西机场管理集团内部资料。

先进技术，并从东盟各国获得所需的原料和市场，使广西在泛珠三角区域合作中实现了自我发展自我提高。

第四，广西与东盟的互联互通水平显著提升。近年来，广西着力加快完善与东盟的铁路、公路、水路和航空等交通运输网络的建设，加快打通与周边省份的铁路公路、水路网络，如南宁至友谊关、南宁至百色、隆林至百色、凭祥至河内、东兴至海防的公路建设项目，南宁至凭祥的铁路扩能改造项目的实施。这些项目的建成，对加快广西出海出边国际大通道建设，加速构建区域性交通和物流枢纽具有重要的战略意义。目前，广西与东盟连接的铁路已初步形成南、中、北三条通道的雏形，南宁机场与东盟国家主要城市基本实现通航，通过多年的建设，铁路运输网络基本显现，公路里程大幅提升，沿海港口吞吐能力显著增强，航空运输设施建设快速推进，对接口岸基本建立和完善，初步建成西南中南地区经广西直通东盟的海陆空的交通物流通道，使广西与东盟的互联互通水平进一步提高，增强了广西在中国—东盟交通合作中的战略地位和作用。

第五，广西与东盟的区域金融合作水平显著提高。通过沿边金融综合改革，广西在中国东盟金融合作中的示范效应更加突出。沿边金融综合改革提高了沿边投资贸易便利化水平，降低了沿边投资贸易的交易成本，跨境人民币结算总量迅猛增长。广西东兴开发开放试验区开展人民币与越南盾特许兑换业务试点实现了新突破，满足了互市贸易和边境贸易的需要。人民币与越南盾区域银行间交易平台建成后，人民币与越南盾的交易十分活跃。积极探索人民币海外代付、人民币出口信用证、人民币资金池、人民币协议付款、预收延付、保函等境内外联动的人民币融资产品，扩大人民币跨境流动规模。与建银国际合作，组建总规模 200 亿元的广西人民币国际投贷基金，专门支持广西企业“走出去”。国家外汇管理局在中马钦州产业园试点外商投资企业资本金意愿结汇，提高企业的资金管理效率和汇率风险规避能力。

二　“一带一路”建设背景下推进广西与东盟经济合作发展战略选择

推进“一带一路”建设背景下的广西与东盟经济合作发展是大势所趋。双方应在既有合作基础上，抓住“一带一路”建设的大好机遇，不断创新合作发展理念，夯实开放平台，实现跨越式发展。

第一，推进基础设施建设。以基础设施互联互通合作为重点，推进双边投资合作。大力提升海上互联互通，建立海外合作中心和综合保税基地，加快形成服务内地、对接东盟、面向全球的海上大通道。重点推进陆上互联互通，加快建成以南宁为重要节点，向南贯通中南半岛，向东连接粤港澳，向北连接亚欧大陆桥，向西联通孟中印缅经济走廊，有机衔接“一带一路”的南北陆路新通道，形成联通东盟、辐射周边的陆上交通走廊。推进空中互联互通，构筑完善的现代民用航空体系。全面推进信息互联互通，加快中国—东盟信息港南宁基地建设，努力打造中国东盟“信息丝绸之路”。大力发展跨境多式联运，推进江海、铁海、陆航等多式联运无缝衔接，开辟跨境多式联运交通走廊，推动互联互通实现新跨越。

第二，推进国际贸易便利化。以发挥要素集聚和辐射带动作用为重点，加快海关特殊监管区域整合优化，推进制度创新，完善政策体系，促进提质增效。[①] 争取设立中国（南宁）跨境电子商务综合试验区，建设以面向东盟为重点的跨境电商基地，探索在海关特殊监管区域下的跨境电子商务备货仓业务，着力推进海外仓和沿边仓业务发展，争取在海关特殊监管区域内开展企业期货保税交割、仓单质押融

① 《广西壮族自治区人民政府办公厅关于印发广西加快海关特殊监管区域整合优化实施方案的通知》（桂政办发〔2016〕137号）。

资和保税商品展示交易试点。优化海关特殊监管区域布局，争取设立梧州、贵港、柳州综合保税区，延伸广西开放平台，提升西江经济带开放水平；建设南宁、桂林空港经济区和航空保税区，提升空港集疏运能力，增强空港经济活力。南宁综合保税区重点发展跨境电商、信息产业、大健康产业、机电设备、汽车进出口和跨境金融等业态，更好发挥节点作用，推动南宁开放型经济发展，提升南宁开放水平；钦州保税港区、北海出口加工区要加快转型升级，重点发展跨境电商、免税店、保税展示交易和融资租赁等业态，更好地发挥开放带动作用，增强沿海经济活力，助推自由贸易试验区建设。凭祥综合保税区重点服务中越跨境合作，着力发展境内外维修检测、保税展示交易、保税融资租赁等业态，打造跨境产业链，建设边境自由贸易示范平台，为沿边开放发展提供试验示范。

第三，推进国际产能合作。以广西的制糖、钢铁、汽车、有色金属、工程机械、化工、建材、电力、电子信息、轻工食品等优势产业为依托，积极参与东盟国家工业化和城镇化以及基础设施建设，形成广西多层次、多元化的境外合作区体系。以中马"两国双园"为示范，推进"两国双园"、"两国多园"、"多国多园"境外合作区体系建设，实施广西与东盟国家的"一国一标志性项目"工程，切实提高现有国家级境外合作区建设水平，适时增加数量和扩大规模。落实好境外园区提升行动，全力提升马中关丹产业园和中·印尼经贸合作区升级建设，推进产城融合，适时扩大建区规模。以中国—老挝优良品种试验站、中·柬农业促进中心等为基础，在老挝、柬埔寨等东盟国家探索"试验示范＋境外投资"的农业合作模式，适时推动"一区多园"的农业开发模式，升级或推动国家级农业合作区建设。推进广西—文莱经济走廊建设，重点在清真食品、物流业、农渔业、中医药产业以及贸易、职业教育等领域的合作。积极落实中菲合作协议，推进广西与菲律宾的产业合作。在中越边境地区既有合作基础

上，共同形成一个跨境合作新平台，推动中越合作向深层次发展。强化与东盟国家在海洋渔业、桑蚕、畜禽以及粮食、糖料蔗、果蔬产品等的种养和深加工合作，推动中国东盟水产品生产加工贸易集散中心、海洋水产业联合研发中心、中国东盟热带农业合作基地和中马海外远洋渔业合作基地等项目建设。加快建设中国东盟生态文化产业先行区，创建中国东盟文化保税区，深化广西与东盟文化产业合作。加快构建外资外贸外经联动发展机制，搭建贸易平台，优化贸易结构，建设外贸转型升级示范基地，支持广西建工集团、广西农垦集团、中信大锰、东风柳汽、柳州工程机械、广西农机等优势企业“走出去”，建设海外生产基地，延伸产业链价值链。加快建设电商东盟、电商丝路、电商广西工程，打造广西与东盟经贸发展升级版，实现贸易规模新飞跃。

第四，推进旅游合作。充分发挥广西与东盟的旅游资源优势，推进建设中国东盟旅游圈，大力发展全域旅游。广西旅游资源丰富，山清水秀生态美，自然景观资源独特。除此之外，各种民族文化、红色文化、边关文化、海丝文化等文化资源应有尽有。东盟地区的各种资源也非常丰富，是中国游客出国旅游的好去处。通过深化旅游合作，挖掘旅游潜力，可以打造新的经济增长点，也有利于促进民间交流，夯实经济合作的人文基础。

第五，推进金融合作。加强金融合作，促进金融发展，增强金融支撑能力，能够更好地促进广西与东盟的经济合作发展。在合作的基础上，扩大双方金融结构互设，加强货币互换，促进货币流通，推进结算清算一体化体系建设，提高结算清算便利化水平。加强金融市场建设，促进金融创新，发展金融衍生产品，推动发行人民币债券，扩大人民币债券融资规模，提高人民币融资能力和水平。更好地发挥人民币货币锚作用，抵御金融风险，防范金融危机，促进广西与东盟经济合作健康发展。

Y.11

“一带一路”建设下广西参与中国—东盟邮轮旅游合作研究*

杨静林　闫晓举**

摘　要： 近年来，我国邮轮旅游的消费逐渐兴起，邮轮旅游成为中国旅游市场的新兴业态，潜在的市场巨大。广西与东盟国家海陆相连的区位优势在发展中国—东盟邮轮旅游产业链合作上有着得天独厚的优势。广西港口邮轮母港基础设施建设、腹地旅游资源与客源市场开发、邮轮产业发展所需沿海与内陆相连的快捷的公共交通网络为广西发展邮轮旅游产业及参与中国与东盟国家邮轮合作提供了重要支撑。本文主要以广西开辟东南亚邮轮旅游的运营现状为切入点，深入分析广西参与中国—东盟邮轮旅游合作的优势与困境，为中国与东盟双边发展邮轮旅游业提供具体的建议。

关键词： 广西　中国—东盟邮轮旅游合作　“一带一路”

---

* 本文为广西教育厅项目“在中国—东盟自贸区框架下广西邮轮旅游业发展的路径研究”（项目编号：KY2015LX070），广西民族大学相思湖青年学者创新团队“‘一带一路’战略下广西海洋经济发展与海外华侨华人研究”，广西致公党2017年重点课题立项“供给侧结构性改革下扶持广西优势海洋产业发展的建议”的阶段性成果。特别感谢广西壮族自治区旅游发展委推广处程大兴处长为课题提供的研究资料和修改建议。

** 杨静林，博士，广西民族大学副教授，硕士生导师，主要从事中国—东盟关系、华侨华人研究；闫晓举，河北邯郸人，广西民族大学东盟学院硕士研究生。

邮轮旅游是集观光、餐饮、住宿、娱乐、休闲等为一体的综合旅游产品，基本特点是规模中等、功能多样、独具特色，定位为中端或中高端的海洋旅游产品。[①] 海洋邮轮旅游以海上观光旅游为具体内容，是由交通运输、船舶制造维护、休闲娱乐购物、港口服务、观光旅游、银行保险等行业组合而成的复合型产业。[②] 邮轮旅游的经济外溢效应能有效拉动轮船制造业、港口基础设施建设、物流运输业、食品加工业、地产租赁业、观光旅游业等相关产业的发展。因此，邮轮旅游业是一项经济效益强、发展潜力巨大的高端旅游产业，被称为“漂浮在黄金水道上的黄金产业”或“新兴的朝阳产业”。

邮轮旅游最早流行于欧美地区，市场开发比较成熟。邮轮行业协会的最新报告显示，现在邮轮市场主要受到嘉年华邮轮公司、皇家加勒比海邮轮公司、MSC 邮轮以及挪威邮轮四大公司控制，且市场份额已达到 83.2%，尤其是美国大概占据了全球 70% 的邮轮业务。2012 年邮轮业给美国直接或间接带来的经济利益达到 420 亿美元，创造的就业人数达到35.6 万。[③] 全球邮轮旅游的发展方兴未艾，除了欧美国家，亚太市场成为全球邮轮市场增长的主力军，而中国是邮轮旅游重要的新兴市场之一。受国际邮轮热刺激，国内沿海大批港口均提出宏大的邮轮母港建设计划。上海虹口和宝山、天津、厦门和海南三亚已经建成了国际邮轮母港的五大邮轮港口（码头），青岛、深圳、大连、烟台、宁波等地港口目前正在推进邮轮母港的建设或规划，其中不少以建设国际邮轮母港为目标。近年来，我国邮轮旅游一直保持着 8% ~9% 的增长率，远远高于国际旅游业的整

① 魏小安、陈青光、魏诗华：《中国海洋旅游发展》，中国经济出版社，2013，第 2 页。

② 孙晓东：《邮轮产业与邮轮经济》，上海交通大学出版社，2014，第 14 页。

③ 获凡妮：《亚太市场将成为邮轮市场增长主力军》，《中国商报》2014 年 4 月 25 日，第 4 版。

体发展速度。[①] 据统计，目前，中国乘坐邮轮旅游的人数高达 140 万人。2005 年，这个数字仅仅为 1 万人，预计到 2020 年，乘坐邮轮出境游将增长到 450 万人。邮轮市场对我国经济的贡献将超过 510 亿元。[②] 邮轮旅游业将成为未来我国旅游发展的新业态和新的经济增长点。

一 东盟国家邮轮旅游的发展现状

20 世纪 80 年代，“玛苏丽公主号”邮轮首次开辟马来西亚、泰国和印尼航线，东盟地区的邮轮旅游就此发端。新加坡、印尼、马来西亚、越南等国海岛型旅游资源和多元的异域文化吸引国际邮轮的到访。欧美豪华邮轮运营商开辟了东盟地区的母港航线，以季节性的航线和世界环游航线的亚太航段为主。[③] 东盟地区兴建邮轮母港基础设施、开发客源市场及打造精品旅游产品，成为亚太邮轮航域的热门地带，特别是东南亚热带海岛风景在世界邮轮产品名录中成为亚太地区的一张名片。

新加坡是政府发展邮轮产业的受益者，也是亚洲邮轮产业发展最快、邮轮市场发展最成熟的国家。新加坡一举发展成为亚太地区邮轮产业的中心城市，吸引了世界各地游客前来游览和乘坐母港邮轮。1991～1998 年，到访新加坡的邮轮游客量从 13 万人增至 75 万人，现今每年新加坡的邮轮游客接待量都在 100 万人左右。[④] 近 15 年来，新加坡邮轮客流量平均增长 60%，仅 2001 年就有 1200 多艘次国际邮

① 黄信：《发展面向东盟的邮轮旅游正当时》，《广西日报》2014 年 3 月 26 日，第 10 版。
② 汪泓主编《中国邮轮产业发展报告（2014 年）》，社会科学文献出版社，2014，第 46 页。
③ 冯文海、朱文婷：《亚太地区邮轮旅游市场发展分析》，《世界海运》2010 年第 2 期，第 69 页。
④ 冯文海、朱文婷：《亚太地区邮轮旅游市场发展分析》，《世界海运》2010 年第 2 期，第 70 页。

轮到访，给新加坡贡献了30亿新元的经济效益，被世界邮轮组织誉为“全球最有效率的邮轮码头经营者”[①]。新加坡政府在国家旅游局下设邮轮署作为统一协调和管理邮轮发展的官方机构，保障邮轮母港管理的高效廉洁，吸引了欧美国际邮轮公司的投资。皇家加勒比邮轮公司为了强化亚洲的商业活动，早在2007年就在新加坡成立亚太产业部，并持续增加邮轮船舶的投入与运营。

新加坡、吉隆坡等港口城市建造国际邮轮旅游的大型母港，国际邮轮公司将这些港口城市设为远东航程与环游世界航程亚洲段的必停站，带动了东盟地区邮轮旅游产业的飞速发展。首先，得益于优越的经济地理位置。新加坡港连接东亚、南亚及南太平洋地区国家，衔接太平洋、印度洋，处在世界航运的十字路口，是世界金融中心、转口贸易中心。新加坡现代化港口的建设、快捷的海上通道使其在亚太地区国际邮轮旅游的产业格局中占据重要的地位。其次，东盟地区作为东西方文化交汇之地，文化的多样性增添了邮轮旅游产品的独特风味。最后，新加坡、马来西亚等国现代化港口停泊设施和完善的邮轮旅游服务，成为世界性热门的邮轮旅游目的地之一，在东南亚邮轮产业发展中保持领先地位。新加坡发展以枢纽港口型的邮轮产业模式，建造国际标准码头，打造现代化的邮轮母港；新加坡在航运、管理效率、金融服务等方面在全球享有良好的声誉，且法制环境好，为欧美国家豪华邮轮停靠提供了良好的前提保障；加之，新加坡政府收取港口管理费低，港务费经济实惠，邮轮服务口碑好，拉动了新加坡邮轮产业经济的发展。每年有1200多艘国际邮轮停靠新加坡港，新加坡成为亚太地区航域的重要门户港口和中转站。

马来西亚地处太平洋连接亚洲、大洋洲的节点上的优越地理位

① 林鹰：《邮轮旅游方兴未艾带动邮轮经济发展》，《交通与运输》2016年第3期，第46页。

置，绵长的海岸线、良好的深水港、相对廉价的劳动力等优势为马来西亚邮轮产业的发展提供了良好的自然条件和社会基础。马来西亚政府看重邮轮产业带来的社会经济效益，积极引导私人资本投资邮轮产业，鼓励民营资本参与邮轮产业，激活私人部门，改善国内投资环境与基础设施和提升人力资源，促进邮轮经济的发展，促成了世界第三大邮轮集团丽星公司的产生和崛起。马来西亚政府在吉隆坡巴生港划出 150 亩土地，提供给丽星邮轮公司建设总部，供新加坡、泰国、印度等地航程的国际邮轮中途停靠。马来西亚政府又无偿地将旅游特区——卡兰威岛深水港提供给丽星邮轮公司，丽星公司在卡兰威建造邮轮码头和五星级宾馆，卡兰威港被打造成国际邮轮中途停靠港，带动了卡兰威岛的旅游热。[①]

越南、柬埔寨、缅甸和泰国等东盟国家开始注重开发多元文化与热带自然风光的旅游资源，吸引国际邮轮旅游公司开辟本国航线。越南海岸线总长约 3260 千米，共有大小港口约 60 个，著名的大城市及旅游景点有“海上桂林”之称的下龙湾、胡志明市、历史名城顺化以及清化、金兰湾、海防、吉婆岛、芽庄、岘港等。其中下龙湾景区、顺化历史建筑群是世界历史文化遗产。此外，越南借助与中国两广、香港等经济发达地区毗邻的优势，结合得天独厚的地理优势，吸引国际邮轮停泊，引进外资，建造邮轮码头。在外部市场带动、政府自主推动下，越南政府在下龙湾已经建成了可以停泊 22 万吨级的邮轮码头。皇家加勒比邮轮公司、嘉年华邮轮公司及丽星邮轮公司相继开辟了途经越南下龙湾、胡志明市等港口城市的旅游航线。[②] 东盟的大湄公河次区域成为国际邮轮的探访之地。2015 年国际知名旅游机构“邮轮假期”报告显示，缅甸的伊洛瓦底江首次入围欧洲以外的

① 汪泓主编《中国邮轮产业发展报告（2014 年）》，社会科学文献出版社，2014，第 165 页、202 页。

② 汪泓主编《中国邮轮产业发展报告（2014 年）》，社会科学文献出版社，2014，第 202 页。

河流邮轮度假目的地五强。缅甸国内及国际知名的邮轮公司看好缅甸的旅游前景，纷纷“回归”伊洛瓦底江，重启这条“黄金水道”的豪华邮轮业务。[①] 泰国清迈、清莱等泰北湄公河沿岸城市，曼谷、芭堤雅等地，老挝首都万象、古城琅勃拉邦，柬埔寨首都金边、世界文化遗产胜地吴哥窟和柏威夏寺等地的景色各异，这些旅游胜地每年都吸引大批游客观光度假。[②]

东盟各国文化独特、宗教各异，邮轮旅游将泼水节、水上社区、妈祖、三保等传统宗教节日与民族文化元素有机结合，形成了独特而不可模仿的旅游资源。[③] 在东南亚已经开通的邮轮旅游航线上，“海洋水手号”邮轮打造“魅力新马泰游”，邮轮从新加坡母港出发，将马来西亚、印尼、文莱的伊斯兰教文化为核心的活动范围，拓展到泰国、缅甸的佛教文化为内涵的旅游航线，途经巴生港（吉隆坡）—马来西亚—卡兰威—普吉岛—泰国—新加坡。随着邮轮经济持续增长，再加上东盟国家廉价的劳动力，世界各大邮轮公司加大开发东南亚市场的力度。欧美国家邮轮公司在人力资源管理上非常重视节约劳动力成本，在印尼、菲律宾大量招聘廉价的劳动力从事邮轮低级职位的工作。据估计，一艘大型船只每年劳动力方面节约的成本高达数百万美元。[④] 东盟各国邮轮旅游业发展层次不同，中国广西与东盟具有共同的地缘优势与资源优势互补，有效助力双边开展邮轮产业的对接，共同开发邮轮市场，而新加坡、马来西亚等国发展邮轮产业先进的模式与路径为广西提供了可以借鉴的经验。

---

① 汤先营：《乘邮轮观缅甸渐成时尚》，《光明日报》2014 年 12 月 22 日，第 8 版。

② 宫斐：《基于 PEST 分析的“广西北部湾—东盟”邮轮旅游发展研究》，《东南亚纵横》2015 年第 5 期，第 16 页。

③ 蓝清、郭达越：《泛北部湾 - 大湄公河邮轮旅游的前景及 SWOT 分析研究》，《东南亚纵横》2011 年第 12 期，第 48 页。

④ 汪泓主编《中国邮轮产业发展报告（2014 年）》，社会科学文献出版社，2014，第 172 页。

二 广西发展中国—东盟邮轮旅游业的现状

邮轮旅游发展需要具备四个基本要素：（1）旅游航线规划。旅游航线选择决定着邮轮在多大程度上能够借助沿途旅游价值、提升周边旅游溢价。（2）政策支持。出台促进邮轮旅游发展政策并加以落实，给予邮轮建造企业政策优待，鼓励邮轮产业发展；邮轮旅游航线沿途地方和旅游区应出台优惠和支持政策，引导邮轮旅游航线设置。（3）硬件。根据邮轮发展的比较优势和市场特征，建造大型豪华邮轮船只停靠码头、母港，便利船只的维修。（4）软件。邮轮旅游区别于陆上旅游项目的最大特征是独立、特色的海洋情景和船上情景，要创设邮轮独有、新奇、神秘的主题和情景内容，结合不同的功能，将船上空间和服务作为舞台，将旅游产品、旅游消费项目作为道具，将海洋环境和船上环境作为布景，发展以消费体验为核心、以人为本的邮轮服务业。[①] 发展邮轮旅游的关键是管理与服务，广西具备了发展邮轮的基本要素，发展面向东盟的邮轮旅游已起步，与邮轮旅游相关的产业与服务配套设施正在逐步完善中。

1. 广西—东盟黄金邮轮旅游国际航线的规划与启动

广西旅发委规划结合广西特色旅游资源规划了两条可行的邮轮旅游路线，一是桂林—南宁—防城港—东兴—越南下龙湾陆上黄金旅游线路，二是北海、防城港—越南下龙湾、岘港、胡志明市—防城港海上航线，最终形成环北部湾地区旅游航线；长期规划重点打造广西北海、防城港—越南下龙湾、岘港、胡志明市—柬埔寨—泰国—马来西亚—印度尼西亚—文莱—菲律宾—中国海南、广东、香港、澳门等泛北部湾海上跨国邮轮旅游精品线路，以及广西北海、防城港—越南下

① 汪泓主编《中国邮轮产业发展报告（2014 年）》，社会科学文献出版社，2014，第 172 页。

龙湾、岘港、胡志明市—泰国—马来西亚—新加坡—斯里兰卡—马尔代夫“21世纪海上丝绸之路”跨国精品旅游线路。[①]

广西最早开通中国与东盟国家的海上邮轮旅游航线，早在20世纪90年代就开通了广西至越南下龙湾的海上旅游，是当时中国沟通与东盟国家的唯一跨国海上旅游航线，目前也是广西热推的“海上黄金旅游线路”。经国家旅游局、外交部、公安部、海关总署正式批准，1994年12月“北海茗花”豪华邮轮有限公司的“茗花号”邮轮经营北海至越南下龙湾的海上旅游航线。之后北部湾8号、新上海号、明辉公主号、海洋公主号、东方公主号和环球公主号等邮轮参与营运，规模由最初的3000吨位逐渐发展到万吨位，累计开航1300余次航班，接待中外游客近50万人次，实现旅游收入近20亿元。[②] 北海市与东盟各国协调，开通广西至泛北部湾远距离海上旅游环形航线，计划将航线延伸至越南、新加坡、马来西亚、文莱、印尼、菲律宾等国的主要海滨城市，打造海上六国游线路。2013年上半年，防城港、北海、百色、崇左4个城市的6个口岸启动边境旅游异地办证业务，外国人可以落地办理签证，有机衔接广西邮轮旅游的陆地游与海上游。2014年12月，“北部湾—东盟海上丝路”邮轮航线获得交通部批准，广西与越南达成共识，加强海上旅游合作，双方共同维护、完善广西北海至越南下龙湾、广西防城港至越南下龙湾的海上航线，推动环北部湾和泛北部湾海上国际航线建设。2015年2月9日，广西“北部湾—东盟海上丝路”邮轮始航，开辟了两条航线，一条是北海—越南下龙湾邮轮五天四晚游和北海—越南、马来西亚两国九天八晚游；另一条是钦州始发，途经越南岘港、芽庄，直到马来西亚

① 广西致公党区委编写《新常态下广西邮轮经济增长潜力与动力问题研究》，内部资料，2017年广西壮族自治区党委重点调研课题，第13页。

② 《北海—下龙湾海上旅游航线复航》，中国日报网，2014年03月09日，http://www.chinadaily.com.cn/hqgj/jryw/2014-03-09/content_11363995.html。

关丹、云顶、热浪岛等地。该航线从北部湾出发，沿古代“海上丝绸之路”而行，被誉为“海丝之旅”。游客只需提供身份证即可，凭护照过境的游客可办理落地签便捷出游。该邮轮航线同时还承载中国钦州港—马来西亚关丹港的国际集装箱货运，是中国首班直到马来西亚的直航班轮。[①] 2017 年 8 月广西海丝明港国际海运集团开通“中华泰山号”，经营“21 世纪海上丝绸之路”、“海上胡志明小道红色之旅”邮轮旅游，即广西防城港至越南下龙湾航线，计划逐步延伸防城港至东盟八国海上邮轮乘载“海丝之旅”环线。[②]

2. 中央政府与地方层面的政策支持

广西北部湾地区是中国“一带一路”建设衔接东盟的门户，开发邮轮旅游是广西推动与东盟国家经济合作的抓手。在中央层面上，2015 年习近平主席就“一带一路”倡议对广西的定位，发挥广西与东盟国家陆海相邻的地缘优势，加快北部湾经济区和珠江—西江经济带开放，建构面向东盟区域的国际通道，打造西南、中南地区开放发展新的战略支点，形成“21 世纪海上丝绸之路”与“丝路经济带”有机衔接的重要门户。2014 年 10 月，国家发改委同意《广西北部湾经济区发展规划》，提出将北部湾经济区打造成国际旅游度假区和区域性国际邮轮母港。[③] 2015 年国家发改委又颁布《推动共建“丝绸之路经济带”和“21 世纪海上丝绸之路”的愿景与行动》，提出支持沿线国家与地方及民间挖掘“一带一路”历史文化遗产，通过“一带一路”互联互通项目推动沿线国家战略的对接与耦合。国务院制定的《全国海洋经济发展“十三五”规划》提出坚持陆海统筹，发

① 吕余生主编《泛北部湾合作发展报告 2014～2015》，社会科学文献出版社，2015，第 191 页。

② 《多家邮轮公司到广西抢客源，邮轮游渐被市民接受》，广西新闻网，http://www.gxnews.com.cn/staticpages/20170418/newgx58f58d49－16111903.shtml。

③ 刘建文：《建设广西北部湾国际邮轮母港对接“一带一路”战略》，载邢广程主编《中国边疆学（第三辑）》，社会科学文献出版社，2015，第 58 页。

展海洋经济，科学开发海洋资源，保护海洋生态环境，壮大海洋经济。

在地方层面上，广西合浦是中国古代海上丝绸之路最早的始发港之一，广西推进与东盟国家邮轮旅游，挖掘“一带一路”历史文化遗产，推动广西与“海丝路”上的东盟国家相互交流、相互了解。在“一带一路”推动下，广西打造港口邮轮产业经济，2013 年广西旅发委将跨国邮轮列入 2015 年初步形成的特色旅游产品的发展目标，《广西北部湾港总体规划》对邮轮母港建设进行了总体规划，制定了《广西邮轮旅游发展专项规划（2014～2025）》，定位广西邮轮旅游业的发展方向，对邮轮母港、邮轮产品、邮轮航线、邮轮市场及邮轮产业等多个方面进行总体规划。[①] 广西旅发委在 2017 年 3 月召开了全区旅游工作会议，重点培育邮轮游艇新业态，支持北部湾港口城市加快发展邮轮旅游，扶持北海市、防城、钦州等港口城市开展海上游艇项目建设。广西旅游局先后与越南、新加坡、马来西亚、印尼、泰国等东盟的 17 家旅游机构，包括旅游局、旅行社、旅游协会共同签订了旅游合作协议，在推广旅游线路、旅游宣传促销、旅游市场管理、旅游人力资源培训等方面达成共识。

3. 硬件方面：广西邮轮停靠的大型母港及码头建设

广西的临海港口资源是发展邮轮旅游产业的基础。北部湾地区海岸线达到 1595 公里，有众多天然深水港，具备发展国际邮轮母港的天然条件。广西依据区域性国际邮轮母港建设的实际需要，协调相关部门和金融机构，给予金融、土地等政策支持，实施邮轮母港基础设施建设，扩建邮轮码头、陆上联检设施、接待服务设施，以带动邮轮经济产业链的发展。

---

① 宫斐：《基于 PEST 分析的“广西北部湾—东盟”邮轮旅游发展研究》，《东南亚纵横》2015 年第 5 期，第 17 页。

广西北海、钦州、防城 3 个北部湾港口城市在邮轮码头、客船泊位、水电配套设施、给养中心、文化广场、餐饮及购物区、陆域配备的客运中心等方面进行建设，形成以防城港为邮轮母港，以北海港、钦州港为两翼的发展态势。北海市旅游市场开发较成熟、滨海旅游资源丰富，城市规模较大，有发展邮轮旅游的历史与经验。北海市是中国西部唯一列入全国首批 14 个对外开放的沿海城市，具有全天候机场、铁路和高速公路的城市，北海港共有泊位 55 个（万吨级以上泊位 11 个）码头，海岸线长度 87.591 公里，可满足客运吞吐量 100 万人次，是中国西部唯一拥有深水海港的城市，但缺少深水码头的条件，可做一般邮轮母港的备选。防城港共 34 个泊位（万吨级以上泊位 29 个），海岸线长度 580 公里，是中国西部地区第一大港，有 4 个国家级口岸，是我国沿海 20 个主枢纽港之一，中国唯一一个与东盟国家海陆相连的门户城市。防城港作为中国大陆海岸线最南端的深水海港，具有建造国际大型邮轮母港的良好自然地理和深水码头条件，还有周边地区丰富的自然与人文旅游资源为支撑，因此，防城港市是广西北部湾国际邮轮母港及航线项目的最佳之地。钦州自然条件和交通地理位置距东盟国家最近，投入使用的泊位 7 个（万吨级泊位 4 个，5000 吨专用液化气泊位 1 个），海岸线长度 562.64 公里，是我国大西南内陆出海距离最短的深水良港，也是西南物资出海的最佳通道，拥有中国西部沿海唯一的保税港区——钦州保税港区。[①] 相比北海港、防城港，钦州港腹地的旅游资源较为匮乏，港口发展条件不如防城港、北海港成熟，但可做邮轮停泊点进行建设。广西目前加快北部湾国际邮轮母港及配套设施的建设，不仅可以作为“一带一路”货物贸易的通道，也可作为“一带一路”旅游的通道，我国“一带”地区与海上丝路沿线国家联合对接，打造具有“丝绸之路”的特色

① 笔者根据 2014 年广西统计年鉴和中国港口网相关资料整理所得数据。

国际精品旅游线路。[①]

4. 软件方面：丰富的自然景观与人文旅游资源

（1）广西境内的自然景观与人文旅游资源。

广西发展邮轮旅游有丰富的自然景观与社会人文旅游资源为依托。北海银滩、涠洲岛、海洋之窗、红树林、防城港三娘湾等风格迥异的滨海旅游资源；还有“山水甲天下”的桂林、首府南宁大明山、德天瀑布等特色的风光资源，壮瑶民族千年稻作的露天博物馆——龙胜梯田，古代三大水利工程之一的兴安灵渠、古骆越文化发祥地的大明山等绚丽多彩的历史文化遗迹和民族风情构成了广西特色的旅游资源，可以继续提升并打造为世界级的山水观光旅游产品。[②]

（2）邮轮旅游需求增强、客源人数不断增加。

近年来，随着生活水平的提高和旅游产业的发展，中国邮轮旅游市场已初现规模。相关数据显示，广西邮轮旅游需求呈现增长态势。北海自1998年开通中越海上航线以来，已经累计开航约1500个航班，接待中外游客超过50万人次；2013年，第五届国际珍珠节暨海滩旅游文化节共接待国内游客1500万人次，增长15%，完成国内旅游收入130亿元，增长20%。同期，北海至涠洲岛海上客运量超过160万人次，增长21.9%。2000~2013年，广西接待外国入境游客总人数从50.6万人增加到212.3万人，增长了319%，广西入境外国旅游者人数占全国的8.1%。此外，广西有18个一级口岸，开通了15条通往东盟的国际航线。[③] 越南、马来西亚分别成为广西第一、第

① 刘建文：《建设广西北部湾国际邮轮母港对接“一带一路”战略》，载邢广程主编《中国边疆学（第三辑）》，社会科学文献出版社，2015，第51页。

② 广西致公党区委编写《新常态下广西邮轮经济增长潜力与动力问题研究》，内部资料，2017年广西壮族自治区党委重点调研课题，第6页。

③ 汪泓主编《中国邮轮产业发展报告（2015年）》，社会科学文献出版社，2015，第63页。

二旅游客源国，东盟各国到广西旅游的旅游人数占广西接待全部外国旅客人数的40%。[①] 2015年，广西“北部湾—东盟海上丝路”邮轮航线一经推出，预订火爆。

（3）广西开通东盟邮轮旅游的悠闲娱乐项目正在逐渐完善。

广西独特的“沿海、沿江、沿边”优势及中国–东盟博览会平台为广西邮轮旅游发展提供绝佳机遇，广西邮轮由最初的简单客运发展到舒适豪华的高端邮轮旅游。便利的交通条件及丰富的邮轮旅游资源为广西—东盟邮轮旅游提供了必备的条件。

2013年9月，广西防城港至越南下龙湾第二条跨国海上旅游航线开通。北海航线由最初的3000吨发展到上万吨，载客量由最初的300人左右发展到1000人左右，邮轮设施设备由最初的简单客运发展到集吃、住、购、游、娱等功能于一体、设施齐全、舒适豪华的现代化邮轮。北海—下龙湾航线成为全国邮轮业界的一条“黄金旅游线路”。[②] “北部湾之星”邮轮载客量399人，拥有豪华海景套房、豪华海景双人房、标准海景单间、海景双人间、4人间、6人间等多种房型可供选择。船上娱乐设施更是一应俱全，设有慢摇吧、棋牌室、日式咖啡厅、烧烤吧、自助餐厅、包厢、小型会议室、免税商场等完善的餐饮、娱乐、会议、购物设施。“中华泰山号”邮轮是广西第一艘全资、自主经营的豪华邮轮，有“海上城堡”之称，邮轮拥有960个客位，配套完善的生活娱乐设施，400多间豪华客房和10多处休闲娱乐场所，还开设了一个大型免税店，囊括了主要的世界级奢侈品品牌。

（4）广西邮轮旅游专业人才的培养

近年来，广西注重邮轮旅游人才的专业技能与服务的教育。据统

① 《交流稳步推进合作日趋深入，广西与东盟共享旅游盛宴》，《中国旅游报》2011年10月24日，第2版。

② 刘建文：《建设广西北部湾国际邮轮母港对接“一带一路”战略》，载邢广程主编《中国边疆学（第三辑）》，社会科学文献出版社，2015，第57页。

计，广西设有旅游管理专业的高等院校有 47 所，10 所高校开设了涉外旅游专业，33 所高等院校开设酒店管理专业，有 7 所高校设置了会展管理专业。此外，桂林旅游学院和南宁职业技术学院均开设了国际邮轮乘务专业，培养邮轮管理的技能型人才。另外，广西教育高等专科学校、广西大学外国语学院等高校与邮轮公司合作办学开设邮轮乘务方向的课程，实现校企合作，培养当前广西急需的邮轮管理与服务的专业人才。[①]

三　广西发展中国—东盟邮轮旅游存在的问题与困境

1. 广西邮轮旅游产品消费市场缺乏后劲

广西经济发展水平落后于东部沿海经济发达地区，广西邮轮旅游客源市场开发的不足制约了广西的东盟邮轮旅游业。按照国际邮轮发展规律，人均 GDP 达 5000 美元时，邮轮旅游开始起步，人均 GDP 达 6000 ~ 8000 美元，邮轮旅游具有了发展条件，人均 GDP 达 1 万 ~ 4 万美元时，邮轮旅游进入快速发展期。目前，我国人均 GDP 已超过 7000 美元，部分沿海省市超过 1 万美元，具备了邮轮旅游快速发展的条件。2015 年广西的地区生产总值（GDP）为 16803. 12 亿元，全区人均生产总值（GDP）35345. 23 元，折合 5674. 85 美元。显然，就人均生产总值（GDP）的数据来看，广西全区人均 GDP 远没有达到 8000 美元的标准。因此，广西的国际邮轮旅游处于起步阶段，本地邮轮旅游市场非常有限，潜在的客源市场培育工作又未启动，尤其是对北部湾经济腹地的中国广大西南地区和中南地区的邮轮客源市场培育力度不够，东部沿海经济发达地区潜在的邮轮消费者市场挖掘力

① 汪泓主编《中国邮轮产业发展报告（2015 年）》，社会科学文献出版社，2015，第 65 页。

度不足。而本地旅游消费者观念基本上停留在传统的游览观光，新型的邮轮休闲度假旅游没能为大众知晓与接受。加之，由于邮轮成本高，邮轮旅游报价比传统的陆上旅游价格高，游客在价格上优选传统的旅游线路。因此，客源有限迫使北海、防城港开通的邮轮航线不能正常运转，甚至多次停运。与上海、天津及国外邮轮不同，广西本土邮轮公司规模小，经营的邮轮数量少、规模小，客运量少，缺乏管理经验，长期维系艰难，发展的阻力重重。

2. 邮轮旅游的营销方式滞后和竞争力不强

在邮轮旅游发达地区，通过网络、旅行社等多种营销渠道销售邮轮旅游产品，通常半数以上的游客是散客，构成客源的主体市场。现阶段，广西邮轮旅游的销售以团队出游的形式为主，散客的比例极低。据统计，91%的旅游者通过旅行社购买邮轮旅游产品，9%的游客通过网络购买邮轮产品，旅行社多采用包船分销形式销售邮轮旅游产品。以“团近团出”营销方式，不方便游客，且在跟各航空公司、高铁公司及客运公司方面的合作中，外地旅行社因交通成本高而无利可图，也就放弃来广西的邮轮旅游的出行线路，本地组团游客不多，直接影响航线的正常运营。广西的中越邮轮旅游开通后，各大旅行社利用多渠道推介，一到淡季，每次报名参团的人数并不多，主要以散客为主，但是一般只有4~5人报名，成团率太低。[①] 此外，国内邮轮旅游的同行竞争相当激烈，广西的邮轮报价缺乏优势。以“北部湾之星”邮轮为例，推出的北海—越南下龙湾邮轮五天四晚游，行程价为每人3800元，“去哪儿网”报价资料显示，在深圳，同款的越南邮轮旅游航线（深圳—岘港—下龙湾—深圳6天5晚）行程价为每人2578元。价格上的劣势使游客宁可去深圳坐邮轮去越南，而

① 《客源不足、效益不佳，“北部湾之星”跨国邮轮停航》，中国新闻网，http://www.chinanews.com/cj/2015/12-18/7677388.shtml。

非选择离越南更近的广西。

3. 相关管理部门之间缺乏有效的统一协调

亚太地区邮轮开发较好的韩国、新加坡、印度有一套规范、统一、完整的邮轮发展规划，而我国各地邮轮旅游发展参差不齐，缺乏有效的区域协调与统筹规划，广西又尤为严重。邮轮旅游涉及外事、海事、交通、口岸、海关、旅游、卫生及当地政府等多个部门，在多个部门统一协调邮轮旅游产业方面，广西缺乏经验和管理效率低，各部门之间沟通与衔接不到位、不协作、拖后腿，通关检查手续烦琐、证件签发管理缓慢耗时，游客长时间等候或滞留，要求投诉、退票及改签等事故屡见不鲜。邮轮旅游开发公司管理经验与协调不足，企业自主性不强，后续又出现一系列问题。2017 年 8 月底刚开通不到半月的“中华泰山号”被迫停航，进行全面调整。由于邮轮公司管理不到位，没有建立规范的运营体系，在市场开发与项目运营上缺乏有效的经验，无法有效保证邮轮稳定持续运营。①

4. 邮轮港口服务滞后

目前，广西邮轮与国际邮轮在母港的功能服务与完备的邮轮服务上相差甚大，服务滞后也是约束广西邮轮产业发展的因素之一。北部湾港口的基础交通、公共信息、给养、出入境服务、管理等邮轮码头主要的服务性功能不完善；景点游览、购物、商业、贸易、酒店、会展、娱乐及银行等多种商业形态的综合开发模式不配套；母港码头周边的公共社会服务设施不完善，旅游管理服务滞后，效率低，游客无法享受现代国际邮轮无缝对接服务，缺乏应有的舒适度和满意度，同时又面临越南母港的地接语言不通、入关手续办理不通畅等问题。邮轮旅游综合体公共服务资源配置、管理工作及服务效益方面难以实现

---

① 《广西首艘邮轮“中华泰山号”10 月 1 日复航》，http://gx.sina.com.cn/news/gx/2017-09-28/detail-ifymmiwm0360664.shtml?from=gx_cnxh。

邮轮优化的联动，广西发展东盟邮轮旅游的社会效益和经济效益不明显。

5. 邮轮旅游产品单一，缺乏特色与创新

广西面向东盟发展邮轮旅游尚处在试水阶段，缺乏经验，旅游产品单一，仅开通广西至越南的邮轮旅游航线，通往其他东盟国家的邮轮旅游只停留在初步的规划与设想阶段；广西的邮轮旅游线路与广东、海南等地经营的邮轮旅游线路大同小异，没有凸显广西自身特色的文化自然景观优势，忽视北部湾邮轮母港景区的打造，也没有将广西地方知名的景点与特色的民族文化融入邮轮旅精品游线路，邮轮旅游产品缺乏地方特色与创新。此外，北部湾邮轮旅游的市场开发定位的视野狭窄，局限于国内市场，招揽国内游客参团豪华邮轮赴东盟国家观光，缺乏对人口庞大的东盟地区邮轮市场的挖掘，东盟国家通过广西邮轮来桂观光旅游的人数和规模很小，严重制约了广西面向东盟邮轮旅游的发展。

6. 受南海领土争端问题造成国家关系紧张因素的影响及邮轮旅游产业自身的约束

由于中国与周边的菲律宾、越南、马来西亚等东盟国家存在南海主权问题争端，往返两地间的邮轮旅游容易受到政治冲击。在中越南海冲突的当口，越南政府有意给中国赴越南旅游的游客通关制造麻烦，人为地设置阻碍，甚至直接禁止通关。2012 年中菲“黄岩岛事件”、2014 年“仁爱礁事件”接连发生，中国至菲律宾长滩岛的旅游航班取消、旅游产品直接下架。总之，国家关系及地区政治环境的不稳影响着中国与东盟国家间的旅游合作。

此外，邮轮旅游投资大，维持费用高。目前，广东、海南等省邮轮旅游亏本经营，靠政府财政补贴维持，中国消费者对东盟国家邮轮旅游的价位期许不高，广西开通面向东盟国家的国际邮轮旅游在激烈的国内竞争下降低市场价格，邮轮成本费用又不断攀升，而消费者对国际邮轮旅游产品期许高，刚起步的广西邮轮旅游缺乏政府财政与政策的强有力支持，面临多重阻力和市场压力，邮轮开发公司难以长期维持与有效发展，举步艰难。

四　广西发展中国—东盟邮轮旅游的路径与策略

推进广西与东盟国际邮轮旅游，是广西打造“一带一路”有机衔接重要门户的组成部分，推进“一带一路”建设的产业对接的战略措施，有助于将北部湾经济区打造成国际旅游度假区和区域性国际邮轮母港，强化广西与东盟国家之间的社会经济文化联系，促进我国与周边国家之间往来。

1. 强化广西与东盟邮轮旅游的顶层设计与战略布局，力图将北部湾的邮轮产业列入国家邮轮发展的总体规划

首先，广西地方政府要科学定位与合理规划。广西相关政府部门要以服务产业经济发展为重要支柱点、以旅游产业转型为抓手，以“服务引领、区域突破、协调联动、特色发展”为原则，完善北部湾邮轮母港基础设施及相关配套服务体系，培育和挖掘北部湾国际邮轮消费市场和环境，延伸邮轮经济产业链，大力推进与海洋文化、民族传统文化、商业等相关产业及传统旅游业态的融合发展，成为广西加快推进中国与东盟经济合作的新亮点。另外，广西地方政府要积极争取国家层面的政策扶持，出台相应的政策法规，规范邮轮港口的建设与管理体系，督促、推动邮轮产业发展的各项工作；国家有关职能部门要尽快审批广西北部湾邮轮母港的建设规划，将北部湾邮轮母港建设列入“一带一路”项目规划，确定广西邮轮经济发展的总体战略、整体规划、系统布局，提出带动相关产业链发展的有效政策和专项规划，并与北部湾港口城市经济区的总体规划有机衔接，指导邮轮经济发展，从根本上消除邮轮旅游发展的体制性阻碍，增强港口的交通、餐饮、住宿、购物等邮轮母港的服务性功能的建设，吸引国际邮轮公司入驻或挂靠。

其次，建立国际邮轮旅游相关政府管理部门的统一协调机制。在制度保障上，以发改委为主，会同交通、商务、旅发委、税务、边防、海关等职能部门及地方政府组建推进邮轮经济发展的领导工作组，推广邮轮产业建设和发展的先进经验，协调各部门在推进工作中的责权划分，加强各部门之间的合作与交流，解决发展中遇到的实际问题和困难。在相关配套措施方面，从土地、注册、税收、金融、海事等方面出台优惠政策和营造宽松的环境，科学实施邮轮港口通关、税费、服务等政策，给予开辟新航线、组织客源方面的相应支持，吸引国内外知名邮轮公司前来北部湾注册公司、开展业务，吸引国外大型邮轮进驻北部湾邮轮港口，并以此为母港长期停靠。在通关方面，争取出入境邮轮旅游的特殊许可政策，实行绿色通道注册，协调邮轮经停国家的免签或落地签，公安部支持邮轮边境异地办证，可凭身份证办理出入境通行证参加广西与东盟国家的邮轮旅游；全面推广随船办理、登轮办理、信息提前录入、统一发放登证等通关措施，在通关、边检方面建立起快捷高效、人性化的服务，便利游客出游。

最后，强化广西面向东盟的区位优势，整合海陆相连的地域优势。广西毗邻东盟国家，背靠中国大西南、中南地区，拥有中国西部地区唯一一个海陆相连的区位优势，利用广西腹地的旅游资源，海陆旅游相互结合的模式，开发温泉养生、休闲度假、高尔夫旅游等具有特色的高端休闲旅游产品，提高邮轮产品档次；区内与区外整合相结合，加强广西各港口城市、泛北部湾地区港口城市之间的合作，以及港口周边、城市邮轮旅游沿线城市间的合作；开发与利用北部湾海洋文化、渔家文化，丰富海洋世界与海洋主题园同邮轮旅游相融合，增强邮轮旅游的观赏性、趣味性、体验感，提高国内外游客的满意度，提升北部湾港口城市的国际知名度。此外，广西已经连续举办 14 届

中国—东盟博览会，成功打造中国—东盟商务与投资峰会，共同打造中国—东盟旅游合作论坛，建立中国—东盟邮轮合作信息平台，共同发布最新的国际邮轮旅游资讯，开发广西与东盟国家的旅游资源，打造国际邮轮旅游精品线路。

2. 重视人才资源的培养，拓展广西与东盟邮轮旅游产品宣传与营销方式的多样化，开拓国内与国际两个市场

第一，重视培养具有专业素养的管理与服务的邮轮行业人才。发挥政府、企业、学校在邮轮人才培养各个环节应有的作用。据相关专业人士预测，到 2020 年，我国邮轮专业人才的需求量将超过 30 万人。而我国当前仅有 10 所学校培养邮轮专业人才，按每年每所学校招收 100 名学生计算，到 2020 年共计培养的邮轮专业人仅为 2 万人，远远不能满足广西乃至全国对邮轮人才的需求。鼓励广西区内高校加强邮轮旅游学科专业建设，深化与国外专业机构、高校的交流与合作，采取“高校专业教育 + 邮轮公司执业培训”模式，加大培养邮轮旅游所需的邮轮经营管理、邮轮市场推广与销售、邮轮服务等多种类、多层面专业人才，企业自身建立起完善的邮轮服务技能培训体系，培养出高水平的邮轮旅游专业人才；完善邮轮人才引进制度，优化人才发展环境，引进一批与国际接轨的邮轮市场营销、邮轮港口运营、邮轮旅游服务、邮轮设计及邮轮通关检验等高端邮轮旅游人才。

第二，拓展广西与东盟邮轮旅游产品宣传与营销方式的多样化。国际邮轮业发达的欧美国家和地区的市场宣传推广、咨询服务网络相对完善，行业组织比较健全，广西应积极借鉴这方面成功的经验，激活邮轮旅游消费市场。一方面，地方政府把邮轮旅游宣传纳入广西旅游管理部门的年度计划，实现在境内外邮轮旅游促销方式的多元化，通过广告、媒体、节庆活动、培训、展览会及互联网、微信平台等多种营销手段，建立广西邮轮产业的大数据，提供便利的邮轮旅游咨询服务，实现线上与线下、前柜与后台的各种渠道、方式的销售与宣传。

另一方面，明确广西邮轮旅游的市场定位，实现邮轮旅游的精准化营销。从对象上，邮轮旅游消费对象应该是中上阶层，挖掘和培育潜在的邮轮旅游群体，开展有效的促销方式，开发港口外延区域的广大客源市场。从地域上，突出“内外结合效果”，积极开拓国内与国际两个邮轮旅游市场。对内重视广西腹地经济区的游客市场开发，不局限于广西全境，着眼于中南、西南地区，乃至东部沿海经济发达地区潜在市场的宣传；对外加大广西境内著名旅游景点和港口城市的国际宣传力度，面向东盟客源国，宣传广西旅游形象，扩宽东盟国家邮轮客源市场，提升广西的国际知名度和城市竞争力，实现“东盟人游广西，广西人游东盟”，以此促进中国与东盟国家邮轮旅游业的共同发展。

3. 借鉴国内外先进的经验和模式设计广西地方特色的邮轮旅游产品与国际邮轮旅游的现代化管理

首先，加强符合国际邮轮港口建设标准打造母港、航道及交通基础设施的建设。建设国际标准的现代邮轮港口，完善码头功能和停泊设施，设计合理的航道深度，新修邮轮泊位；建成以广西北部湾国际邮轮母港为中心，辐射到广西全区、大西南和中南地区快速交通的基础设施，形成相互衔接的广西北部湾港口至大西南、中南地区高速公路、高速铁路及廉价航班为一体的综合式交通系统，实现北部湾邮轮母港码头至高速公路、机场、火车站的无缝链接，实现邮轮港口与广西主要旅游景区、主要周边旅游城市快速交通的连接，扩大邮轮旅游范围，增强北部湾国际邮轮旅游的吸引力，吸引国际豪华邮轮的到访。

其次，打造具有广西地方特色的多民族文化国际邮轮旅游产品。对广西区内各地旅游资源进行整合，精心设计线路组合，建设高品质的产品。其一，滨海旅游景点、景区建设进行重点规划，将北部湾经济区内的北海临海景区、防城港江山半岛休闲旅游度假区、海上丝绸之路古运河水城、钦州三娘湾休闲旅游度假区等景点用快速交通系统联系起来，满足停靠邮轮半日游或一日游的需要；在江山半岛、三娘湾建设高品质的娱乐设施，重点建设高尔夫球场、水上运动项目、保龄球、网球场等休闲运动项目，完善大型免税购物中心、北部湾购物中心，兴建高端酒店群和各种风情风味餐馆，满足豪华邮轮旅游、购物、休闲和享受美食的需要。其二，国际邮轮旅游的特色产品设计拓展到广西腹地，将南宁古骆越文化的发祥地大明山、桂林漓江的山水风景、三江侗寨等特色自然景观和民族风景融入精品路线。其三，邮轮船上综艺表演节目体现广西地方世居少数民族的神话传说、歌舞、技艺、服饰、饮食、节庆等多种形式，呈现广西邮轮的特色文化旅游形态，打造广西邮轮旅游文化的精品。

再次，加强与国内外的区域合作，借鉴国际邮轮旅游经营与管理的先进经验、模式。一是联合粤港澳琼，加深北部湾地区城市间联合发展面向东盟的国际邮轮航线。粤港澳琼地区以现代化都市旅游资源和诸多的历史文化旅游胜地而闻名，对国际游客有很强的吸引力，它们的经济发展水平较高，是一个巨大的潜在邮轮旅游客源市场，且邮轮经济发展较早，积累了相当丰富的邮轮业发展经验。加强与该地区建立国内邮轮经济区域发展联盟，建构泛北部湾区域经济合作圈，遏制同行恶性竞争，共同开发北部湾国际邮轮旅游和海岛旅游，带动西部地区的经济发展，实现资源的优势互补，提高北部湾区域邮轮旅游在全球邮轮旅游的美誉度。二是通过考察学习等方式，加强与天津、上海等国内邮轮产业经济走在前列的东部沿海地区的交往与合作，开展行业信息、管理经验的交流，共同培育客源市场。三是鼓励本地的邮轮公司和大型、优质旅行社积极“走出去”，加强同世界旅游组织、亚太旅游协会、国际邮轮航线协会、境外邮轮公司等各类国际旅游机构的合作，在市场开发与营销、邮轮产业会议、邮轮经济理论研究、邮轮市场调查与培育、国际邮轮资料信息汇编及共享等领域加强合作。四是加强与新加坡、马来西亚等东盟国家邮轮港口城市之间的合作。广西深化与东盟国家的港口合作，重点与新加坡港，印尼雅加达港，越南下龙湾、岘港、芽庄、胡志明市，柬埔寨西哈努克港、金边港，泰国曼谷港、吉普港，马来西亚关丹港、马六甲港、槟城，文莱斯里巴加湾，菲律宾马尼拉港、苏比克港等港口的信息交流，建立邮轮港口城市联盟，相互推荐邮轮旅游航线，将东盟地区的国际邮轮航线引至内地，培育固定航次，推进发展邮轮经济的经验交流。

最后，加强与东盟国家华商之间的联系，借助世界华商社会网络资源发展广西邮轮经济。华商在东盟国家的经济领域占有一席之地，华商以行会、宗亲、同乡等为纽带建立的社会组织，有着庞大的商业网络，拥有雄厚的资本及跨行业、跨地区的家族财团，掌握了先进的企业管理经验，了解最新的行业动态和商机。在菲律宾、印尼、新加坡、马来西亚、泰国等东盟国家，不少华商投资于所在国港口、轮船、旅游、金融等行业，甚至直接或间接投资邮轮产业，或参与东盟国家邮轮旅游的管理与经营，加强与东南亚海外华商的联系，可为广西邮轮旅游产业发展获取外来投资、管理经验和国际咨询。

结　语

现代邮轮旅游产生的经济效益与社会效应显而易见。国际邮轮旅游以邮轮母港为集聚点，发力于港口基础设施，形成拉动交通、物流、景区及金融等相关产业发展的集聚效应，促进港口城市与经济的联动发展，实现海洋产业的可持续增长。国际邮轮旅游业方兴未艾，东盟国家邮轮产业发展参差不齐，但潜在市场大，广西结合沿边、沿江与沿海的地域优势及面向东盟的区位优势，参与中国—东盟邮轮旅游合作。在当前欧美国家垄断国际邮轮市场的形势下，广西探索全额出资、自主经营、自主管理的模式创办北部湾跨国邮轮旅游公司，开发中国—东盟国际邮轮产品，设计精品邮轮路线，开拓东盟国际邮轮市场。当前，广西发展中国—东盟邮轮旅游面临一些问题，如邮轮规

模小、客源市场狭窄、承运客流量有限等，还有政策上的诸多限制及相关职能部门的牵制，各母港之间的同行恶性竞争，同时又面临欧美国家的市场挤压，广西兴办跨国邮轮旅游举步维艰。由于广西社会经济长期落后于东部经济发达地区，邮轮消费理念与消费水平、邮轮经济的价值观及旅游资源的管理意识严重滞后，广西经营的中国—东盟跨国邮轮旅游处于粗放型的经营状态。由此，不仅需要国家层面的政策扶持，还有待相关部门、企业相互协调，深化合作，转变观念，共同培育广西新兴的邮轮市场，打造具有广西地方特色的邮轮旅游产品，提供邮轮经济产业发展的服务，壮大广西的海洋经济，创造广西经济新的增长点，促进北部湾港口地区产业结构的转型与升级，努力把广西打造成中国邮轮旅游大省。

Y.12

“一带一路”倡议下广西与柬埔寨中医药合作与交流

夏会儒*

摘 要：“一带一路”倡议下，广西作为中国与东盟国家沟通的“桥头堡”，获得了空前的发展机会。在此背景下，广西把握机会与柬埔寨展开中医药的合作与交流活动，响应了国家“一带一路”“走出去”的号召，深化了中柬两国的友谊。本文旨在介绍广西与柬埔寨中医药合作的概况，分析广西与柬埔寨之间深化合作的可能性，找出其中存在的问题和解决的办法，为下一阶段广西与柬埔寨之间中医药合作的深化做好准备。

关键词：“一带一路”倡议 广西与柬埔寨 中医药合作 文化软实力

中国与柬埔寨是世代的友好邻邦，政治、经济、文化交流历史源远流长。近年来柬埔寨国内的医疗资源匮乏，急需外国医疗技术的援助和支持。广西拥有丰富的中医药资源，特色的民族医学和极富竞争力的特色医药产业，作为国家“一带一路”倡议下面向东盟地区的“桥头堡”，如能利用中医药产业优势，把握好东盟国家广阔的医药

* 夏会儒，广西民族大学东盟学院国际关系专业2016级硕士研究生。

市场，无疑将对广西实现自身的发展带来巨大的机遇。本文通过研究广西与柬埔寨开展的中医药交流与合作，厘清广西在特色医药产业的发展和合作方面存在的问题，探讨解决的办法，并管窥广西中医药开发东盟国家市场的潜力，促进广西中医药产业的现代化与国际化。

一 中国与柬埔寨中医药交流与合作的历史

柬埔寨作为传统中华文化的辐射范围，在生活习性、治病方面，多有借鉴中国文化的经历。柬埔寨最早接触中医药的时间可追溯至元代。根据元代周达观在《真腊风土记》“欲得唐货”中记述，元代中国的麝香、檀香、草芎、白芷、焰硝、硫黄、水银、银珠、桐油等已出口到柬埔寨，并深受真腊人欢迎和喜爱。[①] 书中还记载了真腊人的医药卫生风俗，如“男女身上，常涂香药，以檀麝等香合成”[②]。从元代开始，柬埔寨已开始从中国进口香料、草药，根据这些进口的中医药材的品性和用途，比如：麝香常用于治中风、惊痫、跌打损伤及肿毒等；硫黄常用于治疗皮肤炎症、蚊虫叮咬、脚冷疼弱无力；白芷常用于消肿解痛及祛风解表等。由此可见，元代以前，柬埔寨人就已认识中医药材的作用，并开始使用简单的中医药材进行保健、防治和简单治疗。

清代，柬埔寨与中国贸易往来规模不断扩大。清代《安南小志》记载：“安南之商市皆土人等交互贸易，或柬埔寨及目叶部人为之而已，其通商皆是琐碎小事，其大者常为中国商贾及柴棍府豪商谋占之。国中输出之物产有牛角、水牛角、鹿角、胡椒、橄榄、槟榔、象牙、鳖甲、象骨、水牛骨、犀角等等”，其输入之物品是“医药、织

① 〔元〕周达观：《真腊风土记校注》，夏鼐校注，中华书局，1981，第132～148页。

② 〔元〕周达观：《真腊风土记校注》，夏鼐校注，中华书局，1981，第132～148页。

布、铁器、茶、陶器、纸、生丝、干果等"[①]。这一时期，中柬中医药的交往更加深入，元代时以进口单方药材为主，清代时中柬的贸易中出现专门的医药门类，证明柬埔寨进口的已经不仅仅是单方的药材，还有其他简单制成的医药用品也开始成为贸易的对象。

1820年时金边华人开设了"中华施医赠药所"，免费为当地人民提供治疗伤寒和痢疾的中草药，受到了当地人民的欢迎。虽然"中华施医赠药所"规模较小，但从1878年马来亚的"茶阳回春馆中医留医所"、1890年新加坡的"茶阳回春医社"、1920年星州的"乐善居医社"等中医院的创办时间比较看来，其创建时间是新马等地类似机构之中最早的一个。[②] 19世纪20年代，华人向柬埔寨移居，并于柬埔寨开设了东南亚地区第一家带慈善性质的中医药馆，该医药馆帮助了当地柬埔寨社会底层的民众，在当地民众之间受到欢迎和认可。

柬埔寨作为中医药传统医学的辐射地，一直与中医药有密切的联系。中医药早在元清时期就传入了柬埔寨，对柬埔寨传统的草药治疗方法有着重要的影响，柬埔寨传统的草药治疗与中医药治疗方法有很深的渊源。柬埔寨具有使用草药治病的传统，但并无书面、系统的治疗方法流传下来。近现代后，华侨华人的移居为柬设立中医药治疗馆，不断加深中医药在柬埔寨的影响。21世纪以来，广西在"一带一路"倡议的支持下，积极把自身打造成与东盟国家中医药合作的高地，在中医药与柬埔寨历史联系的基础上，继续深化广西与柬埔寨的中医药合作。

二　广西与柬埔寨中医药合作的现状

目前，广西与柬埔寨的中医药合作主要有中医药人才培养与交流、

① 〔清〕王锡祺：《小方壶斋舆地丛抄：第十帙》，台湾学生书局，1975，第168页。

② 周南京：《世界华侨华人词典》，北京大学出版社，1993，第93页。

中医药种植与研究的合作以及中医药普惠推广行动等三个方面，广西与柬埔寨之间的中医药交流和合作还处于初期的试验阶段，形式比较少，内容不够丰富，双边合作还存在一定的问题亟待完善和解决。

（一）人才培养和交流

中医药人才是中医药医学在柬埔寨应用的关键。柬埔寨中医药人才缺乏，导致柬埔寨无法实现自身医药技术的突破。广西壮族自治区政府、高等学校对外国留学生提供了良好的条件，开展了一系列对柬埔寨留学生的招生、教育及管理工作。目前，柬埔寨留学生、学者到广西的中医药交流活动主要分为学历教育与非学历教育两种。

1. 广西高校为柬留学生提供教育

学历教育方面，中国政府不断出台相关法律法规、提供外来留学生奖学金，来加强对留学生的管理和培养。当前广西在培养柬埔寨留学生方面，严格按照《教育法》、《高等教育法》、《外国人入境出境管理办法》及《高等学校接受外国留学生管理规定》等法律法规，培养柬埔寨留学生。截至 2016 年，柬埔寨赴华留学生已近 2000 人。20 世纪六七十年代以来，国家留学基金管理委员会一直为柬埔寨留学生提供“中国政府奖学金”。从 2007 年开始，广西壮族自治区为东盟留学生发放“区政府奖学金”，另外，面向柬埔寨留学生提供专项柬埔寨留学生奖学金。广西中医药大学、广西医科大学、广西民族大学、桂林医学院、左右江民族医学院，都为东盟国家留学生提供了不同程度的校级奖学金，初步为柬埔寨留学生实现了国家、地方政府、学校三级奖学金框架。

目前，广西现有 4 所高校开办有柬埔寨语专业，4 所大学开设中医药对外教学，2015 年有 217 名柬埔寨学生在广西学习。以广西中医药大学为例，截至 2015 年 8 月，广西中医药大学共培养了 81 名包括柬埔寨在内的东盟留学生，柬埔寨留学生回国后在当地开设了诊所、药店、保健康复中心、中医培训学校，组织了中医药学会、中医师同业公会等民间机构，促进了当地中医药的发展，对传播中国的中医药文化做出了贡献。2016 年 7 月 16 日，广西赴柬埔寨开展“2016 广西教育展”，来自广西的 24 所高校在柬埔寨开展招生工作。[①] 近年广西不断扩大招收柬埔寨留学生数量和招收范围，扩大广西与柬埔寨在专业人才培养方面的合作。

2. 广西药用植物园培训为柬提供中医药培训

非学历教育方面，广西对柬埔寨的中医药进修生和研究学者提供了机会。柬埔寨国内药物种植、管理人才、医疗官员都参与到广西中医药文化的考察与学习中来。广西药用植物园为柬埔寨中医药人才提供了访学的机会，自 2015 年 6 月 15 日起，广西药用植物园共举办三期以“广西—东盟药用植物资源保护与生产”为主题的培训班，通过课堂授课、基地参观等多种形式，来自老挝、柬埔寨、缅甸三国的 18 名学员参与到药用植物迁地保育、药用植物组织培养的学习中，提升柬埔寨中医药工作者对中医药植物资源的开发、利用的认识。另外，广西的中医药医院也积极接待柬埔寨科学院的官员，2016 年 9 月 9 日，柬埔寨皇家科学院官员赴广西江滨医院考察中医药学文化，观看了中医的针法、灸法及拔火罐等技术在病人身上的施诊过程。[②]

通过广西药用植物园以及广西中医药大学等相关具备中医药背景的机构积极展开与柬埔寨的中医药交流活动，培养了柬埔寨识药、制药的人才，改善了柬埔寨当地的医疗环境，加强了广西与柬埔寨在中医药领域的交流与沟通，为广西与柬埔寨中医药领域的交流合作奠定了基础，深化了中柬国家间、地区间的友谊。

---

① 《广西赴柬越举办教育展，多重奖学金吸引东盟留学生》，中国新闻网，http：//news. sina. com. cn/o/2016 - 07 - 16/doc - ifxuaiwa7044607. shtml，2016 年 7 月 16 日。

② 《柬埔寨官员赴广西江滨医院考察中医药学文化》，《凤凰生活周刊》，http：//www. ifenglife. com/essay_ show - 4953 - shijixiangmu. html。

（二）药物技术研究与种植的合作项目

1991 年中国与东盟建立伙伴关系后，中国与东盟国家经济、政治、文化方面的交流与合作不断升级。近年来，中国与东盟在公共卫生传统医疗合作领域的合作不断增强。2004 年 11 月 29 日，第八次中国 - 东盟首脑会议通过的《实施东盟—中国和平与繁荣战略合作关系联合声明行动计划》中，明确指出未来中国与东盟“公共卫生合作”的行动计划。借助中国—东盟博览会的平台，协调发展中国—东盟在医药领域的合作，不断升级中国—东盟卫生部长会议和医学交流合作论坛的学术交流、研发、合作框架。①

2009 年 10 月 28 日，中国国家中医药管理局、国家民族事务委员会、广西壮族自治区人民政府共同主办的“2009 中国—东盟传统医药高峰论坛”正式开幕，会后基本达成对传统医药合作的共识，并发布《南宁宣言》，提出完善各国传统医学发展的政策、法规。在此背景下，广西作为辐射东盟国家的桥头堡，积极借助自身优越的地理位置和条件，参与到与东盟国家的交往中。

1997 年以来，中国每年都定期向柬埔寨提供医疗援助，但外援始终没能改善柬埔寨国内的医疗条件。柬埔寨虽然有适合中医药材种植的气候，却缺乏相应的药物技术对这些资源进行研发和利用的条件。近年柬埔寨学者多次到访中国中医药机构，看准柬埔寨在医药领域的需求后，广西地方政府积极借用中国—东盟的平台，为广西与柬埔寨合作牵线搭桥。

2016 年 10 月，南宁召开首届中国—东盟卫生合作论坛，通过《南宁宣言》，达成加强卫生人力资源互动、促进重大传染性疾病的

① 黄成授、陈洁：《亚洲史的创新范式：中国与东盟的合作共赢》，广西人民出版社，2011，第 188 ~200 页。

信息共享和联防联控等 6 个方面的共识。《南宁宣言》加强了广西在中国—东盟卫生合作框架中的重要作用，广西药用植物园与柬埔寨卫生部签署了开展中药戒毒药物研究、共建柬埔寨药用植物种植基地的合作协议。两项协议商定了双边从种植到研发的合作，是广西与柬埔寨展开中医药合作的初步试水。广西与柬埔寨共建柬埔寨药用植物种植基地，充分利用了柬埔寨的气候和土地优势，节省了国内的种植成本，对广西中医药机构和产业“走出去”起到了重要的示范作用，一定程度上满足了柬埔寨国内对中医药材的需求，对缓和柬埔寨国内医疗市场的矛盾起到了重要的作用。广西和柬埔寨实现了中医药资源和技术的互补，充分运用了广西“药都”的地位和地理位置，实现了中国与柬埔寨关于中医药种植、研发的首次合作，具有十分重要的意义。

（三）中医药义诊活动

柬埔寨缺乏技术和资金，对国内的药用植物资源利用不足。中国作为柬埔寨的友好邻邦，一直通过道义援助、互助的方式为柬埔寨的医疗环境和事业做出贡献，帮助柬埔寨缓解国内的医疗困境。自 2007 年开始，中国国防部应柬方邀请派出医疗团参与柬埔寨王家军总医院建设，之后，每年都向柬埔寨派遣医疗专家，帮助柬埔寨当地医院改善管理，提高当地医护人员业务水平，积极地为当地民众解除病痛，为柬埔寨的医疗卫生事业做出了极大的贡献。[①]

在此背景下，2016 年 10 月，“中华文化东南亚行——中医药文化行”活动在柬埔寨首都金边举行，广西派出著名中医药专家在金边开展义诊、健康养生讲座等形式的中医药交流活动。中医药文化

① 《“老干妈”再上征程——记中国赴柬埔寨专家王华》，国际在线，http：//gb. cri. cn/43871/2015/03/24/7971s4912030. htm。

行活动惠及柬埔寨民众，免费为柬埔寨民众诊治，为柬埔寨民众普及医疗知识，帮助柬埔寨民众了解和感受真实的中国传统医学，起到了宣传和推广作用。“中医药文化行”作为宣传中国传统医学的有效形式，使部分患者得到亲身的体验，让患者了解了中医药知识，为中医药的推广提供了便利的条件，提高其他国家对中医药的好感和认可度，为后续中国中医药企业走进东南亚国家市场打下了良好的基础。

三　“一带一路”倡议广西扩大与柬埔寨中医药交流的可行性

广西与柬埔寨之间关于中医药方面的合作还处在比较浅的层面上，双边在深化中医药合作与交流方面还存在极大的潜力，广西和柬埔寨之间的中医药合作和交流建立在资源互补的基础上，广西和柬埔寨在扩大双边中医药交流方面有各自不同的诉求。

（一）广西在扩大与柬埔寨中医药合作方面的优势

1. 资源优势

广西中医药资源丰富，种类多达4623种，是中国拥有中药材数量第二的省份。[①] 全国常用中药材有近20%产自广西，其中有10多种占全国总产量的50%～80%，罗汉果、鸡血藤、广豆根甚至高达90%以上。[②] 2012年底，广西药用植物园物种保存达到282科1773属7400种，其中珍稀濒危药用植物710种，位列世界上第二大的药

① 林江：《中国东盟传统医药——交流合作的历史、现状与发展对策研究》，广西人民出版社，2012，第100～101页。

② 韦波、欧波、庞声航：《广西中医药产业创新性发展战略的探讨》，《广西医学》2004年第3期，第437～440页。

用植物园。另外，广西特色的壮、瑶、侗少数民族医学，善于运用动物药解蛇毒、虫毒、食物中毒等。少数民族医学是广西中医药技术的一大特色，传奇的配方与技术经实践检验具有相当疗效。《壮族民间用药选编》收录的常用壮药有500多种，具有广西地方特色的壮药主要有广西千斤拔、龙船花、闭鞘姜、两面针、鸡蛋花、马鬃蛇、褐家鼠及蟒蛇等。[①] 这些药材为广西道地药材，是广西打造区域优势的医药产业的基础支撑。

2. 产业优势

广西在中医药材方面数量和种类方面的优势促使广西逐渐成为西南片区研发和制药的省份。广西地方政府明确指出“打造八桂药谷，创建南方药都，开拓西南药道，振兴民族药业”的发展思路，把生物医药产业列入广西六大工业支柱产业，鼓励开展中医药对外交流并给予财政扶持。通过现代技术，提取中医药材中的有效成分，制成在保证药效基础上服用更便携的中成药，受到了市场的欢迎。中药产业是广西的支柱产业，有全国50强的中药企业，以生产中成药为主的企业有140多家，其中上规模的有77家，中药产品有13个剂型，410种，其中国家新药18个、国家中药保护品种55个，并打造了西瓜霜、三金片、金嗓子、正骨水、骨痛贴膏等知名品牌。[②] 广西区域内的中医药产业发展势头良好，所研发的药物种类丰富、适用广泛，并且在国家、地方政府的支持下，不断提升整体产业的优势和实力。广西中药产业相对于东盟各国较具优势的十大中药技术领域，如治疗肝病、癌症肿瘤、胃病等具有显著的效果，具有开拓东南亚海外市场的优势。

① 林江：《中国东盟传统医药——交流合作的历史、现状与发展对策研究》，广西人民出版社，2012，第100～101页。

② 林江：《中国东盟传统医药——交流合作的历史、现状与发展对策研究》，广西人民出版社，2012，第103～106页。

3. 科研力量不断提升

广西的科研力量集中在大学、企业、医学研究所及政府机构当中。广西拥有西部领先的广西中医药大学、广西医科大学、桂林医学院、左右江民族医学院等高校，为广西培养了大批中医药人才，通过科学的教育和培养，经过本科、硕博士研究生的教育，中医药人才朝向专业化发展，研发和制药体系比较健全。

广西中医药研究所、广西民族医药研究院、广西药用植物园作为区域内中医药、民族医药的领军研发机构，近年来获得了不小的成就。广西中医药研究所 1956 年建所以来，获 80 多个药品研究批准文号证书，包括广西蛇药、卫康醇、脑心宁、祛风痛片、降压灵、肝炎灵及产值过亿元的肤阴洁洗液及两面针牙膏等，为广西中医药产业的发展提供了良好的支持。1985 年广西民族医药研究院建院后，出版了《壮族医学史》《中国壮医学》《中国壮药学》《中国壮医内科学》等民族医药著作，并参与制定了《广西壮药质量标准》（第一卷），为地区内的中医药著作体系的记录和完善做出了很大贡献。[①] 广西药用植物园培育药用植物新品种 30 个，制定并颁布实施中药材广西地方标准 78 项，获国家和省部级科技奖近 40 项（次），为广西区域内中医药的种植技术、中医药种植规范化、产业化做出了不小的贡献，设立的国家工程实验室——西南濒危药材资源开发国家工程实验室、自治区级重点实验室——药用资源保护与遗传改良重点实验室、自治区工程技术研究中心及广西中药材产品质量监督检验站，是广西中医药科研的核心支撑。坚实的中医药科研机构为广西与柬埔寨的中医药合作打下了良好的基础，也为广西与柬埔寨合作研制药物、制定共同的研究方案打下了良好的基础。

---

① 《我国壮医药事业的发展现状与问题调查》，国务院信息发展研究中心信息网，www. drcnet. com. cn/www/integrated/。

4. 战略与平台双重支持

2009 年国务院出台《关于扶持和促进中医药事业发展的若干意见》，为地方中医药事业的发展提出了指导。[①] 在此背景下，广西壮族自治区政府于 2011 年出台《关于加快中医药民族医药发展的决定》，旨在发展广西区内中医药产业技术，加强区域内的中医药医疗体系的建设，实现区域内中医药产业的升级和发展，并通过举办中国—东盟传统医药高峰论坛、中国（玉林）中医药博览会、巴马论坛—中国—东盟传统医药健康旅游国际论坛和桂林崇华中医街、百色靖西药市、建立中国—东盟传统医药科技文化合作交流中心等方式，进一步提升与柬埔寨在中医药领域的合作与交流水平。近年来，广西地方政府投入近 15 亿元用于区内中医药、民族医药体系的完善与建设。在广西地方政府对中医药产业的扶持下，广西的中医药科研机构和中医药院校得到了政策、资金上的支持，并借助国家的政策不断开展中医药医疗体系建设和对东盟国家的合作。

柬埔寨作为东盟成员国，积极借助中国—东盟博览会的平台，与平台在中国的永久举办地——广西达成共识，借鉴广西中医药研发的经验和技术，合作发展柬埔寨国内的中医药资源。2016 年，国家中医药管理局响应国家“一带一路”建设的号召，制定《中医药“一带一路”发展规划（2016～2020 年）》。广西作为国家“一带一路”的关键节点，具有一定战略优势和地缘优势，为广西与柬埔寨的中医药合作提供更多可能，建立在陆路和水路互联互通基础上的广西与柬埔寨中医药合作更加便利。在“一带一路”政策的支持下，广西和东盟国家实现贸易的转口和资源的互补，便利了人员的交流和学习，为广西与柬埔寨的中医药合作提供了更多的机会。

---

① 《正确把握好五方面关系——推动中医药事业科学发展》，国务院信息发展研究中心信息网，www. drcnet. com. cn/www/integrated/。

（二）柬埔寨扩大与广西中医药交流的驱动因素

1. 柬埔寨国内的医疗条件不足

当前，柬埔寨国内药用植物的开发利用缺乏技术和资金，国内的基础设施尚不完善，国内医药市场发展比较滞后等。[①] 政府对于医药行业的扶持不足，监管松懈，招标采购医药不透明，药品缺乏，假药充斥市场，国民对其国产药物缺乏信心。2012 年，柬埔寨 24 个省市内仅有 64 所医院，191 个医疗中心。[②] 柬埔寨国产药物严重不足，依赖进口。

表 1　柬埔寨国内已注册药品

单位：个

已注册药品种类/年份	2013	2014
现代药物	1591	953
传统药物	51	26
健康补充类药物	182	104
医疗器械	353	207
试剂	40	74
注册总数	2217	1364

资料来源：翻译自柬埔寨国家贸易指南，美国企业出口网站，https：//www. export. gov/article? id = Cambodia - pharmaceuticals - medical - supplies - and - medical - equipment。

如表 1、表 2 所示，2014 年柬埔寨国内注册药品的数量大幅度下降，在此情况下，柬埔寨国内药品产量严重不足。2013 ~ 2015 年，

---

① 郑焱、王志生、马建、陶相飞、李云龙：《“一带一路”战略下广西经济发展建议》，《合作经济与科技》2015 年第 20 期，第 16 ~ 17 页。

② 卢军、郑军军、钟楠编著《柬埔寨概论》，世界图书出版公司广东有限公司，2012，第 178 ~ 186 页。

柬埔寨进口药物的数额呈匀速上涨趋势，2015 年总共进口数额达到 119353 美元。2016 年，柬埔寨开始发展国内医药产业。通过大力引进外资，加强与美国、中国等建立联合药厂的合作等方式，柬埔寨的新注册药物迅猛增长。如表 3 所示，仅 2016 年一年，柬埔寨新注册药物达到 2031 种，重新注册药物达到 1165 种，共计 3196 种药物，创柬埔寨国内注册登记药物总数的新高。

表 2　柬埔寨进口药物数额

进口药物/年份	2013	2014	2015	2016
总共进口数额(美元)	94264	104876	119353	123266

资料来源：翻译自柬埔寨国家贸易指南，美国企业出口网站，https：//www. export. gov/article? id = Cambodia - pharmaceuticals - medical - supplies - and - medical - equipment。

* 以 1 美元 =4000 瑞尔丽汇率计算。

表 3　2016 年注册登记的医疗产品数量

单位：个

种类	新注册	重新注册	共计
健康补充类药物	220	103	323
医疗器械	335	130	465
现代药物	1298	838	2163
试剂	101	45	146
传统药物	77	49	126
共计	2031	1165	3196

资料来源：翻译自柬埔寨国家贸易指南，美国企业出口网：https：//www. export. gov/article? id = Cambodia - pharmaceuticals - medical - supplies - and - medical - equipment。

如表 3 所示，柬埔寨进口药物的数量远远超过当地药物的数量，根据柬埔寨卫生部规定，仅有由卫生部批准的企业才有进口药品、医

疗用品或医疗器械的资格。截至2015年4月，柬埔寨国内只有1990个注册的药房，293个准许进出口贸易的企业和13个医疗生产机构。据柬埔寨官员表述，目前柬埔寨国产药品仅占市场消费的15%，其余的85%依赖于进口。[①] 2016年柬埔寨国内注册药物数量大幅增加，但柬埔寨进口药物的数额仍远超当地药物。柬埔寨目前仍然主要依靠进口医药维持国内药物供应，虽然柬埔寨医药行业正处于上升发展时期，但急需国外的技术团队、医药公司投资柬埔寨的医药市场。

2. 中医药在柬埔寨具有适用性

直到2000年，世界上仍然有70%～80%的人相信草药能治疗疾病，柬埔寨也是其中之一。柬埔寨的自然环境优越，生长了许多草药，为柬埔寨人使用草药治疗疾病提供了便利，柬埔寨传统的治疗方法也以使用草药治病为主。柬埔寨传统使用草药治病的优势在于：（1）毒副作用小，患者对草药的耐受程度比较高。（2）花费较少，比起西药价格便宜，穷人能负担得起。（3）草药采摘容易，甚至可以在家里种植。[②]但柬埔寨草药治病也存在局限性，草药在针对一些疾病的治疗方面效果不大，比如说骨折、癌症、内脏病症。另外，使用草药治病缺乏相关的理论体系支撑，治疗效果不稳定，治疗需要娴熟技术的配合等。

在此基础上，中医药作为一门同样使用草药治病的医学，产生于中国原始社会时期。在春秋战国时期，中医药理论已基本成型，拥有《黄帝内经》《图经》《本草纲目》《东医宝鉴》等医学书籍。新中国成立后，中国积极引进西方医学体系和医疗技术，改进中医的治疗方

① 《柬埔寨卫生部官员介绍柬医药市场情况》，中华人民共和国驻柬埔寨经商参处，http://cb.mofcom.gov.cn/article/ddgk/zwminzu/201308/20130800275808.shtml。

② Mr. kep Bunly, Keo Chanosophea, Mun Thim, Ngoem Sophanny, Sao Layhour, Set Soriya, "University of Cambodia College of Social Science Herbal Medicine: A Case Study in Cambodia," Submitted for the course of Introduction to Anthropology, 20 May, 2014, pp. 1-3.

法、完善中医理论体系，当前的中医已经具备了一定的医疗实力和技术，当前中医药已经传播到183个国家及地区。2015年，中国医学专家屠呦呦因为发现青蒿素的使用而得到诺贝尔医学奖，使得中医药获得了世界瞩目。

基于当前柬埔寨国情限制，国内医疗能力和技术的不足，柬埔寨急需能帮助到最广大底层人民的中医药治疗技术。近现代以来，中国不断向柬埔寨提供医疗援助，派遣中医药医学专家到柬埔寨提供救助，受到柬埔寨人民的认可和支持。2000年12月，时任柬埔寨卫生部国务秘书的黄匹伦先生表示，柬埔寨人民近年来愈加崇尚中医中药，欢迎中国在柬埔寨建中药厂，让中医中药进入柬埔寨。柬埔寨卫生部食品药物局事务司的官员也曾公开表示：“中医药已在柬埔寨蓬勃发展，我们非常重视这一态势，我们正在积极研究其他国家的立法经验。”中医药在柬埔寨的发展是主客观条件共同作用的结果。中医药的优势吸引柬埔寨主动走进中国，柬埔寨的历史传统、现实条件则决定了柬埔寨与中方合作研发中医药的必然性。

四　广西与柬埔寨在中医药合作中存在的问题与解决路径

广西与柬埔寨之间已经开展了一些关于中医药的合作，但双边关于中医药的合作还存在继续深化和扩大的空间，广西和柬埔寨之间已有合作中存在的问题解决，应从如下几方面入手。

第一，广西与柬埔寨中医药合作呈现零散性、缺乏统筹性。目前，广西与柬埔寨中医药领域合作水平低，双边合作主要集中在广西中医药大学、广西中草药植物园这两个机构，合作局限在政府推动层次上，企业、民间的合作与交流比较少。双边合作比较零散、缺乏统筹的管理和安排，尚未形成门类分清、循序渐进、利益权责清晰的合作体系，合作范围未覆盖产、学、研体系，缺乏对双边优势资源技术的考量。主要体现在，柬埔寨中医药产业园的建立作为政府机构的合作，缺乏规范性的标准及时间规划、双边权责不明确，没有为民间、企业与柬埔寨合作做好榜样。另外，广西医药企业参与较少，以向柬埔寨出口中医药材、出口现成药物为主，双边有待发展出更多层次、更多领域的深度合作。广西中医药企业作为广西中医药体系中产、学、研的一部分，对加强双边的合作具有重要的作用。

第二，广西中医药国际化的水平比较低。目前，广西中医药产品在出口市场中不占优势，广西中医药出口以原材料初级加工品为主，中成药出口比率小，并且很难通过欧盟的重金属检测。根源在于，广西中医药种植、加工、生产链条松散，缺乏规范化的管理。由于广西中药材多为农户自己种植，缺乏政府统筹协调和企业牵头，缺乏中医药专家的指导，农户对国家要求的质量标准和种植方法并不了解，使用“农药”除病虫害，影响了药物的使用安全，在出口时受到极大的限制。另外，在药材加工的过程中由于缺乏科学方法进行指导，导致药材的药用价值受到影响。关键还在于，广西医药企业自身管理松懈，未按照国际标准生产出符合出口的中医药产品。广西需改善中医药出口结构，加强对外竞争力。[①] 由于中医药医学缺乏理论体系的认证、验证标准和规范，东盟国家也只是将中医药店定义为商店。要使得其他国家承认中医药医学，我们要利用现代科学技术，加快中医药现代化、科学化的速度，使其在使用上能够更便捷。

第三，广西与柬埔寨之间的中医药人才不足。要改善柬埔寨的医疗环境需要大量中医药人才的努力，广西与柬埔寨之间无论是语言型人才，还是中医药人才都相当缺乏。当前，广西派往柬埔寨进行义诊

---

① 赵新力、贾谦、傅俊英：《中医药在国外的状况及启示》，《中国软科学》2004 年第 5 期，第 93 ~97 页。

的医务工作人员当中，几乎没有能直接使用柬埔寨语言的医生，双边尚未做好关于配套服务人员的安排，广西从事医药研究或者疾病治疗的学者和医生大多数不能够自由地与柬埔寨当地的患者和科研人员展开交流，必须采用翻译介入的方式来完成关于中医药技术的交流和诊治，延缓了广西与柬埔寨之间开展中医药合作的效率，使得双边关于中医药的交流和合作进展缓慢。另外，广西为柬埔寨提供的中医药学历教育与非学历教育的培训，是否能得到柬埔寨社会的认证，还缺乏相应制度保障。这造成了来华学习中医药的学生归国后，无法进入正规医院的局面，一定程度上影响了广西为柬埔寨培养中医药人才的效果。

解决好广西与柬埔寨之间中医药合作中存在的问题，是继续深化合作的关键所在。第一，广西与柬埔寨加紧中医药合作的体系化和规模化。广西与柬埔寨双边应逐步细化双边合作的章程和规范，推动已有合作的进展。大小中医药企业、各中医药学校以及临床医学和药物实践研究中心要参与到与柬埔寨的合作之中。广西大小中医药企业是广西医药产业的核心，掌握广西中医药的核心专利，是集科研能力和现代化生产水平为一体的中医药研究制药机构。柬埔寨国内医疗事业发展缓慢，医药生产能力落后，国内药物稀缺，价格昂贵，国内医药市场上流通的药物以进口药为主。广西中医药企业可以走出国门，在柬埔寨建立药品加工厂，生产中医药饮片、中成药，直接供应到柬埔寨国内医药系统中，可以节约广西中医药厂生产中医药饮片、中成药的成本，扩大广西医药产业的规模和经济产值，传播中华民族优秀的中医药文化，深化中国和柬埔寨友好邻邦的友谊。

第二，广西要推动区内中医药产业的国际化水平。广西中医药主要有中医药饮片和中成药两种，广西中医药出口主要以中医药草药饮片为主，利润较低，出口遇到较大瓶颈。广西地方政府要提高中医药出口水平，首先要拿出专项资金对药农进行扶持，鼓励药农规范化种植，给药农集中的城乡配备中医药种植育种员，帮助药农科学减少病虫害，保证中医药符合出口的需求，对检测结果符合国际标准的药农发放种植补贴，鼓励农户们科学培养中药材。政府可以作为药农和大小中医药企业之间的协调人，成立大型的药物交流市场，促进中医药标准化和规模化种植。另外，广西的中医药企业要学习日本、韩国、印度等国的草本药材出口大企业加工中医药材的技术，按照国际标准和需求来进行中医药的生产，学习它们进行中医药交易的服务模式，强化自身企业的管理和服务，在出口贸易中获得优势。按照国际统一规则，广西医药产品制定与道地药材、原料产地相结合的统一规则与标准。[①] 政府也要鼓励大型中医药企业走出国门，主动提升企业现代化和国际化程度，加快中医药技术与医药产业的结合。加大对中医药的宣传技术，多多开展中医药文化行的活动，消除偏见，让更多的人感受到中医药的治疗效果。

第三，广西与柬埔寨加强相关人才的培养。广西与柬埔寨之间中医药复合型人才的不足影响了双边交往的效率。广西与柬埔寨之间需要的中医药复合型人才不仅需要掌握基本药理，能够治疗基本的疾病，还应该能运用汉语和柬埔寨语展开基本的交流与沟通。中医药学校应抓好语言和药理学习两个部分，中医药复合型人才的培养是广西与柬埔寨深化中医药合作中的关键。政府应加大双边中医药人才培养力度，创建文化交流平台。新一阶段，广西与柬埔寨在中医药学校的交流当中应该注意专业性和针对性，在人才的培养中以中医药应用型复合人才的培养为主，加强双边中医药人才的交流和学习，同时强化语言的学习。定期为已经在柬埔寨开设中医药馆的医生开展中医药从业人员的进修班和培训班，保质保量地为双边交流提供相应的人才。

① 黄柏良：《关于加强中药管理工作之我见》，《湖南中医杂志》1985 年第 3 期，第 37 ~ 38 页。

政府应加大对中医药人才教育的投入，在广西中医药大学、广西医科大学、桂林医学院等广西知名的医药大学设立相应的柬埔寨学生培训点，鼓励柬埔寨学生到广西留学，毕业后服务于广西与柬埔寨之间的中医药贸易往来。关于柬埔寨中医药留学生回国的学历认证问题，中柬之间要加强相关协商，达成共识，为柬埔寨留学人员提供方便的就业途径。

五　广西与柬埔寨开展中医药合作前景的展望

中医药文化是我国文化软实力的重要组成部分，以广西与柬埔寨中医药合作为内涵，从文化软实力的视角，探究我们展开对东盟国家公共外交的优势，对广西与东盟国家间开展经济、贸易活动具有重要影响。

首先，广西要更多地开展中医药义诊等活动，加大中医药文化的宣传力度，让更多的柬埔寨人能够感受到中医及中医药的魅力。其次，广西的中医药企业要努力提高自身的国际化水平，努力走出国门，扩大出口，全面开展中医药产、学、研三个领域的合作，提高合作的层次和规模。最后，广西要充分借鉴日本、韩国、印度等国家的中医药企业的出口经验，配套我国中医药领域服务体系的合作，加强中医药复合型人才的培养。广西与柬埔寨的中医药合作具有良好的前景，双边开展中医药合作存在互补性和必然性，响应了国家建“丝绸之路经济带”和“21 世纪海上丝绸之路”的号召，对发展地区优势产业，积极开展与东南亚国家的经济合作和文化交流做出了良好的示范。

总体来说，广西与柬埔寨的中医药交流刚刚开始，广西与柬埔寨已经认识到了合作对于双方都能产生效益，可以预见，广西和柬埔寨之间的中医药合作还存在深化拓展的空间。广西借助和柬埔寨开展中医药交流合作的机会，发展广西的中医药产业，推动了广西中医药走向国际化，缓解了柬埔寨国内药品不足的问题。合作实现了广西与柬埔寨中医资源与中医药技术的互补，成为广西与柬埔寨开展公共外交的新渠道，增进了中国和柬埔寨友好邻邦的友谊，为今后广西打开东盟其他国家中医药市场提供了发展的路径和规范，为中国贯彻睦邻友好的外交政策做出了贡献。

专 题 篇

Thematic Articles

Y.13

大国关系变动下东盟国家的战略选择

——基于20世纪60年代末以来历史演变的分析

陈奕平　王琛*

摘　要：　东盟的成立既是国内政治经济发展的需要，也是应对国际形势变动的重要举措。经过50年的发展，东盟在地区经济合作、地区安全，乃至国际合作中发挥越来越重要的作用。东盟发展的重要条件之一就是处理好与大国的关系。本文分析20世纪60年代以来大国关系变动对东盟主要国家外交选择的影响，主要的观点有，1. 东盟主要国家对外战略选择经历了“一边倒”，到有限调整，再到“大国平衡”的演变。2. 东盟主要

* 陈奕平，暨南大学国际关系学院/华侨华人研究院副院长、教授；王琛，暨南大学国际关系学院博士生。

国家战略选择的依据或逻辑包括：（1）促进经济发展和区域合作；（2）通过内部制衡和外部制衡方式，如加强自身防务力量和东盟国家之间的军事合作以及继续“留住”美国等，维护自身安全和主权；（3）防范意识形态威胁，维护政权安全。3. 如何处理与崛起中的中国和霸权国家的美国之间的关系，将考验东盟国家领导人的智慧。

关键词： 大国关系的变动　东盟国家　战略选择　历史演变

当今国际关系的不断变化，特别是大国关系的变化，对东盟国家有着重要的影响。近几年来，伴随着中国综合国力的崛起，中国对东南亚地区的影响也随之变化，尤其是“一带一路”倡议对东盟国家发展是一次重大的机遇；而美国奥巴马政府时期推行的“重返亚太”战略，也对东盟国家有着十分重要的影响。虽然美国特朗普政府的东南亚政策尚未完全展现，但从目前态势上看美国对东盟的政策没有大的变化。同时，日本、印度等大国的政策变化也影响到东盟国家的经济、政治、外交等方面。这些大国之间的关系变化，特别是随着中国的崛起引起的变化，对东盟国家的外交选择有着重要的影响。

从国际关系理论分析中，我们可以看到大国关系的变化往往会引起中小国家的外交政策发生变化，中小国家会采取追随战略、依赖战略、抗争战略、大国平衡战略、对冲战略等外交选择，这些都是中小国家为了在大国关系变化中谋取自身的利益所做出的选择，而东盟的成员国基本上都是中小国家，因而东盟国家的外交选择受到大国关系变化的影响是在所难免的。本文探讨国际局势，尤其是 20 世纪 60 年代末 70 年代初至 21 世纪初大国关系变动下东盟国家外交选择的变化。

一　东盟国家的外交战略选择变化

东盟成立至今，其成员国的外交选择历经几个重要阶段。笔者曾提出二战后美国—东南亚关系的“20 年周期”说，即二战以来美国东南亚政策演变大致经历了 1949～1969 年、1969～1989 年和 1989～2009 年三个“20 年周期”。[①] 在拙著《依赖与抗争——冷战后东盟国家对美国战略》对东南亚国家与美国关系的阶段划分[②]基础上，可将东盟主要国家的外交选择变化划分为以下几个阶段：（1）20 世纪 60 年代末至 80 年代末；（2）20 世纪 80 年代末至 21 世纪初；（3）21 世纪初至今。[③]

1. 20世纪60年代末至80年代末：透过东盟方式和大国作用，解决地区冲突

二战后，东南亚国家纷纷摆脱西方殖民统治，建立起民族国家，而此时美苏对抗的冷战时代刚刚开始，在东南亚地区的争夺也逐渐展开，加之英法荷等殖民国家借机重返东南亚，因此二战结束初期，东南亚国家的外交选择主要是反殖民统治，但是随着冷战的开始，东南亚国家对共产主义威胁的恐惧以及自身安全的考量，大多数东盟国家选择依靠美国，加之美国此时需要东南亚国家来遏制苏联和中国，因而二战后至 20 世纪 60 年代末，东南亚国家的外交选择基本上是依赖于美国，“最初，双方关系常常以美国的利益为转移，东南亚国家在很大程度上处于被动地位。随着东南亚国家国际地位的提高，特别是东

① 陈奕平：《从奥巴马到特朗普：美国东南亚政策的走势》，《东南亚研究》2017 年第 1 期。

② 陈奕平：《依赖与抗争——冷战后东盟国家对美国战略》，世界知识出版社，2006。

③ 本文主要是阐述东盟成立之后的东盟国家的外交选择，因而选择 20 世纪 60 年代末作为分析的起始点。

盟的建立和美在越南战争中的失败，美国的支配地位愈来愈下降了。"[①]这正是霸权稳定论中所表述的霸权国与小国之间的依附关系。[②]

到20世纪60年代末70年代初，美国陷入越战泥潭以及随后的撤军行动，加之受到石油危机的影响，导致自身实力相对衰落，进而在与苏联的对抗中处于守势。1969年尼克松在关岛发表演说，谈及亚洲盟友时表示："在国内安全问题上，在军事防务问题上，除非受到一个大国的带有核武器的威胁以外，美国将鼓励并有权期望逐渐由亚洲国家本身来处理，逐渐由亚洲国家本身来负责。"[③] 这个所谓的"尼克松主义"的实质是收缩美国在亚洲的战线，尤其是从东南亚抽身，让亚洲盟友更多地承担自身的防务，随后，美国进行军事收缩，并逐渐改善与中国的关系。[④] 面对美国的收缩战略，东盟国家出现忧虑。"东南亚外交官和政治领导人就开始不断表达对美国的力量、决心和可靠性的疑虑。在1975年春夏季时期，泰国总理克立（Kukrit Pramoj）、菲律宾总统马科斯和新加坡总理李光耀都公开质疑美国的可靠性。他们及其他地区领导人都承认阮文绍（Thieu）和朗诺（Lon Nol）政权最后的日子是令人震惊的景象，尤其是美国面临失败所表现出的无能及强硬态度对他们的冲击。"[⑤] 东盟国家开始调整外交政策。一方面，缓和与社会主义国家的关系；另一方面，加强东盟国家的团结与合作，增强东盟的力量，以期解决其面临的经济、政治、安全和文化问题。[⑥]

---

① 张锡镇：《东南亚政府与政治》，广西人民出版社，1995，第400~401页。

② 〔美〕罗伯特·吉尔平：《世界政治中的战争与变革》，武军、杜建平、松宁译，邓正来校，中国人民大学出版社，1994，第29~31页。

③ 杨生茂主编《美国外交政策史：1775~1989》，人民出版社，1991，第555~556页。

④ 陈奕平：《从奥巴马到特朗普：美国东南亚政策的走势》，《东南亚研究》2017年第1期，第107页。

⑤ Robert J. McMahon, *The Limits of Empire*: *The United States and Southeast Asia Since World War* Ⅱ, New York: Columbia University Press, 1999, p. 188.

⑥ 陈奕平：《依赖与抗争——冷战后东盟国家对美国战略》，世界知识出版社，2006，第32页。

1978 年，越南对柬埔寨的入侵不但严重威胁着泰国和其他东盟国家的安全，也使美国感到苏联扩张态势的压力和威胁，这促使东盟同美国的安全关系在 20 世纪 70 年代末 80 年代初重新有所加强。在里根政府时期，美国将东南亚看作与苏联进行全球争夺的一个重要基点，在多方面加强了与东盟国家的军事安全合作，同时还改变卡特“人权外交”的强硬做法，转而实行温和的劝说方法。然而到 20 世纪 80 年代中后期，东南亚国家的发展目标逐渐走向稳定与繁荣，且此时美苏关系正处于缓和时期，因而此时东南亚国家在美国外交议程中再次处于次要位置了。

冷战时期，为了遏制共产主义的需要，美国曾对东盟国家进行各种形式的援助，向东盟各国开放市场，并为它们的出口商品进入美国市场提供各种优惠。到 20 世纪七八十年代，东南亚国家为发展经济，先后采取了出口替代等发展战略，但当时美国、日本等西方发达国家掌握了资金、技术，东南亚国家想发展自身就必须引进这些国家的资金、技术，利用其市场，打开自身发展的路径，因而东南亚国家对于美国、日本乃至欧共体具有很大的经济技术依赖。

2. 20世纪80年代末至21世纪初：实施“大国平衡”战略，促进地区稳定与繁荣

20 世纪 80 年代末 90 年代初，美苏关系的缓和及苏联的军事收缩，加上美国国内孤立势力的压力，促使美国调整其亚太战略，逐渐收缩在东亚的军力部署。1991 年苏联解体，冷战正式结束。一方面，“东盟各国实际已经不存在来自任何外部大规模入侵的威胁，它们已经不需要美国的军事保护了”[①]。另一方面，虽然超级大国苏联的安全威胁基本解除，但东盟各国领导人的安全感却并未随之增加，相反，他们担心中国、日本和印度可能填补美、苏两个超级大国收缩和

① 曹云华:《东南亚区域合作》，华南理工大学出版社，1995，第 211 页。

撤退后留下来的权力“真空”并引发地区动荡和灾难。[①]

东盟逐渐倾向一致的看法是，日本、中国和印度的崛起是对东南亚地区的潜在安全威胁，有必要采取“拉住”美国的军事安全战略，以平衡日本、中国和印度的所谓威胁。如与美国定期举行联合军事演习，接受美国的军事装备，向美国租借军事基地等措施。但同时，东盟国家也对美国干预其内政的做法进行了抵制和抗争，“东盟国家希望发展与美国的关系，但是要按照他们的方式来进行。他们渴求美国的产品，看重美国投资带来的工作，竭力使他们的产品进入美国市场，恳求美军适当地驻扎以平衡中国和其他地区大国的领土野心。他们不愿意听到美国人就西方政治、经济开放等价值观方面伪善的布道。他们也不会容忍美国干预他们的内政。”[②] 如新加坡和马来西亚倡导“亚洲价值观”，反对“美式人权民主观念”，在东盟国家内部出现问题时坚持不干涉内政的原则等，以此来与美国进行抗争。而在处理与这些大国的关系中，东盟国家逐渐确定了大国平衡战略，并且不希望大国之间发生冲突，以免“殃及池鱼”，损害东盟国家自身的利益。

自 20 世纪 90 年代开始，随着中国经济的快速发展和国力的迅速增长，美国将中国视为潜在的挑战者，对华采取“接触加遏制”（congagement）政策。中美关系成为东盟国家外交选择的重要考量因素。以新加坡倡议的“大国平衡”战略逐渐为东盟主要国家接受，成为东盟国家的战略选择思维，即大国相互平衡，以获取经济和安全利益，但不希望大国冲突。

在经济方面，东盟国家仍然采取争取美国资金、技术和市场的战略，但同时东盟也尽量减少对美国的依赖性，尤其是中国经济的高速

① 陈奕平：《依赖与抗争——冷战后东盟国家对美国战略》，世界知识出版社，2006，第 59 页。

② Robert J. McMahon，*The Limits of Empire*，pp. 215 –216.

增长和市场的巨大发展潜力为东盟国家带来巨大的贸易预期值，利用日本、中国和其他东亚国家资金和市场成为东盟国家改变对美经济战略及减少依附性的重要手段。具体来说，东盟国家采取了以下几个经济贸易措施：（1）继续利用美国资本、技术援助和市场；（2）扩大东盟，推动东南亚一体化进程，增强区域经济合作，以增强对大国的讨价还价能力；（3）中国等东亚经济体经济的发展，使得东盟国家逐渐采取市场多元化战略，以减少对欧美市场的依赖；（4）调整不合理的经济关系；（5）积极利用整体力量在关贸总协定（GATT）和世界贸易组织（WTO）、亚太经合组织等国际组织与美欧大国相抗衡，反对欧美大国借人权、劳工标准对发展中国家实行贸易歧视。[①]

2001 年发生“9·11”事件后，东盟国家加强了与美国的反恐合作。2001 年 11 月东盟首脑会议首次通过《东盟打击恐怖主义联合行动宣言》，该宣言提出了一系列的“反恐行动计划”，在双边、地区和国际反恐斗争中，加强综合性的合作，同时也明确指出，就国际范围来说联合国应起主要作用。[②] 反恐战争使菲美双方之间的安全合作关系迅速升温，用美国总统小布什的话说，美菲在反恐战争中已经是“军事同盟”。[③] 因为印尼对美国全球反恐战争具有重要的战略意义，所以，“9·11”事件后，小布什政府主动采取了一系列行动，向印尼示好，印尼也顺水推舟，利用这一有利时机，改善与美国的关系。[④] 但是印尼对此还是有所保留的，因为印尼自身是一个伊斯兰国家，“印尼对美国提供援助打击国内恐怖主义表现十分慎重，一直否认是用来对付国内穆斯林极端主义，而是把美国引导到打击国内分离

① 陈奕平：《依赖与抗争——冷战后东盟国家对美国战略》，世界知识出版社，2006，第 211 页，第 253 页。

② 张锡镇：《2002 年东南亚反恐回顾与展望》，《东南亚纵横》2003 年第 4 期，第 1 页。

③ “Bush says U. S. , Philippines must cooperate in war on terror”, *Chicago Tribune* (IL), Oct 18, 2003.

④ 曹云华：《九一一事件以来美国与东盟的关系》，《当代亚太》2002 年第 12 期。

主义和各种恐怖破坏活动上，其中包括亚齐和巴布亚等地区的分离主义活动。”[①] 对于另一个伊斯兰国家马来西亚来说，也改善了马美关系，加强了合作，但是合作是有限的。越南一方面担心美国的“和平演变”，另一方面“也十分重视与中国的关系，担心与美国开展过于密切的军事合作会‘刺激’中国。至于长远的未来，则要视乎越南与中国和美国的关系、中美关系及地区形势，尤其是南沙群岛问题的走向”[②]。新加坡与美国的军事安全合作也明显加强了。2003 年 1 月，新加坡与美国签署《美新防务与安全战略合作伙伴框架协定》，到 2005 年 7 月，美新签订了《关于建立更紧密防务和安全合作伙伴关系的战略框架协定》，美国在该协定中强调新加坡是“重要的安全合作伙伴”，并“将扩大两国目前在反恐、防扩散、联合军事演习和训练、政策对话和防务技术等领域的合作范围”[③]。

3. 21世纪初至今：“有限制衡 + 东盟共同体建设”，适应中国崛起“新常态”

2008 年以来美国的次贷危机对世界经济政治影响深远，加之美国因第二次伊拉克战争的消耗，使得美国经济发展乏力，而此时期东亚经济迅速发展，尤其是中国开始成为世界第二大经济体。随着中国的崛起，大国关系也相应发生了变化，在东亚地区中日对地区主导权的竞争，而美国奥巴马政府实施“亚太再平衡战略”，推动 TPP 谈判，强化日美同盟关系，以防止中国挑战美国的霸权地位。美国布鲁金斯学会约翰·桑顿中国中心及外交政策项目资深研究员杰弗里·贝德于 8 月 29 日在布鲁金斯官网发布博客文章《奥巴马的中国及亚洲

① 翟景升：《印尼参与积极心情复杂》，《参考消息》2002 年 8 月 8 日，第 11 版。

② 陈奕平：《依赖与抗争——冷战后东盟国家对美国战略》，世界知识出版社，2006，第 123 页。

③ 曹筱阳：《九一一事件后美国在东南亚的军事存在及其影响》，《当代亚太》2006 年第 3 期，第 25 页。

政策：牢固的双保险》，认为奥巴马政府亚洲政策的主要成就包括："在缅甸建立民主制，美国决定加入东亚峰会并开始努力把它变成一个重要的地区安全论坛，与日本、韩国及其他同盟国的安全关系明显加强，以及深化与东盟（ASEAN）10 个成员国的关系。"[①] 另外，美国还搅局南海问题，拉上日本、印度等域外大国对中国与东盟国家的南海问题谈判进行干涉，典型的例子就是推动菲律宾南海仲裁案。而在中国的"一带一路"倡议中东盟国家扮演着十分重要的角色，中国与东盟国家间的合作机制也越来越多，合作深度和广度随着中国的崛起也会加强，然而双方的矛盾也会不断涌现，此时美日等国借机干涉，想破坏中国－东盟关系。总之，东南亚地区易成为中美等大国博弈的主要地区。

面对这种情况，东盟国家的外交选择难题在于如何适应中国快速崛起后的冲击，以及如何在中美之间进行选择。笔者同意如下观点："由于中国崛起引发大国竞争可能产生的影响，且在对冲过程中整体提升东盟的抗御力和吸引力，东盟保持住了地区合作框架的支点地位……在未来，东盟的对冲战略将会遇到更大的挑战，因为东盟自身的凝聚力仍然有待提高，然而地区风险尤其是大国竞争却正在急速上升。如何应对新形势下不断衍生的困难，则是摆在东盟国家面前的长期挑战。"[②] 另外，东盟国家也加强自身的建设，进一步推动地区一体化进程，建立东盟共同体（The ASEAN Community）[③]，试图将东盟

① Jeffrey A. Bader，"Obama's China and Asia Policy：A Solid Double"，https：//www. brookings. edu/blog/order－from－chaos/2016/08/29/obamas－china－and－asia－policy－a－solid－double，最后访问日期：2017 年 5 月 14 日。

② 史田一：《地区风险与东盟国家对冲战略》，《世界经济与政治》2016 年第 5 期，第 101～102 页。

③ 2015 Kuala Lumpur Declaration on The Establishment of The ASEAN Community，ASEAN，the 27th ASEAN Summit in Kuala Lumpur，Malaysia，November 22nd，2015. http：//www. asean. org/wp－content/uploads/2015/12/KL－Declaration－on－Establishment－of－ASEAN－Community－2015. pdf，最后访问日期：2017 年 5 月 14 日。

打造成融合大国合作的平台，从中为东盟国家谋取更多的利益。

美国新总统特朗普上台后，并未像其竞选期间表达的那样处理不好中美关系，2017 年 4 月的“习特会”已经传达出中美关系向良好的方向发展的信息，但是不能否定的是中美之间仍然还有竞争性的关系，并且这种竞争会长期存在。特朗普在亚太会收缩，但只是局部性的收缩，整个战略布局不会出现大的变动。“处在中美两大国之间，东南亚国家希望看到的最佳状况是中美良性竞争，可以获得双方献出的‘殷勤’，得到实惠；而最不希望看到的结果是中美冲突，殃及东南亚的‘城池’。”[①] 因此，东盟国家在今后仍然会采取有限制衡的战略，适应中国快速崛起后的现状，谨慎应对中美关系的波动，维护自身的利益，以免自身成为大国竞争、冲突的棋子，继续充当区域合作的“助推器”和“驾驶员”。

二　东盟国家战略选择的逻辑

大国关系变动下东盟国家战略选择的逻辑是什么？笔者认为，一是促进经济发展和区域合作；二是内部制衡和外部制衡方式，如加强自身防务力量，东盟国家之间加强军事合作，继续“留住”美国等，维护自身安全和主权；三是防范意识形态威胁，维护政权安全。当然，各国情况不同，与大国关系各异，面临的威胁不一，东盟主要国家的具体政策也会有差异。

1. 促进经济发展和区域合作

东盟成立之初的目的是保卫自己的安全利益，并与美国等西方国家保持战略关系的联盟，合作层次比较低，仅限于探讨经济、文化

---

① 陈奕平：《从奥巴马到特朗普：美国东南亚政策的走势》，《东南亚研究》2017 年第 1 期，第 112 页。

等。“1976 年后，东盟发展的步伐有所加快。它主要表现在政治合作方面。”[①] 1976 年 2 月第一次东盟首脑会议上签署了《东南亚友好合作条约》与《巴厘宣言》，此后东盟各国在政治、经济和军事等领域加强合作，推动了东盟国家的经济、政治发展，使东盟的实力逐步上升，成为一个在国际舞台上具有一定影响力的区域性组织。

在 20 世纪六七十年代面对美国的战略收缩所带来的影响，东盟国家通过加强合作以增强自身的力量，来应对所面临的挑战。东盟在此时期设想将自身建设成中立化的地区，并且加强政治合作，初步确定对军事合作的态度，各国之间进一步加强经济合作。在政治方面，东盟各国定期举行会晤，协商共同关心的重大问题和议程，协调各国之间的政治利益主张，以期形成谅解和合作。在安全和防御合作上，“东盟虽然拒绝在其组织框架内发展多边军事合作，却不反对成员国在双边形式下加强彼此间的军事联系。”自 60 年代末到 70 年代中期，东盟国家逐渐加强双边军事合作和情报交换，以加强对海峡通道和其他周边海域的控制以及追剿反政府游击队。经济合作方面，继续进行海运项目合作，以东盟的名义在对外经济交往中同欧共体和日本打交道。[②]到 80 年代末 90 年代初，东盟一体化进程进一步推进。最为重要的是此时期印度支那地区和平的实现，尤其是柬埔寨问题的政治解决“宣告了印支对东盟这一地区性冷战格局的解体”，两个国家集团由对抗走向对话，并逐步实现关系正常化。[③] 1994 年 5 月，东盟六国及印支三国和缅甸的高级官员、专家在马尼拉举行会议，发表题为“2000 年后东南亚——关于一项设想”的声明，强调：“东南亚国家基

① 赵晨：《东南亚国家联盟：成立发展同主要大国的关系》，中国物资出版社，1994，第 53 页。

② 赵晨：《东南亚国家联盟：成立发展同主要大国的关系》，中国物资出版社，1994，第26～48 页。

③ 曹云华：《东南亚区域合作》，华南理工大学出版社，1995，第 111 页。

于共同的命运，必须建立一个地位平等的主权国家组成的多元化的东南亚共同体”①。1995 年越南加入东盟，1997 年老挝和缅甸同时加入东盟，1999 年柬埔寨也正式加入东盟。至此最终形成现在的大东盟。

从冷战时期成立到完成最终的定型，东盟的目标始终围绕着促进地区经济发展和区域合作，在大国关系变动的情况下，东南亚的中小国家通过这种合作组织——东盟这个平台来维护自身的经济安全利益，另外也通过合作达成集体安全机制，防止出现冷战时期越南入侵柬埔寨的现象。

2. 实施内部制衡和外部制衡战略

在冷战时期，东盟成立之初就面临着越南战争等问题，东盟国家的主要目标是防止苏联和共产主义阵营继续南扩；到了 20 世纪 70 年代，越南想谋求地区霸权，进而威胁到东盟国家。为了制衡越南，东盟国家加强合作，改善与社会主义国家的关系，1975～1978 年，“东盟国家虽然继续拒绝苏联关于建立亚洲集体安全体制的设想，却希望在一定程度上改善同苏联的关系，以牵制越南，并平衡其与中国关系的发展，同时相对增强其同美国讨价还价的地位。”② 1978 年，越南大举入侵柬埔寨，控制印支三国，严重威胁着泰国和其他东南亚国家的安全。③ 同时苏联与越南结盟，并且开始使用金兰湾海军基地。越南和苏联的一系列动作都威胁到东盟国家和美国的战略利益。“美国为吓阻苏越进一步南下，同时防止东盟国家在苏越扩张的严重威胁下滋长‘中立化’倾向，一方面着手加强在整个亚太地区的军事力量，另一方面强调支持东盟抵制苏越扩张。”④ 到 80 年代中后期，随着美

① 曹云华：《东南亚区域合作》，华南理工大学出版社，1995，第 111 页。

② 赵晨：《东南亚国家联盟：成立发展同主要大国的关系》，中国物资出版社，1994，第 203 页。

③ 陈奕平：《依赖与抗争——冷战后东盟国家对美国战略》，世界知识出版社，2006，第 36 页。

④ 赵晨：《东南亚国家联盟：成立发展同主要大国的关系》，中国物资出版社，1994，第 152 页。

苏关系缓和及东南亚的稳定与繁荣，东南亚在美国外交战略中再返次要地位。东盟各国由于经济实力的增强和国际地位的提高，也逐渐改变对美国的态度。

冷战的结束给东南亚带来一些和平红利，如柬埔寨问题的和平解决、东盟与印支集团对抗终结等。但东盟各国领导人的安全感却并未随之增加，相反，他们“对冷战结束给东南亚地区产生的负面影响看得多一些，严重一些。……也就是东盟国家的领导人对后冷战时代的东南亚地区的安全环境持比较悲观的态度，把前景看得较为暗淡”[①]。东盟各国领导人对冷战后东南亚地区局势的担忧，或者说认知的安全威胁，就区域外层次而言，主要体现在：中国、日本和印度可能填补美、苏两个超级大国收缩和撤退后留下来的权力“真空”并引发地区动荡和灾难。[②] 为此，东盟国家希望通过与美国建立军事安全合作关系及建立东盟地区论坛等手段，设法“拖住美国”以平衡中国、日本甚至印度。

沃尔特从“威胁平衡”理论出发，认为“国家间结盟乃针对威胁，而不是单纯针对权力”[③]，“它们（结盟）的行为是由它们感知的威胁决定的”[④]。笔者认为，对大国进攻性意图的认知是影响东盟国家安全观的关键因素。至于冷战后东盟国家为何将美国视为“良性的超级大国”，笔者认为主要源自以下因素：历史上美国与东盟国家（指东盟五国）交往中形成的“亲善”形象；美国“新自由主义的‘王道’霸权”特征；美国在军事安全及经济发展中所起的重要作用。

---

① 赵晨：《东南亚国家联盟：成立发展同主要大国的关系》，中国物资出版社，1994，第109页。

② 曹云华：《东南亚区域合作》，华南理工大学出版社，1995，第109～129页。

③ Stephen M. Walt, *The Origins of Alliances*, Ithaca, N. Y.: Cornell University Press, 1987, p. 5.

④ Ibid., preface, Ⅷ.

3. 防范意识形态威胁，维护政权安全

布赞（Barry Buzan）认为："政治威胁瞄准的是国家的组织稳定性。它们的目标范围可能是从给政府施压产生一个特殊政策，从推翻政府，到挑起分离主义、破坏国家的政治结构，从而在军事攻击之前使其先遭到致命削弱。国家的观念，特别是其民族认同与组织化的意识形态，以及表达这些观念的机制是政治威胁的一般性目标。既然国家是一个基本的政治实体，那么政治威胁就可能像军事威胁一样恐怖。特别是，当其目标是一个弱国时尤其这样。"① 在这里，布赞从观念、物质基础和制度三个方面谈到了政治威胁。他还认为，"政治威胁"可以分为："（1）政治单元的内部合法性，主要是指意识形态与其他定义国家的基本观点的合法性。（2）对国家的外部'承认'，即外部合法性。来自外部的威胁并非必定指向主权，也可以瞄准其意识形态的合法性——也就是说瞄准它的内部支柱。"②

阿拉加帕（Muthiah Alagappa）在谈到亚洲国家的安全观时也认为，政治生存与福祉乃是主权国家安全所关切的最主要价值，而政治生存的内涵既包括主权与领土的完整，也包含维持政治组织及统治的原则和思想基础，以及政治、文化、宗教中有关民族的思想等其他非物质因素。③

对于东盟国家而言，确实存在布赞和阿拉加帕等学者所说的政治安全问题。就内部政治安全而言，一方面是脆弱的国家基础，"脱离殖民后，国家行政徒具有形空壳却没有组成国家的凝聚力量。……20

---

① 巴瑞·布赞、奥利·维夫、迪·怀尔德：《新安全论》，朱宁译，浙江人民出版社，2003，第192~193页。

② 巴瑞·布赞、奥利·维夫、迪·怀尔德：《新安全论》，朱宁译，浙江人民出版社，2003，第196页。

③ Muthiah Alagappa ed.，*Asian Security Practice*：*Material and Ideational Influences*，Standford，California：Standford University Press，1998，p. 689，pp. 681－682. 参见陈欣之《东南亚安全》，生智出版社，2008，第13页。

世纪50~60年代，亚洲与非洲国家的旧殖民地纷纷宣告独立，在表面上虽完成了国家的有形架构，不过在政治、经济社会等层面上，却没有支持国家架构的准备，其中未能塑造树立国家中央权威，缺乏政治执政合法性及社会宗族分歧割裂的现象，更是这些国家至今仍未能克服的国家困境。"① 另一方面是军方强大的政治权力，"在泰国、印尼、缅甸与菲律宾，军方或是由于传统的地位，或者是由于镇压分离分子的任务，都在政治上有很大的地位与影响力。军队政变在这些国家的政治史上，一直没有绝迹，文人统治也多是徒具形式，军方一直是研究与分析这些国家政治稳定，永远不能忽视的一股政治力量。"②

东盟成立之初的五个成员国都不是共产主义国家，因此视共产主义如"洪水猛兽"，特别是在冷战时期对本国的共产党严加防范，惧怕共产势力夺取政权。冷战结束后，就外部政治威胁而言，主要是面临美国等西方国家的干涉。正如美国学者西蒙（Sheldon W. Simon）所说："美国自认为是温顺的巨人，其繁荣和安全不仅有利于美国人，也惠及世界，但其他国家却并不这么看。……当克林顿政府借口保护受迫害的少数族裔而在波斯尼亚和科索沃使用武力进行人道主义干涉时，其他国家开始担心华盛顿的计划，即将人道主义干涉原则演变为人道主义对待和人权等'国际价值'的强制实施。……人道主义干涉似乎破坏了现实主义政治的基本原则，即：各国内部事务，他国无权干涉。美国如此行为——无论其出发点多么高尚——对世界其他大多数国家而言，意味着美国金融、军事和技术力量的强大使华盛顿可以随心所欲地采取击败其他国家的安全行动。"③

① 陈欣之：《东南亚安全》，生智出版社，2008，第21页。

② 陈欣之：《东南亚安全》，生智出版社，2008，第25页。

③ Sheldon W. Simon, "US Strategy in the Asia-Pacific for the 21st Century: Regional and Global Implications", in K. S. Nathan ed., *The European Union, United States and Asean: Challenges and Prospects for Cooperative Engagement in the 21st Century*, London: Asean Academic Press, 2002, pp. 41-42.

由此，面对国际民主化浪潮的冲击以及以美国为首的西方国家在政治上的施压和干涉，也就是布赞和阿拉加帕等学者所说的政治安全问题，东盟国家采取的策略是：（1）抵制和抗争；（2）进行适当的政治改革；（3）采取联合中国等发展中国家的战略，以平衡美国对东盟国家政治安全的威胁。[①] 东盟国家的抵制和抗争，一方面，体现在东盟国家领导人对美国强硬推销美国价值观和政治制度做法的不断批评；另一方面，也从东盟国家的以下行动中得到体现：新加坡和马来西亚倡导“亚洲价值观”，反对美国的人权、民主观；在安瓦尔事件上抨击美国等西方国家的干涉；在缅甸加入东盟问题和东帝汶问题上顶住美国的压力，坚持不干涉内政等“东盟方式”。

结　语

东盟成立 50 年来，对于地区经济合作、地区安全做出很大的贡献。随着中国的崛起以及“一带一路”建设的推进，东盟国家与中国的合作也越来越深入。但是也应看到东盟成立至今的历史进程，东盟国家的战略普遍受到大国关系变动的影响，加之东盟国家都是中小国家，对中国、美国、日本、印度等大国的认知普遍存在一种“威胁认知”，为了在大国关系变动中谋取自身的利益，基本上采取了“大国平衡”战略，但这种战略也随着国际关系变动而有所调整。

20 世纪 60 年代末 70 年代初，美苏竞争态势的变化及中美关系的改善，尤其是美国在越南战争中的失败和撤军行动，促使东盟国家开始调整其外交政策：一方面缓和与社会主义国家的关系，另一方面加强东盟国家的团结与合作，增强东盟的力量，以期解决其面临的经

① 陈奕平：《依赖与抗争：冷战后东盟国家对美国战略》，世界知识出版社，2006，第 198 ~ 199 页。

济、政治、安全和文化问题。

20 世纪 80 年代末和 90 年代初，美苏关系的缓和及苏联的军事收缩，加上美国国内孤立势力的压力，促使美国调整其亚太战略，逐渐收缩在东亚的军力部署。东盟逐渐倾向一致的看法是，日本、中国和印度的崛起是对东南亚地区的潜在安全威胁，有必要采取“拉住”美国的军事安全战略，以平衡日本、中国和印度的所谓威胁。

自 20 世纪 90 年代开始，随着中国经济的快速发展和国力的迅速增长，美国将中国视为潜在的挑战者，对华采取“接触加遏制”政策。中美关系成为东盟国家外交选择的重要考量因素。新加坡倡议的“大国平衡”战略逐渐为东盟主要国家接受，成为东盟国家的战略选择思维，即大国相互平衡，以获取经济和安全利益，但不希望大国冲突。

从上文分析中可以得出大国关系变动下东盟国家战略选择的主要考虑包括：（1）促进经济发展和区域合作；（2）通过内部制衡和外部制衡方式，如加强自身防务力量，东盟国家之间加强军事合作，以及继续“留住”美国等，维护自身安全和主权；（3）防范意识形态威胁，维护政权安全。各国情况不同，与大国关系各异，面临的威胁不一，东盟主要国家的具体政策也会有差异。

当前，东盟国家的外交选择难题在于如何适应中国快速崛起后的冲击，以及如何在中美之间进行选择。笔者认为，东盟国家在今后仍然会采取有限制衡的战略，适应中国快速崛起后的现状，谨慎应对中美关系的波动，维护自身的利益，以免自身成为大国竞争、冲突的棋子，希望继续扮演区域合作的“助推器”和“驾驶员”的角色。

Y.14

“全球海上支点”战略背景下印尼海洋安全管理的新挑战及应对

雷小华*

摘　要：佐科政府将构建“全球海上支点”作为未来施政的重点并提出优先建设五个支点，将海洋作为国家未来发展的重心，寻求影响力遍及太平洋和印度洋的世界性海洋强国地位。但在新的背景下，实施海洋安全管理也面临新的挑战。为此，佐科政府先后出台的整合海上执法力量、打击非法捕捞、南海争端中实施“中立”政策、增强纳土纳群岛军事实力以及加强海上安全国际合作等举措引发区域国家的关注。未来，印尼打击非法捕捞政策会持续，维护海洋权益成效显著；海上执法和海上防御能力会逐步提升；印尼会继续大国平衡战略，提升防卫安全国际合作。同时，中国与印尼需要提升智慧，妥善解决重叠水域的问题，使其不致影响两国发展战略的对接。

关键词：全球海上支点　海洋安全管理　印度尼西亚　非法捕捞　海上执法

* 雷小华，广西社会科学院东南亚研究所副研究员。

2014 年 10 月 20 日，印尼“平民”总统佐科宣誓就职，提出建设海洋强国战略。随后，在 2014 年 11 月的东盟峰会上，佐科再次阐述其施政目标是积极参与亚太与印度洋事务，将印尼建成“全球海上支点”，并提出优先建设五个支点，即复兴海洋文化、保护和经营海洋资源、发展海上交通基础设施、进行海洋外交、提升海上防御能力。①“全球海上支点”战略本身具有内向性，以关注国内经济和海洋利益为主，但其影响会不可避免地外溢。② 同时，不可忽视的是保护和经营海洋资源、进行海洋外交以及提升海上防御能力与海洋安全管理息息相关。③ 佐科总统还进一步指出，加强海上防御不但是保护印尼海洋财富和主权完整，而且还要保护地区航行安全和海上安全。

“全球海上支点”战略一经提出，引起了学界的广泛关注和研究，成果多集中于论述印尼海洋基础设施建设和海洋经济发展，仅有少数学者在论述印尼的“全球海上支点”战略与中国提出的“一带一路”倡议对接时会涉及具体的安全方面的风险与挑战。国内学者张洁认为，印尼国内的不确定性，大国平衡战略以及南海问题会对两大战略的对接形成挑战并建设性地提出化解措施。④ 马博指出，佐科政府为实施“全球海上支点”战略所采取的具体措施，并从积极的角度认为中国和印尼对维护地区稳定有着共同利益，因此两国合作可以化解地区挑战，并给出了两大战略对接的路径选择。⑤ 国外学者，

---

① Witular, Rendi A. 2014a. ‘Jokowi launches maritime doctrine to the world’, The Jakarta Post, 13 November, http://www.thejakartapost.com/news/2014/11/13/jokowi-launches-maritime-doctrine-world.html.

② Aaron Connelly, “Sovereignty and the Sea; President Joko Widodo's Foreign Policy Challenges,” *Contemporary Southeast Asia*, April 2015, No. 1, Vol. 37, pp. 1-28.

③ 笔者认为保护和经营海洋资源意味着要严厉打击外国非法捕鱼；海洋外交意味着要加强国际合作打击海上犯罪以及协商处理主权争议；提升海上防御能力意味着要加快军事现代化和提高海上执法能力。

④ 张洁：《“一带一路”与“全球海洋支点”：中国与印尼的战略对接及其挑战》，《当代世界》2015 年第 8 期。

⑤ 马博：《“一带一路”与印尼“全球海上支点”的战略对接研究》，《国际展望》2015 年第 6 期。

印尼国际战略研究院 Iis Gindarsah 认为，“全球海上支点”战略实施需要面对边界纠纷、非法捕鱼、海盗等三个方面的安全关切和挑战，认为印尼最大的安全威胁是恐怖主义，其次是边界纠纷。① 印度中国研究所 Sanjeevan Pradhan 认为，非法捕鱼与南中国海争端会像阴影一样潜在制约中国与印尼的合作，认为中国忌盲目扩张和武断。②

但在全球经济不景气，现实威胁与非现实威胁双重冲击下，从安全角度考虑，总结印尼面临哪些安全挑战，如何有效实施海洋安全管理，如何确保地区航行安全和海上安全，而很少有人在海洋研究、军事、国际关系与外交等研究领域进行研究。鉴于此，本文从安全管理角度，在深刻总结归纳“全球海上支点”战略实施面临的新挑战的基础上，指出佐科政府出台的系列应对举措并评价其措施成效和未来展望。

一 “全球海上支点”战略背景下印度尼西亚海洋安全管理面临的新挑战

（一）保护国家海洋安全的意愿与能力脱节带来的挑战

实施“全球海上支点”战略激起印尼强烈保护国家海洋领土完整和海洋资源不受外国侵犯的强大决心，但印尼保护国家海洋安全的意愿与能力严重脱节。一方面，脆弱的海洋边界需要保护。印尼作为群岛国家，除苏门答腊岛西南方向面向印度洋以外，印尼其他各个方

① Iis Gindarsah, Adhi Priamarizki, “Indonesia's Maritime Doctrine and Security Concerns,” S. Rajaratnam School of International Studies (RSIS), Singapore. https://www.rsis.edu.sg/rsis-publication/idss/indonesias-maritime-doctrine-and-security-concerns/#.WMIF9NLCT5k.

② Sanjeevan Pradhan, “China's Maritime Silk Route and Indonesia's Global Maritime Fulcrum: Complements and Contradictions,” *Institute of Chinese Studies of India*, No. 12, Sep. 2016.

向被十几个海陆邻国包围，因此印尼的海洋划界问题极为复杂，个别海域受到多种因素的影响，始终无法完成海洋划界。[①] 印尼国家边境管理局公布的文件显示，印尼与邻国的边界纠纷主要涉及3个陆地边界和7个海域的划界，陆地边界主要是与马来西亚、东帝汶和巴布亚新几内亚等3个国家。[②] 悬而未决的边界划界一直是引起渔业纠纷和地区局势不安的重要原因，也是印尼外交和国防政策制定者案头首要解决的任务。有调查统计，25%的受访者认为，国家主权的主要威胁是边界入侵和外国军事侵略。[③] 因此，在五年执政期间，佐科政府将加大“海洋外交”以与邻国解决长期存在的边界问题。

另一方面，与之相矛盾的是海上执法力量孱弱。印尼海岸警察部队主要负责领海内的执法活动，海军则负责领海外的执法活动，从目前来看，印尼的执法部门在规模、结构上保持了相对稳定，但在执法能力上仍然存在着一定的问题，这主要是由于装备老旧所致。此外，执法部门组建时间短，在政治、规模与执法能力上存在着较大的缺陷。印尼社会各界特别是渔业部门长期抱怨政府忽视对渔业执法部门的投资，导致大型巡逻船只缺乏，执法人员不足，无足够的资金补贴燃油，从而导致海域监管薄弱，给外国非法捕捞者以可乘之机。[④] 另外，目前印尼海军也难以保护广阔的海洋，既无可供巡逻海洋的舰艇，也没有足够的资金来维护现有的旧式舰艇。印尼海军目前共拥有2艘潜艇，6艘护卫舰，22艘轻型巡洋舰，12艘快速攻击艇，其中6艘护卫舰全部是范·斯佩克级护卫舰（Van Speijk class frigate）是荷

---

① 刘畅：《印度尼西亚海洋划界问题：现状、特点与展望》，《东南亚研究》2015年第5期。

② National Authority for Border Management, Rencana Induk: Pengelolaan Batas Wilayah Negara dan Kawasan Perbatasan di Indonesia (Jakarta: BNPP, 2011), pp. 1 – 2.

③ Alexandra Retno Wulan, “Transformasi Militer,” in Shafiah Muhibat, Untuk Indonesia 2014 – 019: Agenda Sosial, Politik dan Keamanan (Jakarta: CSIS, 2014), p. 152.

④ 印尼拥有700万平方公里海域，有效管辖至少需要90艘执法船，http://www.thejakartapost.com/news/2014/09/23/coordinating – ministry – maritime – affairs – needed.html。

兰海军 20 世纪 60 年代建造的护卫舰，22 艘巡洋舰中有 15 艘是 Parchim I 级轻型巡洋舰，它们已经超期服役 30 年，面临昂贵的维护保养问题①。

表 1　1995 ~ 2015 年印尼海空军装备一览

海军					空军(架)			
年份	水上舰艇(艘)	排水量(吨)	舰艇(艘)	排水量(吨)	≤3 代战机	≥4 代战机	预警机	加油机
1995	32	50167	2	2420	50	11	0	2
2000	32	50167	2	2420	87	10	0	2
2005	28	40099	2	2420	58	14	0	2
2010	29	41071	2	2420	58	16	0	2
2015	33	40290	2	2420	42	26		1

注：水上舰艇是指包括轻型舰艇及以上吨位的舰艇，数量统计至 2015 年前，包括订购交货和正常退役的数量。

资料来源：The Military Balance 1995 – 2014 eds.；Jane's Fighting Ships 1995 – 2014 eds。

（二）强硬保护海洋资源引发地区国家关系紧张带来的挑战

海洋渔业是印尼经济的重要组成部分。印尼粗略估计，由于遭到马来西亚、菲律宾、泰国、越南等国猖獗的非法捕鱼导致经济每年至少损失 240 亿美元。② 佐科总统实施“全球海上支点”战略的重要内容是保护印尼海洋资源不受邻国侵犯，确保海洋资源开发为全体印尼人民的利益服务。面对海洋渔业资源肆意遭到邻国侵犯，佐科总统上台后强硬打击外国非法捕捞，导致了与周边邻国的渔业纠纷和外交紧

---

① Felix K. Chang，“Comparative Southeast Asian Military Modernization – 1，” October 01，2014，www. theasanforum.

② “Indonesia Declares War on Illegal Foreign Fishing Boats，” *The Jakarta Globe*（18 November 2014）.

张。为缓和地区紧张局势，印尼政府一再向外界解释，强调总统严打外国非法捕捞渔船不是向他国“秀肌肉”而是根据印尼国家法律做出的正常执法。

中国和印尼之间虽然不存在南海领土主权争端，但印尼纳土纳群岛专属经济区与中国主张的南海断续线海域重叠，渔业纠纷有加剧的趋势。印尼对于中国捕捞船保持高度警惕，将其行为与国家领土主权损害紧紧联系在一起。中国称该海域是中国的传统渔场，中国船只在该海域是正常渔业作业，但印尼认为，中国渔船侵犯了印尼纳土纳群岛海洋权益，危害了海洋安全，为此，印尼不惜动用武力，暴力执法抓扣中国渔船和枪杀中国渔民。例如，2016 年 3 月，两国公务执法船因为在该海域抓扣中国渔民导致双方都罕见地强硬和对峙。在该事件中，“中国渔政 311”和“中国渔政 3042”是第一次冒险接近印尼 12 海里领海水域并开火警告要求印尼放人。印尼方面也是罕见地抓扣和打伤中国渔民并召见中国驻印尼大使要求澄清解释。虽然事件很快平息，但捕捞引发的外交紧张和冲突随时都会爆发。[①]

（三）武装海盗周期性反弹带来的挑战

除了恐怖主义对航运、港口造成的威胁之外，海盗、走私等海上犯罪问题在东南亚也比较突出。目前，印尼海域以及毗邻的马六甲海峡和南海海域仍然是海盗和海上抢劫事件频繁发生的水域。海上犯罪最高峰的 2003 年，印尼管辖水域有报道的海上犯罪达到 121 件，此后犯罪数量有所下降，但仍然呈现周期性反弹。[②] 2009

---

① Sanjeevan Pradhan, “China’s Maritime Silk Route and Indonesia’s Global Maritime Fulcrum: Complements and Contradictions”, *Institute of Chinese Studies*, No. 12, SEP, 2016.

② Robert C. Beckman J. Ashley Roach, “Piracy and International Maritime Crimes in ASEAN Prospects for Cooperation”, Published by Edward Elgar Publishing Limited The Lypiatts 15 Lansdown Road Cheltenham Gkis Gk50 2JA UK. P3.

年犯罪案件降至 19 起，但 2010、2011、2012、2013 年，海上犯罪又直线上升，分别有 47、49、72 和 90 起。[①] 此后有所下降，但仍呈周期性反弹。从图 1 可以看出，印尼海域的海盗事件与邻近水域的海盗事件呈反比例关系。2015 年，马六甲海峡海盗事件达到近年来的高峰，而南海和印尼海域海盗事件却直线下降，但到了 2016 年，马六甲海峡加强海上联合巡逻后海盗事件减少，但印尼海域海盗事件却直线上升。主要原因是邻近的马六甲海峡加强打击海盗后，部分海上犯罪分子流窜到印尼海域作案，加剧了印尼海域的不安全。由于犯罪分子往往采用“打了就跑”的战术，事发海域又较为偏远，缺乏警察力量与控制措施，因此犯罪分子很难被绳之以法。应当说，印尼面临的海盗问题仍然是较为严峻的。

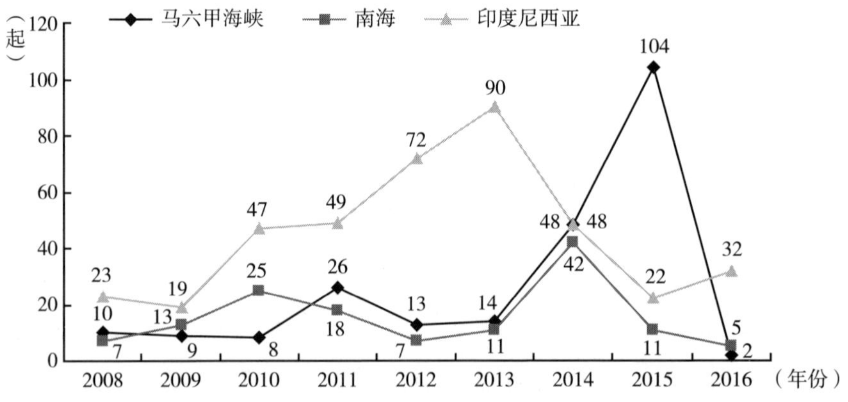

图 1　印尼海域及邻近海域海盗事件

资料来源：《亚洲反海盗及武装抢劫船只区域合作协定》年度报告（ReCAAP）（2008－2016），http：//www. recaap. org/。

① 《亚洲反海盗及武装抢劫船只区域合作协定》（2016 年度报告），http：//www. recaap. org/AlertsReports/IncidentReports. aspx？EntryId＝472。

二　面对新挑战，印度尼西亚采取的主要应对举措

面对海洋管理新挑战，佐科政府先后出台了系列应对措施，部分是对上任政府发展海洋举措的继承与发展，部分是佐科政府出台的新举措。

（一）颁布《国家海洋法》，提供法律保障

在参考《1982 年联合国海洋法公约》（UNCLOS 1982）和考虑到该国地理条件的基础上，妥善解决有关现行法律法规的国内外问题后，2013 年，印尼将海洋法制定正式列入国家立法计划，2014 年 10 月 17 日时任印尼总统苏西洛正式颁布第 32 号令《印尼国家海洋法》，旨在希望为管理和开发海洋资源提供一个有效的法律框架。[①]《国家海洋法》规定全面实施海洋资源的可持续综合利用政策，范围包括领海、海洋资源开发、海洋管理、海洋文化培育、海洋空间管理和海洋环境保护、执法、海洋安全和政府机构等各个方面。[②]《国家海洋法》第 14 条进一步规定，海洋资源的利用（如渔业、能源矿产、海岸、小岛的资源和非常规自然资源）必须为印尼全体人民的最大利益服务。[③] 在海上安全和防御方面，《国家海洋法》第 11 条规定，尽管印尼的主权不会蔓延到国际水域，但政府有打击国际犯罪、保障国家船只安全以及协调其他国家或国际组织阻止和降低海洋环境

① 尽管《国家海洋法》是由时任总统苏西洛颁布，但佐科政府上任后采取的系列安全措施都是基于《国家海洋法》而做出。

② 印尼《国家海洋法》第 4 条，http：//www. indolaw. org/UU/Law% 20No. % 2032% 20of% 202014% 20on% 20the% 20Sea. pdf。

③ 印尼《国家海洋法》第 7 条，http：//www. indolaw. org/UU/Law% 20No. % 2032% 20of% 202014% 20on% 20the% 20Sea. pdf。

污染的义务。[①] 基于此，根据《国家海洋法》第 58 条和第 59 条第 3 款，印尼组建了海上安全局（SSA）以代替之前成立的海上安全协调局，作为执法机构主要负责印尼领海和管辖海域的安全巡逻和执法。在海洋空间管理和海洋环境保护方面，《国家海洋法》第 47 条规定，获得开发许可证的个人允许开发领海内的海洋空间（内水、群岛水域和领海）和管辖海域（专属经济区和大陆架）。[②] 对于违规开发活动将给予行政处分，如书面警告、临时中止、现场关闭、撤销许可证、行政罚款等，并且《国家海洋法》第 49 条规定，违规开发活动将可能面临 6 年监禁和高达 200 亿印尼盾（折合人民币 1031 万元）的罚款。[③] 在海洋环境污染方面，根据《国家海洋法》第 52 条，海洋环境污染泛指从印尼领海或管辖海域到国际海域的环境污染。此外，《国家海洋法》第 52 条第 3 款确定了海洋污染的争端解决和实施制裁的程序以及“谁污染谁承担”的原则。[④] 印尼颁布的《国家海洋法》为其海洋政策和行为确立了法律保障，从中央到地方有了经略海洋的依据和界限。[⑤]

（二）整合海上执法力量，提高海上执法能力

佐科当选总统后，对海洋和渔业部门加以整合并升格为新的海洋事务统筹部，负责协调海洋和渔业部、交通部、能源和矿产资源部及旅游部的各项事务。2014 年，佐科总统根据《国家海洋法》（2014 年第 32 号法令第 58 章、第 59 章）和 2014 年第 178 号总统条例，并参考国防与安全部部长/国军总司令、交通部部长、财政部部长、司法部部长和总检察长建议的基础上决定组建海上安全局（Bakamla），

① 印尼《国家海洋法》第 11 条。

② 印尼《国家海洋法》第 47 条。

③ 印尼《国家海洋法》第 49 条。

④ 印尼《国家海洋法》第 52 条。

⑤ Dian Amor Bukit and Edly F. Widjaja, Indonesia: Law No. 32 of 2014 on Maritime, 24 February 2016.

对外称印尼海岸警卫队，撤销之前的海上安全协调局，负责印尼领土和管辖海域的安全巡逻和执法，佐科任命海军中将 Desi Albert Mamahit 为海上安全局（Bakamla）首任负责人。[①] 海上安全局的成立标志着印尼进入预警系统和执法单位综合支撑的协同海上行动时代，预警系统利用远距离雷达和卫星运作为支撑，海上安全执法的能力大为提高，一经成立立即开展了代号为“Nusantara 5”和“Nusantara 6”的海上执法巡逻行动[②]，自此，印尼开始进入立法机构立法、执法机构有效地执行，共同维护印尼海域安全和海洋权益的时代。

（三）强悍打击非法捕捞，彰显维护海洋资源的决心

佐科总统上台以来，强烈维护国家海洋权益，对待外国非法捕捞采取了强硬的立场，海洋事务和渔业部部长苏茜（Susi Pudjiastuti）在她上任的第一年，就下令炸沉外国非法捕捞船只 106 艘。[③]

据印尼海洋事务和渔业部统计，2008 ~ 2014 年，印尼海事执法机构抓扣外国非法捕捞船只数分别为 124 艘、124 艘、159 艘、69 艘、70 艘、32 艘、115 艘。[④] 2014 年 10 月至 2016 年 1 月，印尼海事执法机构抓扣 157 艘外国非法捕捞船，其中炸沉 121 艘，其中 2015 年上半年就炸沉了 107 艘，遭炸沉的大部分船只来自马来西亚、巴布亚新几内亚、菲律宾、泰国、越南等国。[⑤] 当然，针对不同国家的非

---

① 《佐科威正式成立海上安全机构》，Liputan6 新闻网，2014 年 12 月 14 日，http：//www. shangbaoindonesia. com/？ p = 117820。

② 《海上安全机构受总统任命后立即执行任务》，TRIBUN 新闻网，2015 年 5 月 25 日，http：//www. shangbaoindonesia. com/？ p = 129313。

③ Ayomi Amindoni，“Indonesia Sinks 106 Foreign Boats”，*The Jakarta Post*，30 October，2015，http：//www. thejakartapost. com/news/2015/10/30/indonesia - sinks - 106 - foreign - boats. html.

④ Ministry of Marine and Fishery，http：//kkp. go. id.

⑤ Prashanth Parameswaran，“Indonesia Could Sink 57 More Vessels in War on Illegal Fishing，” January 08，2016，http：//thediplomat. com/2016/01/indonesia - could - sink - 57 - more - vessels - in - war - on - illegal - fishing.

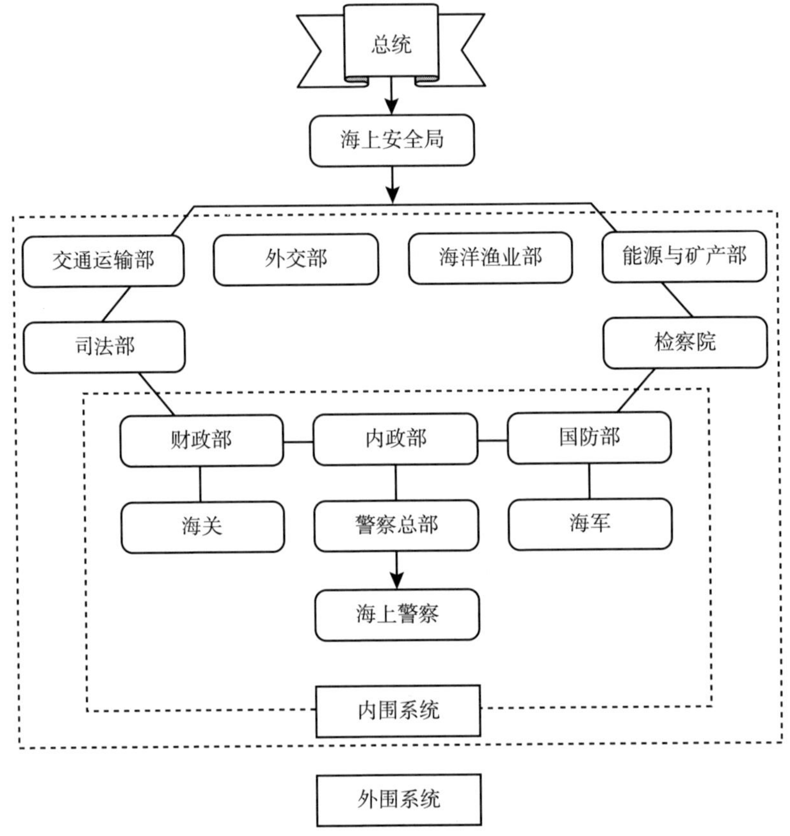

图2　印尼海洋执法相关部门协作与互动

资料来源：笔者根据相关资料绘制。

法捕捞船，印尼也采取了差异化对策。印尼认为，泰国、越南的非法捕捞渔船对其海洋主权的威胁似乎不大，对其采取强悍措施甚至击沉非法捕捞渔船的后果不大，因此销毁的大部分外国非法捕捞渔船是属于这些国家的。

虽然大部分非法船只来自邻近的东南亚国家，但印度尼西亚对中国也逐渐采取了强硬立场，抓扣中国数十艘船只，并击沉了一艘中国船只。只是考虑到中国是印尼的第一大贸易伙伴、第一大外国游客来

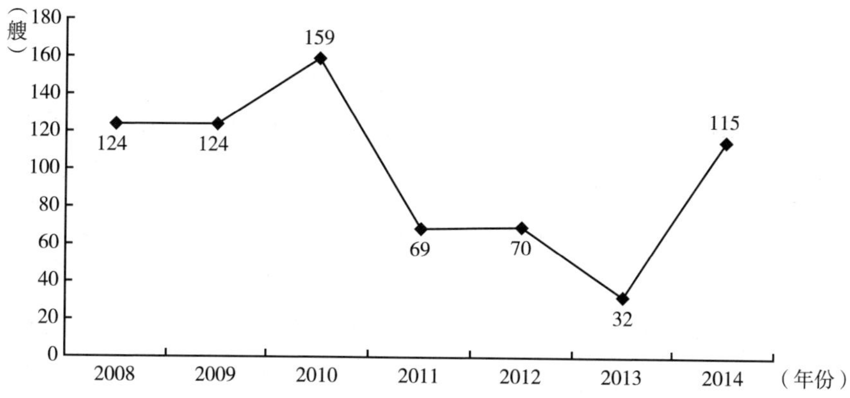

图3　2008～2014年印尼抓扣外国非法捕捞渔船统计

资料来源：印尼海洋事务渔业局，http：//kkp. go. id/。

源地以及中国对印尼迅速增长的投资，印尼对中国一些捕捞船进行了扣留，但很少采取更加强硬的措施。相反对付中国，它采取了软措施，印尼根据海洋渔业部早前颁布的条例禁止所有外国渔船在印尼领海的大型捕鱼活动。[①] 印尼认为，与中国的渔业合作协议中国公司获益多，导致印尼渔业资源的损失，损害了印尼渔民的权益。[②] 综上考虑，2015年1月印尼单方面废止与中国签署不足半年的渔业协议，取消中国的渔业公司在印尼海域捕鱼的权限。

（四）在南海争端中实施"中立"政策，但增强纳土纳群岛军事实力

2015年3月，佐科总统访问日本，在东京帝国饭店发表演讲时

① 印尼认为，领海内的大型捕鱼活动在走私石油天然气、偷税漏税、大规模捕鱼等3个方面给印尼经济造成巨大损失。以大规模捕鱼为例，大型捕鱼船在领海内大肆捕捞的后果是导致渔业资源减少，而直接导致无法到深海捕鱼的小型渔船无鱼可捕，从而影响到近海渔民的生计。

② 根据双方2014年10月签署的渔业合作协议，中国公司如果与印尼公司合资，并且占股不超过49%，中国公司就能在印尼海域捕鱼。

以及2016年5月24日接受《日本经济新闻》采访时都表示，印尼不会在南海争端中选边站，印尼只是希望尽快推动制定《南海行为准则》，印尼希望成为良好的调停者，不希望南海成为权力纷争之地。①但印尼对保卫纳土纳群岛专属经济区的态度日益强硬。印尼军方认为，政策中立并不代表应该忽视“未来可能的威胁”，印尼陆海空三军已经制订了一个全面加强纳土纳群岛防务的计划。② 2016年6月，佐科总统乘坐军舰到纳土纳群岛宣示主权，并宣布扩大纳土纳群岛海域的油气勘探和渔业活动。7月，佐科政府在“南海仲裁案”仲裁结果宣布的第二天就宣布紧急增加在纳土纳群岛的军事部署以增强该海域的安全及防卫，包括部署战舰、F-16战斗机、防空导弹、雷达和无人机，兴建新码头和升级飞机跑道等，以及增派空军、海军陆战队特遣部队和一个营的陆军兵力，同时计划从爪哇岛转移数以百计的渔民到纳土纳群岛，以增加该海域的渔业活动。③

（五）加强海空军军事现代化，增强保护海洋安全的能力

2010年后，印尼海军和空军开始稳步进行现代化。2010年印尼制订《2010年战略国防计划》，计划通过军事采购，打造一支“最低基本部队”，计划打造“绿水海军”，包括一支110艘军舰的“打击部队”，一支66艘军舰的巡逻部队和一支98艘军舰的支援部队。④ 印尼

① 《印尼总统佐科访日就南海问题表态：不会选边站队》，环球网，2015年3月25日；《印尼总统佐科：不希望南海成为权力纷争之地》，环球网，2016年5月25日，http：//world. huanqiu. com/exclusive/2016-05/8973199. html.

② 《印尼在南海炸船了：局势或将一发不可收拾》，今日军事网，2016年2月25日，http：//www. junshi007. com/n/201602/35454_4. html。

③ Miles Yu，“Et tu，Jakarta?”，*The Washington Times*，19 November，2015，http：//www. washingtontimes. com/news/2015/nov/19/inside-china-china-concedes-natuna-islands-to-indo/? page=all.

④ Rizal Sukma，“Indonesia's Security Outlook and Defense Policy 2012，” in *Security Outlook of the Asia Pacific Countries and Its Implications for the Defense Sector*（Tokyo：National Institute for Defense Studies，2012），pp. 3-19.

政府强调，印尼必须加速建成一支“具有高度机动能力和威慑能力”的强大海上武装力量。印尼制定了《未来海军力量建设长远规划（2005~2024）》，要在20年内使海军拥有保卫国家安全所必需的最基本力量。空军计划将包括10个战机中队，到2025年共配备180架战机。①

为提高海上防御力量，佐科政府显然会沿袭《2010年战略国防计划》，首先做的事情是将国防预算开支由目前占GDP的0.9%提高到2019年占GDP的1.5%，届时国防预算开支将由现在的70亿美元增加到2020年的200亿美元，年均增长率约为16%。② 同时，调整国防预算结构，大幅减少燃油补贴，将国防预算用在提高军事实力上。③

其次，佐科政府调整了国防防御政策和重点。2016年5月，印尼国防部发布新版《国防白皮书》强调以“强健的姿态”支持军事现代化并对不断增长的战略威胁进行回应，强调加强海洋防御体系建设④，而不是视某一国家为具体威胁，以配合佐科政府建设“全球海上支点”的宏伟战略。⑤

① Evan A. Laksmana, “Rebalancing Indonesia's Naval Force: Trends, Nature, and Drivers,” in Geoffrey Till and Jane Chan, eds., *Naval Modernisation in South-East Asia: Nature, Causes and Consequences* (New York: Routledge, 2014), p. 189; Rizal Sukma, “Indonesia's Security Outlook and Defense Policy 2012,” in *Security Outlook of the Asia Pacific Countries and Its Implications for the Defense Sector* (Tokyo: National Institute for Defense Studies, 2012), pp. 3–19; Arientha Primanita, Ezra Sihite, and Faisal Baskoro, “Indonesia Pledges to Raise Defense Spending,” *Jakarta Globe*, Oct. 6, 2011, http://www.thejakartaglobe.com/news/indonesia-pledges-to-raise-defense-spending/469853.

② Rencana Pembangunan Jangka Menengah Nasional: Buku I (Jakarta: Kementerian Perencanaan Pembangunan Nasional, 2014), p. 77.

③ 苏西洛政府时期，燃油补贴占到国防预算开支的22%。佐科政府调整国防预算结构，燃油补贴由2014年的200亿美元削减到2015年的50亿美元。

④ 防御体系由三层组成：一是外层防御区域，主要指印尼专属经济区以外的领海和领空；二是主要防御区域，主要指印尼海陆疆界至专属经济区的区域；三是内层防御区域，主要指苏门答腊、加里曼丹、爪哇岛等各大岛屿。

⑤ 2016版《国防白皮书》共11章，将印尼的国防挑战分为现实威胁和非现实威胁。现实威胁主要包括：恐怖主义、极端主义、分裂主义、武装叛乱、自然灾害、边境骚乱、知识产权侵犯、自然资源盗窃、瘟疫、网络攻击、间谍活动、贩毒和走私等。非现实威胁指因军备竞赛引起的外部冲突。

最后，佐科政府重视军事采购和本土国防工业基础相结合。佐科政府除了继续完成此前的武器采购计划项目，同时采购重点向海上执法装备侧重。另外，为提高三大军种的协同作战，军队当前采购的重点是通信、监控以及网络技术设备等。[①] 为发展本土国防工业，佐科政府重视以技术转移的方式加强国际合作以提高本土国防工业。

三　印度尼西亚对海洋安全管理采取的主要举措的展望及评价

前面分析了印尼海洋安全管理的新挑战以及应对措施，下面将探析其措施出台的原因，评价其成效与展望。

（一）打击非法捕捞政策会持续，维护海洋权益成效显著

维护国家海洋主权和权益，严厉打击外国非法捕捞是印尼构建“全球海上支点”的重要内容。笔者认为，印尼为何不顾邻国的抗议而选择一意孤行地严厉打击非法捕捞的主要原因是：第一，佐科政府无法忍受国家海洋主权肆意遭到邻国侵犯；第二，海洋渔业作为印尼国民经济的重要组成部分，佐科政府无法忽视印尼海洋渔业资源的大量流失；第三，印尼海洋面积庞大，现有的执法能力无法有效管辖和巡逻印尼海域，采取严厉打击甚至炸毁外国非法捕捞船只，起到“杀鸡儆猴”的威慑作用。上述举措对维护印尼海洋权益，保障印尼领海和管辖区的安全起到了重要作用，但由此也引发了一系列负面影

① 2010 年后，印尼开始了海军重建计划，侧重于采购军事武器。2012 年、2013 年分别向荷兰达门谢尔德海军船厂订购两艘“西格玛”级 10514 型轻型护卫舰，分别计划于 2017 年和 2018 年交付。2012 年 8 月，印尼以技术转移的方式正式向韩国订购 3 艘 209 型 1400 吨级柴电攻击潜艇。空军方面，2012 年印尼开始从美国获得 24 架退役的 F－16C/D 战机。首艘战机已于 2014 年 7 月抵达印尼 Roesmin Nurjadin 空军基地，一旦 24 架战机交付完毕后，印尼还计划将老式的 10 架 F－16A/B 升级到最新版本。

响。印尼作为东盟合作和一体化的领头羊，严厉打击非法捕捞的盲目“自信和武断”不仅引发了地区紧张和不安，也影响到了东盟地区的团结和一体化进程。[①] 严厉打击非法捕捞的政策是否可持续仍需要观察，原因是印尼经济实力仍然弱小，缺乏海上执法的大型船只，缺乏资金补贴燃油，因而，可能无法有效可持续性地执行严厉政策。从炸沉的船只主要是来自周边小国而不是中国，可见其炸沉外国非法捕捞船只的政策是有选择地执行的。从目前的趋势来看，印尼似乎下定了决心要继续强硬地执行打击非法捕捞，但打击非法捕捞不是依靠炸沉外国渔船，而是应该依靠提高海上执法队伍的能力和装备。[②]

（二）军事现代化会逐步提升其作战能力，但不会达到一个新的高度

印尼军事现代化的进程仍然相对缓慢，即使其雄心勃勃的《2010 年战略国防计划》也延期至 2024 年完成。海军史上最大的订单延期至 2019 年交付[③]，从荷兰订购的 2 艘“西格玛”级护卫舰预计也不会早于 2020 年交付，可以看出海军现代化进程大大低于预期。随着老旧舰艇陆续大批退役，要完全保护印尼广阔的海洋，印尼至少需要配备 12 艘潜艇。况且此前报道的纳土纳群岛军事基地升级改造也没有正式启动。[④] 2014 年佐科总统竞选时承诺将国防开支增加到

---

① 印尼为东南亚地区的大国，目前人口占东南亚地区的一半，GDP 占东南亚地区的 40% 左右。

② Prashanth Parameswaran， “Explaining Indonesia’s ‘Sink The Vessels’ Policy Under Jokowi”, January 13， 2015， http：//thediplomat. com/2015/01/explaining – indonesias – sink – the – vessels – policy – under – jokowi/.

③ 海军史上最大的订单即从韩国大宇造船海洋公司订购的 3 艘 1400 吨级柴电攻击潜艇。

④ Andrew R. C. Marshall, “Remote, Gas-rich Islands on Indonesia’s South China Sea Frontline,” *Reuters*, Aug. 25, 2014; “PT PAL Gets $250 Million to Build Submarines,” *Jakarta Post*, Feb. 18, 2014， http：//www. thejakartapost. com/news/2014/02/18/pt – pal – gets – 250 – million – build – submarines. html.

GDP 的 1.5%，比当前水平增加近 70%，但当选后，他宣布印尼的首要任务是经济、基础设施和社会福利，国防现代化并不在首要任务之中。可以说，印尼的军事现代化进程远远低于预期，军事现代化有很长的路要走，但印尼努力提升军事实力和防卫国家海洋的能力和决心不会动摇。

（三）继续执行大国平衡战略，提升防卫安全合作

从目前来看，佐科政府会继续执行大国平衡战略，在对外关系中平衡美国、日本以及影响力日益增长的中国，从而既保持外交政策的独立性，又能争取更多的外交空间。首先，在南海争端中，印尼主张用和平谈判的方式解决争端，积极推动各方制定南海行为准则，继续维持“中立”政策，避免“选边站”，同时，积极维护东盟在地区安全合作中的主导作用，积极推动自身与邻国和平谈判解决海洋划界纠纷。其次，东亚大国的战略竞争为提升防卫安全合作提供了战略机遇，印尼会积极与美国、日本、中国、澳大利亚等国加强海上执法合作，在高层会晤、人员交流、信息交换、能力建设、舰船互访等方面积极开展合作，共同打击海上跨国犯罪，妥善处理海上纠纷，携手维护地区航行安全与稳定。最后，为了平衡美国在亚太的霸主地位和中国日益增长的影响力，在环印度洋联盟合作（IORA）框架下，印尼正逐渐扩大与印度洋沿岸国家加强安全对话和海上安全合作，如协调进行海上巡逻、开展海上搜救训练、预防和打击恐怖主义和极端主义、联合演习、加强互通信息共同打击非法捕捞以及安全课题学术交流等。

四　中国之应对：提升两国智慧，积极妥善解决重叠水域纠纷

2013 年中国积极倡议共商共建共享“一带一路”，印尼作为“一

带一路"建设沿线重要支点国家，在此背景下，如何积极妥善解决重叠水域纠纷是有效对接两大战略不可回避的问题。中国一再声明，中国与印尼在南海没有领土主权争端。印尼也无意在南海争端中选边站，考虑到印尼的国家利益，印尼会选择沿袭前任苏西洛政府的积极进取外交政策，在南海问题上继续保持中立。但印尼要构建"全球海上支点"战略，保护海洋资源，提升海上防御能力是其应有内容，基于这一点，印尼认为不仅需要在纳土纳群岛增强军事实力和渔业活动，还需要严厉打击在该海域正常作业的中国渔船。

印尼认为，中国虽然坚持主张两国没有领土主权争议，但对纳土纳群岛重叠水域却没有明确表态，况且中国主张的"九段线"与新版外交护照都与纳土纳群岛水域存在重叠，中国主张的"九段线"的模糊性导致印尼政策制定者无法把握中国的动机。印尼认为中国用在纳土纳群岛专属经济区的传统渔场为借口来解释没有侵犯到印尼的领土主权，甚至部分人拒绝承认中国在该水域存在传统渔场的主张而将其认为是对纳土纳群岛领土主权的侵犯。① 未来解决之道需要印尼与中国两国站在维护地区稳定与和平的高度，积极妥善解决重叠水域的问题。

① Liza Yosephine, "Govt: RI does not Recognize China's 'Traditional Fishing Zone'", *The Jakarta Post*, 25 March, 2016, http: //www. thejakartapost. com/news/2016/03/25/govt – ri – does – not – recognize – chinas – traditional – fishing – zone. html.

Y.15
中越两国边境地区的扶贫政策比较研究*

——以广西那坡县、越南高平省为例

王钧毅**

摘　要：　贫困问题已成为世界上最急需解决的民生问题之一，而随着中国改革开放和越南革新开放逐渐深化，中越两国边境的扶贫问题也越来越引起我们的重视。由于受历史战事、地理环境等因素的影响，两国边境扶贫面临着巨大的考验，笔者深入走访中越边境的广西那坡县，全面收集资料文献，通过对两国边境政府实行扶贫政策考察，比较分析两国边境政府贫富政策的差异性，为边境扶贫工作提供参考。

关键词：　贫困　边境　扶贫政策　那坡县　高平省

贫困问题已成为世界上最严峻的社会问题之一，一直困扰着大多数的国家和地区。各国政党、政府和社会各界对贫困问题极其重

* 本文为广西民族大学“走访家庭经济困难学生家庭、走访基层校友，走访贫困村，走访企业”大走访社会调研活动，广西高等学校家庭经济困难学生认定工作指导意见（桂教资助〔2007〕1号）的成果。

** 王钧毅，广西民族大学政治与公共管理学院国际事务与国际关系专业2016级本科生。

视，所以脱贫也成为绝大多数国家共同的民生目标。贫困问题已成为世界上最急需解决的民生问题之一，而随着中国改革开放和越南革新开放逐渐深化，中越两国边境的扶贫问题也越来越引起我们的重视。由于受历史战事、地理环境等因素的影响，两国边境扶贫面临着巨大的考验，2017 年是中国改革开放 39 年，是越南革新开放 31 年，两国均经历了快速的发展与变化，贫困问题对于两国来说仍是令人头疼的重要问题，而边境贫困问题也是两国最为关切的问题之一。“消除贫困、改善民生、逐步实现共同富裕”已写入我国“十三五”脱贫攻坚规划。对于越南来说，扶贫问题早已贯穿国家经济发展过程之中。但两国扶贫事业正面临巨大的挑战，基础设施不完善且落后，两国合作机制弱，边境贸易不稳定等，严重制约了两国边境地区的经济发展。笔者深入走访广西那坡县，全面收集资料文献，通过对两国现行政策和未来政策走向的分析，为边境政府扶贫工作提供参考。笔者采用以下两种方法调查。田野调查法：以实地考察、走访的方式对两国边贸扶贫情况进行调研，深入边民家庭，了解政府边贸扶贫政策对边民家庭经济影响状况，重点了解平孟口岸中越边贸关系发展。访谈调查法：通过走访当地民政部门、边民家庭、口岸互市市场等，调查边境地区人才及基础设施建设，考察那坡扶贫投资环境，了解两国边境政府对边贸扶贫工作的实施情况。

边境政府合理的边民扶贫政策是治理边境贫困问题的有效措施，本次走访研究，在于了解边境政府的扶贫政策，比较两国政府在扶贫问题上的政府行为，丰富我国反贫困模式的理论内涵，从而提高边境政府对边民的扶贫精准度和扶贫效率。探讨两国边境政府行为的制度与政策，助力国家精准扶贫战略，促进边贸扶贫与精准扶贫的有机融合，创新边境地区扶贫模式，从而推动边境地区经济发展，兴边富民。

一　中国广西地方边境政府扶贫政策

“十三五”以来，党和政府着力解决区域性整体贫困问题，编制边境扶贫专项规划，采取差异化和特殊扶持政策，加快推进边境地区基础设施和社会保障设施建设，推进边境地区脱贫攻坚。笔者一行人深入广西那坡县走访相关政策，那坡县是广西 8 个陆路边境县之一，与越南高平、河江两省接壤。由于受历史战事、自然环境等因素影响，贫困人口多，脱贫难度大。其中边境 0 ~ 20 公里范围内的 25 个贫困村人口占全县贫困人口的 53% 之多。

自“十三五”以来，那坡县响应中央号召积极采取五条措施推进脱贫攻坚计划：一是加强边境基础设施建设，那坡县对 131 个水、电、路项目实施提升改造，设置扶贫移民安置点，建设边贸平台和边民互市区，对道路、综合环境、产业、旅游开发等进行综合的改造和升级。以那坡县百南乡规迪村为例，“十三五”以来，该地投入大量资金集中对边境村屯道路实施硬化；建设坡坐屯、那肥屯人饮工程并新建两个 100 立方米饮水池；危房改造 33 户；实施防渗工程；治理河道建设防波堤等。共计投入 1600 万元对规迪村基础设施进行改造升级，其中已完成百南乡规迪村沿边路至坡坐屯道路建设，治理河道 1190.7 米，新建河堤堤岸 1148.29 米，上千边民从中直接受益。[①]

二是进行产业扶贫，结合边境乡（镇）特点，重点发展种桑养蚕、油茶、西贡蕉、种草养牛和养猪等特色种养产业，6 个边境乡镇基本实现“一村一品”产业布局。如，百合、百南、平孟、百省、百都等 5 个乡（镇）均种有西贡蕉，面积为 18768 亩，特别是百南乡上隆村成立的西贡蕉专业合作社，种植的西贡蕉 2015 年 12 月取得国

---

① 那坡县百南乡扶贫办公室提供的资料。

家农业部颁发的“无公害西贡蕉产品”，上隆村2017年被评为全国“一村一品”示范村。平孟镇念井村党支部带领群众种植板蓝根2580亩，产值达500多万元，带动100多户贫困户。同时，引进广西红谷公司发展生态黑猪养殖产业，通过“公司+基地+农户”的发展模式带动边民发展致富。目前，平孟、百合两个边境乡（镇）2个养殖场引进300头黑母猪，有效带动105户贫困户。除此之外，给2016年预脱贫对象每人1000元的产业扶持资金，鼓励边民发展特色种养产业，目前已发放产业扶持资金579.4万元，受益贫困户1746户，有效增强了边境地区贫困群众自我“造血”功能。并全面实施“1053”工程（即10万亩桑蚕、5万亩特色水果、3万亩中草药）计划，因地制宜，发展村集体经济，积极探索“村级便民服务”模式，初步形成了村企合作型、代销代购型、电商带动型等8种村级集体经济增收途径，经验做法在百色市得到推广。目前，全县130个村（社区）已全部成立村级便民服务公司，部分公司已实现盈利，如：百合清华、那乐村便民服务公司通过蚕茧代购和化肥代销，年收入均达10万元以上，坡荷乡弄耀村便民服务公司建设姬松茸产业示范园，年收入8万元以上。政府还进行生态扶贫，发放林业补助、油茶低改、进行八角病害防疫等，有效地带动了边境地区经济发展。[①]

三是实施边境贸易脱贫工程。在“十三五”规划和“一带一路”倡议下，平孟口岸新建边民互市市场，计划扩大边民互市贸易。国家给予边民每人每日互市贸易额8000元以下免征进口关税和进口环节税的优惠政策，持边民证的边民每天允许出入境一次，每次需按手印，并于当天下午五点半之前返回。边境地区还采取“边民参股、集体经营、工贸结合、规范管理”的模式，在平孟、百南、百省、百都四个边境乡镇建立边民互市专业互助组，此外为确保边民资金参

① 那坡县人民政府提供的那坡县边民脱贫情况汇报。

与边贸活动，那坡县实施小额信贷贴息政策，对缺乏产业开发启动资金的建档立卡贫困户可以免抵押申请每户 5 万元以下的小额信用贷款，政府连续三年全额贴息。通过发放小额贷款，组织边民有序参与边贸活动，增加边民收入。[①]

四是实施“驻边安家”工程。制定并出台了《那坡县“美边固疆”扶贫移民安置工作方案》，在边防乡镇统一规划建设扶贫移民集中安置点，重点建设平孟国际商贸城扶贫移民安置点，引导全县建档立卡贫困户搬到边境一线居住，让他们享受到边境 0～3 公里每人每月 130 元的边民生活保障金外，拓宽增收渠道；在每个边境乡建设 1 个扶贫移民安置点，鼓励本乡贫困户到集中安置点安置。对落户集中安置点的贫困户，给予每人 3 万元搬迁补助和前三年每人每年 1000 元的“驻边安家补助”，并配套出台权益保障政策和产业扶持政策，确保实现搬迁群众“搬得出、稳得住、能致富”的目标。目前，已有 200 多户贫困户报名到边境驻边安家。此外，对全县 17 个贴边屯贫困户进行就地安置，让他们住上新楼房，留住搬不走的“哨所”。计划到 2018 年，以易地搬迁和就地安置方式带动 9000 多人的脱贫致富，达到边境稳固、安宁、繁荣的良好效果。

五是实施中越非法婚生子女医学鉴定帮扶行动。邀请北京中正司法鉴定所技术人员前来开展亲子鉴定，为非法婚生子女办理户口，使他们享受国家九年义务教育，提高教育水平，推进教育扶贫、智力扶贫。以百省乡那布村和面良村苗族聚居地为试点，启动中越非法婚生子女医学鉴定帮扶行动。投入 13.7 万元邀请北京中正司法鉴定所技术人员前来开展亲子鉴定。目前，已有 74 名儿童通过鉴定并完成了户籍办理。

在扶贫攻坚的实践中，地方各级政府、各部门积极响应，多部门

① 那坡县经贸局、那坡县口岸办公室提供的数据。

联合成立精准扶贫指挥部，向边境村寨派驻驻村干部，帮助统计、引导精准扶贫项目实施，确保每个边民都得到国家优惠扶持。经预计核算，2015 年全县生产总值完成 21.7 亿元，增长 10.1%；财政收入完成 3.06 亿元，增长 20.3%；固定资产投资完成 28.02 亿元，增长 33.4%；工业总产值完成 8.51 亿元，增长 6.12%；边境贸易总额完成 17.6 亿元，增长 384.07%；社会消费品零售总额完成 7.68 亿元，增长 13.0%；城镇居民人均可支配收入 20292 元，增长 12.0%；农民人均纯收入 5230 元，增长 15.0%，边境政府的扶贫政策取得了不错的效果。[①]

二　越南边境政府扶贫政策

按照越南政府 2011 年的规定，城市贫困家庭的定义是人均月收入低于 50 万越南盾或 23 美元；按照越南的贫困标准，2013 年越南有近 180 万个贫困家庭，贫困率为 7.8%，包括奠边、老街、山罗、河江、安沛和高平在内的北部山区边境省份贫困率最高，贫困率为 24% ~35%。[②] 1991 年越南共产党第七次全国代表大会指出，随着革新开放与经济增长过程，越南必须落实好扶贫解困、社会公平以及控制贫富差距这些任务；与此同时，要稳定保障粮食需求、克服在贫困地区的饥饿情况。2011 年越南共产党十一大《2011 ~2020 经济 - 社会发展战略》也明确指出，要加强扶贫解困，提高收入，不断改善少数民族同胞的生活质量。扶贫解困工作要注重贫困县的扶贫政策，优先贫困县、边境乡、特别困难村乡、海岛乡的同胞，减小与全国平均生活水平和社会民生的差距。2016 年越南共产党十二大指出，要

① 农斌在广西深度贫困地区脱贫攻坚座谈会上的发言。

② 驻胡志明市总领馆经商室，越媒称调查显示越南贫困人口数量下降。

有帮助特别贫困地区、边远地区、少数民族地区、山区和海岛持续发展的政策；发展林业经济；更改分级、分权、判定与提高中央与地方责任的机制。[①] 近年来，越南政府不断提升对边境地区的扶贫力度，大致包含以下几个方面。

1. 兴建并完善基础设施

越南共产党第八次全国代表大会提出要适当使用资源，解决急迫性需求，特别是在社会经济基础设施方面，促使欠发达地区加快发展步伐，逐渐减小全国各地区社会经济发展水平的巨大差距，首先就是建设和更新陆路系统，创造地区联结的基础。加快建设河内—太原—北件、河内—老街、和乐—和宁的高速公路线；建设河内—凉山高速公路，连接各省市和高速公路的路线，到关口、边境巡查的路线；[②] 改造、更新地区现有的铁路；组织管理和开拓好地区现有的水道。积极投资建设水利工程，特别是中小规模的水利工程、与边境接壤的工程、给水排水、传输电系统、对邮政电信进行升级改造，使其达到社会经济发展要求，提高人民的生活水平。政府还投资建设学校、卫生所、道路、饮水设施、边民互市点，并拨款对边民茅草房进行改造，拨付资助水泥帮助边民挖井汲水，为边境贫困地区创造发展的条件，帮助边民脱贫。

2. 对边民进行特殊补贴

根据越南（134/2004/QD－TTG）文件规定：“在生产用地上，最少分给农户0.5亩旱地、坡地；在住房用地方面，农村居民每户至少分配200平方米的生活用地；对没有房屋或房屋危旧坍塌的贫困户，中央财政发放500万盾补助金用于安置贫民。”鼓励边民迁入移民安置点，并给予人民币3000元左右安家补助；对边境无耕牛贫困

① 越南共产党第七、十一、十二次全国代表大会会议文件。

② 新华社：《中越联合公报》，2017年1月14日。

边民发放购牛补助，对缺粮边民每月发放20公斤粮食和人民币50～70元补助，并在没有电的村子配置发电机，以方便边民用电；实行异地同价，边民购买生活用品价格与内地相同，运费由国家承担；继续落实“国家净水目标及农村环境卫生”的政策，优先少数民族同胞、山区居民、海岛居民、洪水灾区居民、海侵区居民。要基本改善居民的生活用水，尤其是农村居民、少数民族和缺乏水的高山区。[①]

3. 集中解决缺乏生产土地、住宅，制定信用贷款、职业培训、创业等政策

设立助贫银行，贫苦户无须抵押可贷款，但金额不得超过250万越南盾，利息相当或略高于同期通胀指数，银行不以营利为目的，国家对该银行实施特殊保护政策，维持银行正常运转，以帮助贫困人口提升收入。协助贫困人民培训生产技能，成立当地的扶贫解困基金；促进落实帮助贫困少数民族解决生产投资，特别是在生产土地、住宅、净水供应、职业培训和就业创业等方面。

4. 发展教育、文化事业

边境地区学生上学“三免费”，即：三年级以下学生学费、学习用品全免费；四年级至大学衣食住行由国家免费；边境地区学生免费就医免费看电影。对学校经费给予支持，拨付专项资金对学校硬件设施进行改造，规定边境地区教师工资高于内地教师，吸引优秀教师，提高边境教育水平。边境地区的学生、民族预科学生以及寄宿制民族普通学校学生每月发放补助28000越南盾。在边境地区村寨免费安装地面卫星接收站，安装中波发射台，加大宣传教育力度，满足边民生活娱乐基本需求。加强对贫困同胞地区、边境地区、海岛地区的信息传媒传播工作。在山区、贫困区、边境海岛区进一步巩固发展基础信

---

① 滕成达、夏军城：《越南北部少数民族地区扶贫政策及影响》，《世界民族》2010年第6期，第25～32页。

息网络。

5. 医疗卫生

为了改善边境地区落后的医疗卫生条件，越南共产党中央书记处要求各级党委、各行各业贯彻执行指示，巩固完善基层尤其是边远山区的基层医疗网络，为基层医疗卫生事业服务。加强在乡村建设医疗机构，保障医疗干部充足；进一步提高对少数民族同胞的医疗卫生工作的质量。提升对少数民族、贫困户、山区等的医疗保险适用成效。越北山区边境贫困省“186 号决定”（186/2001/QD－TTG）1143 号规定：（1）各省人民委员会建立贫困人口医疗基金，年人均金额不低于 70 万越南盾。（2）贫困人口医疗基金由国家设立，遵循非营利原则开展活动，保证基金的稳定。（3）贫困人口医疗基金国家财政负担总数的 75%，有条件的地方财政承担一部分；国内外各种组织或个人集资。（4）基金在国库系统内设立账户，利息按现行利率结算。通过一系列举措来提升边境贫困地区的医疗水平。[①]

三　两国扶贫政策比较分析

越南曾长期为中华帝国的藩属国，历史上两国交往密切，近代以来都遭到外来入侵，两国都在长期的斗争之后取得独立并建立了无产阶级政权，两国在社会制度、意识形态、历史文化、国情等方面类似，决定了两国在扶贫政策上具有一定的相似似。但我国人口多，人口基数大，绝对贫困人口多，尤其是西南边境山区，以广西那坡县为例，由于受历史战事、自然环境恶劣等因素影响，贫困问题尤其严重，特别是边境 0～3 公里地区缺水、缺电、居住分散，边民地位特

① 夏军城：《中国和越南两国边境地区的民族扶贫政策研究》，硕士学位论文，广西民族大学 2009。

殊、身份特殊、收入也特殊，且受教育少，文化素质较低，接受新事物能力差，自身发展能力不强。所以，我国边境扶贫政策又与越南边境扶贫政策存在较大的不同。

第一，两国政府都意识到了边境地区发展的最大限制因素是基础设施建设，所以，在过去的 20 年里两国不断增加对中越边境贫困地区的水、电、路等基础设施的重点建设，从而大大地改善了中越边境贫困地区的基础设施并给予边民丰厚的补贴和移民安置。中国从中央政府的“八七计划”、“十三五”规划到地方政府的各种政令明确了提升边境地区经济发展水平、富民兴边的目标；越南政府的“135 工程计划”提出优先向贫困人口给予补助并提供优惠的信用贷款，在重点乡聚居点基础建设上进行扶持，“186 号决定”旨在推动北部边境贫困地区经济发展，反复强调扶贫的重要性和必要性。可见两国在边境扶贫问题上都十分重视，并不断出台相关政策与规划，旨在改善边境贫困地区生活条件，使边民脱贫致富。

第二，对比两国扶贫政策及实施我们不难发现，两国在边境扶持政策上也存在较大的差异，两国的扶贫规划不同，组织能力、实施能力也不同。以越南“186 号决定”为例，该决定旨在改善越北山区贫困人口生活条件，只是一个涉及北部边境扶贫的区域发展规划，并无明确规定实施发展目标，但随着中国政府“十三五”规划的出台，中央到地方出台一系列相关政策以“精准扶贫”为工作内容，针对不同地区不同家庭的贫困情况开展扶贫工作，取得的效果较为明显，各项配套制度较为健全，与此同时还积极培养贫困县党政干部，规划较为长远，并且从中央到地方都有专项的扶贫资金，从根本上改变了落后地区、贫困家庭的面貌。十八大以来，中共中央强有力的反腐斗争有效保障了各级扶贫资金的安全，这一系列具有系统且有针对性的措施体现了我国在边境扶贫上的专业与务实。

第三，两国也一直在谋求边境地区的合作。2004 年 5 月 20 日，越南总理潘文凯在对我国进行国事访问时，向温家宝总理提出了共建“两廊一圈”的提议。[①] 2004年10月6日至7日，温家宝总理对越南进行了正式友好访问，其间两国政府发表了《中越联合公报》。公报强调了两国之间在“长期稳定，面向未来，睦邻友好，全面合作”方针的指引下，从全局和战略高度出发，拓展互利合作，不断推动中越关系迅速、全面和深入发展。公报中重点探讨了“昆明—老街—河内—海防—广宁”、“南宁—谅山—河内—海防—广宁”经济走廊和环北部湾经济圈的可行性。至此，“两廊一圈”进入两国政府的合作构想。通过“两廊一圈”的建设，中越两国将会在合作中互补，实现“双赢”局面，中国实行“开放”西部战略和越南推动北部山区社会经济发展政策将受益无穷。[②] 在中国“一带一路”倡议的背景下，两国在边境地区积极推动东兴—芒街、凭祥—同登、河口—老街、龙邦口岸—茶岭4个跨境经济合作区建设，利用双方互为原产地市场及丰富的劳动力，从事跨境出口加工贸易，实行贸易与投资的自由化政策，扩大边境口岸开放。中越快速铁路防城港至东兴段路线正在施工建设中，此项工程将惠及沿线70万余民众；中国经越南、老挝、柬埔寨、泰国等国家的中南半岛铁路通道在加速构建完善，未来将实现中国—东盟经济一体化“无缝对接”。越南方面，越南工贸部正在完善越中跨境合作区的整体方案，计划推进广宁省与广西经贸、旅游交流合作，打造中国和越南、中国与东盟大市场的物流中转桥梁。两国在边境政策上的不断呼应与合作，大大改善了两国边境的贸易条件，为两国边境交往与发展奠定了基础。

第四，在走访期间发现，由于两国边境政策的不同，一定程度上

① 《越南构建“两廊一圈”的设想》，《广西经济》2006年第2期，第22~23页。

② 王思江：《对加快实现中越跨境贸易人民币结算业务的思考》，《时代金融》2010年第1期，第66~68页。

造成了中国边民的流失。近些年越南政府对北部边境贫困地区无偿提供一定的资金、生活和生产工具，并且无偿提供医疗、教育等服务，导致中越边境中方边民心理不平衡和失落。同时，中国国内边境贫困地区的教育、医疗等条件设施落后，不少边民举家搬迁至越南边境优惠政策地区，导致我国边民流失，此举也造成了一些西方国家对中国边民的渗透和分化。近年来，由于中国国内政策开始向边境少数民族倾斜，大量资金的注入，以及边境地区人民生活水平的提高，非法通婚又进入了一个高峰期，加之非法劳工越境，造成了一定的安全隐患，并对边境地区的社会、经济等方面造成了复杂的影响，给我国扶贫工作的进行带来了巨大的挑战。

随着扶贫政策的不断出台，两国边境扶贫问题也不断出现，边境地区基建条件较差，交通闭塞，产业单一，国家扶持力度不够，投入资金较少，边民文化程度较低等。改革开放 30 余年来，中国已跃居为世界第二大经济体，国力日渐强大，资金雄厚，基建经验丰富，相对来说，目前中国边境扶贫状况总体优于越南。

四　两国扶贫的未来与对我国边境地区的影响

越南对边境的不断扶持，促进了越北边境地区的经济社会飞速发展，对那坡县乃至整个广西、云南地区产生了极大的影响。据越通社 2016 年 8 月 14 日报道，越南总理批准 2016 ~ 2020 年官方发展援助（ODA）项目配套资金支持计划。该计划旨在为全国 48 个贫困地区提供财政支持，提高总额约 54 亿美元的 ODA 项目的资金到位率，继续补充配套资金 6. 976 万亿越南盾（约合 3. 08 亿美元），推进 300 个项目早日投入运营；实施 2016 ~ 2020 年阶段已签署援助协定的新项目，为实施 2011 ~ 2015 年阶段转移到 2016 ~ 2020 年阶段的项目提供配套资金 3. 024 万亿越南盾（约合 1. 33 亿美元）。中央预算内配套投资总计 10 万亿越南盾（约合 4.41 亿美元），推动贫困地区经济发展。[①] 中国方面，“十三五”规划指出发展目标：到 2020 年，稳定实现现行标准下农村贫困人口不愁吃、不愁穿，义务教育、基本医疗和住房安全有保障。贫困地区农民人均可支配收入比 2010 年翻一番以上，增长幅度高于全国平均水平，基本公共服务主要领域指标接近全国平均水平。确保我国现行标准下农村贫困人口实现脱贫，贫困县全部摘帽，解决区域性整体贫困。

越南是“一带一路”沿线国家，中越两国也一直在谋求经济上的合作，“两廊一圈”就是最好的见证。当下，中国企业“走出去”与越南谋求经济社会发展的需求高度吻合，加之中越两国经贸往来源远流长，中国已连续 11 年是越南第一大贸易伙伴。随着经济的腾飞，越南将成为 2017 年和 2018 年东盟地区最耀眼的经济增长之星，中国等外来国家直接投资项目强力推动越南经济的增长，越南也已成功地抓住自由贸易和外资带来的机会，提高了自己在全球供应链上的地位，越南经济将实现飞跃式的增长，而越南的快速发展有利于改善国内环境，推动边境基础设施建设，也有利于两国边境的交流合作，从而实现脱贫兴边。

笔者在走访中发现，中越两国边境的经济结构和差异构成了两国经济互补的特点，其中蕴含了大量的商机。现今两国边境基础设施正逐渐完善，给广西带来了前所未有的发展机遇。越南北部山区的发展带动整个中越边境地区的社会、经济、文化大发展，边民购买力的增加也必将推动两国贸易的大发展，在可以遇见的未来，两国边境贫困地区必将摘除贫困帽子，走上经济快速发展的道路。两国对边境地区的大规模投资在改善当地生产生活条件的同时也带来了一些挑战，边境多民族贫困地区利益分化日趋明显，原有相对稳定的利益结构和利益关系受到冲击，而合理的利益分化可以激发边民的积极性，为社会

---

① 中华人民共和国商务部：《越南总理批准 2016～2020 年 ODA 项目配套资金支持计划》。

发展提供活力和动力，但过快的利益分化，可能会阻碍经济发展，影响边境地区稳定。两国边境地区贫困问题、民族问题、边防问题错综复杂，想要彻底改变绝非一朝一夕之力，反贫困、反分裂、反毒品、反走私等任务仍十分艰巨，两国大力推动边境扶贫政策实施将有利于共同开发两国边境丰富的自然资源；改善两国边境的贸易条件；共同打击走私、毒品犯罪；促进经济发展，人民生活水平提高等。

结　语

中国和越南是山水相连的近邻，中国和越南一样，贫困人口基数大，贫困标准低，贫困问题已成为社会发展的重大问题之一，所以必须坚定不移地推动边境贫困地区经济发展，改善边境生产生活条件。两国扶贫政策的不同，也容易导致两地边民心理上的不同，生活上的不同，可能激化社会矛盾，所以两国在边境问题上应寻求合作，求同存异，共同开发边境，建设边境，共同打赢这场脱贫攻坚战。

参考文献

周平等：《中国边疆治理研究》，经济科学出版社，2011。

龙倮贵：《中越边境民族地区扶贫开发政策及实施效果比较》，《红河学院学报》2017 年第 1 期。

朱宇兵、黄宏纯：《加快广西北部湾经济区海洋产业发展的思考》，《广西经济》2016 年第 11 期。

荀利武、胡莉：《中越陆地边境（广西段）管控合作研究》，《企业导报》2016 年第 12 期。

叶慧、李俊杰：《边境民族地区精准扶贫模式创新研究》，《当代农村财经》2016 年第 5 期。

刘伟、向志强：《广西中越边境扶贫硬骨头多》，《新华每日电讯》2015年2月15日，第2版。

《广西“兴边富民行动”扶持边境地区发展特色优势产业》，《广西经济》2014年第12期。

唐钧：《中国城市居民贫困线研究》，人民出版社，2010。

王新哲：《中越边境民族地区扶贫模式的困境与创新》，《广西民族大学学报》（哲学社会科学版）2011年第6期。

滕成达、夏军城：《越南北部少数民族地区扶贫政策及影响》，《世界民族》2010年第6期。

覃文宇：《从国家战略高度做好广西中越边境地区扶贫工作》，《广西政协报》2010年12月2日，第1版。

夏军城：《中国和越南两国边境地区的民族扶贫政策研究》，硕士学位论文，广西民族大学，2009。

盘金贵：《中越两国边境扶贫政策差异分析——以云南麻栗坡县、越南河江省为例》，《今日南国》（理论创新版）2008年第12期。

胡善联、易云霓：《中国、越南卫生改革比较》，《卫生经济研究》1997年第1期。

杨清震编者《中国边境贸易概论》，中国商务出版社，2005。

广西百色市委党校课题组：《广西兴边富民研究》，中央文献出版社，2006。

王思江：《对加快实现中越跨境贸易人民币结算业务的思考》，《时代金融》，2001。

《越南提前完成“扶贫千年发展目标”》，http：//www.mofcom.gov.cn/aarticle/i/jyjl/j/201206/20120608183190.html。

《政府2017年4月份定期会议决议》，http：//cn.news.chinhphu.vn/Home/%E6%94%BF%E5%BA%9C2017%E5%B9%B44%E6%9C%88%E4%BB%BD%E5%AE%9A%E6%9C%9F%E4%BC%9A%E8%AE%AE%E5%86%B3%E8%AE%AE/20175/22632.vgp。

《国务院关于印发“十三五”脱贫攻坚规划的通知》，http：//www.cpad.gov.cn/art/2016/12/3/art_46_56101.html。

中华人民共和国商务部：《越南是东盟地区经济亮点》，http：//www.mofcom.gov.cn/article/i/jyjl/j/201612/20161202125668.shtml。

Y.16
后　记

为适应广西北部湾经济区、中国－东盟自由贸易区快速发展的需要，不断推进广西与东盟国家经济、文化、教育、科技等领域的合作交流，促进广西民族地区外向型经济的发展，培养更多的面向东南亚的国际化高端专门人才，更好地发挥广西在中国面向东盟的外交战略和面向东盟开放的前沿和窗口作用，广西壮族自治区政府决定依托广西民族大学成立东盟学院。东盟学院是一个学术研究型政府培育学院，学院发展目标是：成为高端人才培养高地，成为国家级智库，成为发布东盟信息的权威中心，成为国际东盟研究学术交流中心。因此，服务于政府决策是东盟学院的重要功能与使命之一。

《东盟发展报告》（黄皮书）是东盟学院的年度出版物，意在解析每一年度的东盟国家发展态势和中国－东盟关系发展态势。2017年是东盟成立50周年，《东盟发展报告（2017）》特地以《东盟50周年：回顾和展望》作为特刊加以出版。既为政府的决策提供参考，也为学界的深度研究提供素材。本书中的文章均提交于2017年5月由东盟学院、中国－东盟研究中心举办的“2017年东盟发展五十周年及中国－东盟关系研讨会”，来自全国各地的东南亚研究专家对各篇报告进行了提问和评论，并提出了具体的修改意见。

鉴于东盟各国参与东盟组织的经济、外交、安全等事务的方式各有差异，中国与东盟各国的关系发展差异，因此各报告很难在内容和体例上做到完全一致，内容上主要突出东盟各国参与东盟的历史过程与现状、中国与东盟国家的关系、在“一带一路”下广西与东盟国家合作的亮点，各报告都具有新颖性和时效性，紧扣当前国内与国际专注的热点内容做了相应的编排。由于东盟各国的统计标准和财政年度的起止时间不一，部分报告难以给出与公历纪年完全吻合的统计数据。各报告虽然融合了诸多专家的观点与建议，撰写人也均为专门从事东南亚研究或中国－东盟关系研究的学者，但以青年学者居多，难免存在不成熟之处。

《东盟发展报告（2017）》最终得以付梓，与学界同人和广西民族大学各位领导和同人的大力支持是分不开的，在此我们致以最诚挚的感谢！

由于经验不足，水平有限，书中定有不成熟之处，望各位读者批评指正！

编者

2017 年 10 月 16 于广西民族大学相思湖畔

✤ 皮书起源 ✤

“皮书”起源于十七、十八世纪的英国，主要指官方或社会组织正式发表的重要文件或报告，多以“白皮书”命名。在中国，“皮书”这一概念被社会广泛接受，并被成功运作、发展成为一种全新的出版形态，则源于中国社会科学院社会科学文献出版社。

✤ 皮书定义 ✤

皮书是对中国与世界发展状况和热点问题进行年度监测，以专业的角度、专家的视野和实证研究方法，针对某一领域或区域现状与发展态势展开分析和预测，具备原创性、实证性、专业性、连续性、前沿性、时效性等特点的公开出版物，由一系列权威研究报告组成。

✤ 皮书作者 ✤

皮书系列的作者以中国社会科学院、著名高校、地方社会科学院的研究人员为主，多为国内一流研究机构的权威专家学者，他们的看法和观点代表了学界对中国与世界的现实和未来最高水平的解读与分析。

✤ 皮书荣誉 ✤

皮书系列已成为社会科学文献出版社的著名图书品牌和中国社会科学院的知名学术品牌。2016 年，皮书系列正式列入“十三五”国家重点出版规划项目；2013~2018 年，重点皮书列入中国社会科学院承担的国家哲学社会科学创新工程项目；2018 年，59 种院外皮书使用“中国社会科学院创新工程学术出版项目”标识。

中国皮书网

（网址：www.pishu.cn）

发布皮书研创资讯，传播皮书精彩内容

引领皮书出版潮流，打造皮书服务平台

栏目设置

关于皮书：何谓皮书、皮书分类、皮书大事记、皮书荣誉、
皮书出版第一人、皮书编辑部

最新资讯：通知公告、新闻动态、媒体聚焦、网站专题、视频直播、下载专区

皮书研创：皮书规范、皮书选题、皮书出版、皮书研究、研创团队

皮书评奖评价：指标体系、皮书评价、皮书评奖

互动专区：皮书说、社科数托邦、皮书微博、留言板

所获荣誉

2008 年、2011 年，中国皮书网均在全国新闻出版业网站荣誉评选中获得“最具商业价值网站”称号；

2012 年，获得“出版业网站百强”称号。

网库合一

2014 年，中国皮书网与皮书数据库端口合一，实现资源共享。

权威报告·一手数据·特色资源

皮书数据库

ANNUAL REPORT(YEARBOOK) DATABASE

当代中国经济与社会发展高端智库平台

所获荣誉

- 2016年，入选“‘十三五’国家重点电子出版物出版规划骨干工程”
- 2015年，荣获“搜索中国正能量 点赞2015” “创新中国科技创新奖”
- 2013年，荣获“中国出版政府奖·网络出版物奖”提名奖
- 连续多年荣获中国数字出版博览会“数字出版·优秀品牌”奖

www.pishu.com.cn

成为会员

通过网址www.pishu.com.cn访问皮书数据库网站或下载皮书数据库APP，进行手机号码验证或邮箱验证即可成为皮书数据库会员。

会员福利

- 使用手机号码首次注册的会员，账号自动充值100元体验金，可直接购买和查看数据库内容（仅限PC端）。
- 已注册用户购书后可免费获赠100元皮书数据库充值卡。刮开充值卡涂层获取充值密码，登录并进入“会员中心”—“在线充值”—“充值卡充值”，充值成功后即可购买和查看数据库内容（仅限PC端）。
- 会员福利最终解释权归社会科学文献出版社所有。

数据库服务热线：400-008-6695
数据库服务QQ：2475522410
数据库服务邮箱：database@ssap.cn
图书销售热线：010-59367070/7028
图书服务QQ：1265056568
图书服务邮箱：duzhe@ssap.cn

社会科学文献出版社 SOCIAL SCIENCES ACADEMIC PRESS (CHINA) 皮书系列
卡号：134461556815
密码：

中国社会发展数据库（下设 12 个子库）

全面整合国内外中国社会发展研究成果，汇聚独家统计数据、深度分析报告，涉及社会、人口、政治、教育、法律等 12 个领域，为了解中国社会发展动态、跟踪社会核心热点、分析社会发展趋势提供一站式资源搜索和数据分析与挖掘服务。

中国经济发展数据库（下设 12 个子库）

基于"皮书系列"中涉及中国经济发展的研究资料构建，内容涵盖宏观经济、农业经济、工业经济、产业经济等 12 个重点经济领域，为实时掌控经济运行态势、把握经济发展规律、洞察经济形势、进行经济决策提供参考和依据。

中国行业发展数据库（下设 17 个子库）

以中国国民经济行业分类为依据，覆盖金融业、旅游、医疗卫生、交通运输、能源矿产等 100 多个行业，跟踪分析国民经济相关行业市场运行状况和政策导向，汇集行业发展前沿资讯，为投资、从业及各种经济决策提供理论基础和实践指导。

中国区域发展数据库（下设 6 个子库）

对中国特定区域内的经济、社会、文化等领域现状与发展情况进行深度分析和预测，研究层级至县及县以下行政区，涉及地区、区域经济体、城市、农村等不同维度。为地方经济社会宏观态势研究、发展经验研究、案例分析提供数据服务。

中国文化传媒数据库（下设 18 个子库）

汇聚文化传媒领域专家观点、热点资讯，梳理国内外中国文化发展相关学术研究成果、一手统计数据，涵盖文化产业、新闻传播、电影娱乐、文学艺术、群众文化等 18 个重点研究领域。为文化传媒研究提供相关数据、研究报告和综合分析服务。

世界经济与国际关系数据库（下设 6 个子库）

立足"皮书系列"世界经济、国际关系相关学术资源，整合世界经济、国际政治、世界文化与科技、全球性问题、国际组织与国际法、区域研究 6 大领域研究成果，为世界经济与国际关系研究提供全方位数据分析，为决策和形势研判提供参考。

法律声明